シュタイナーの精神科学に基づく

オイリュトミー療法の基本要素

マルガレーテ・キルヒナー・ボックホルト
Margarete Kirchner-Bockholt

石川公子　　翻訳

小林國力　　監修

イザラ書房 IZARA

1. Auflage 1962
2. Auflage 1969
3. Auflage 1981
4. Auflage 1997
5. Auflage 2010

Grundelemente der Heileurythmie

Margarete Kirchner-Bockholt

Verlag am Goetheanum

ISBN 978-3-7135-1372-9

シュタイナーの精神科学に基づく
オイリュトミー療法の基本要素

目次

巻末資料（オイリュトミーフィギュア）

《凡 例》

　　本文中で、★印のついた番号は引用文献を示す。番号のみは、訳注を示す。
　　本文中の括弧のうち、「　　」は引用文献であり、（　　）は訳者によりつけられた括弧である。
　　また〈　　〉で示されたオイリュトミー療法のエクササイズは、引用文献の 1 で紹介されてい
　る『オイリュトミー療法講義』でシュタイナーによって紹介されたエクササイズであることが
　多く、練習内容の詳細は『オイリュトミー療法講義』を参照のこと。

まえがき

安達晴己/一般社団法人日本アントロポゾフィー医学の医師会代表

近代の医療は、その目的を大きく変えようとしています。生命の危機につながる感染症や外傷の救命率や治療率が上がった一方で、高齢化や生活習慣の変化による慢性疾患が増えています。また病気を見るのではなく人間を見るのだ、疾患中心でなく患者中心の医療であるべきだと言われています。そしてQOL（生活の質）や主観的健康感の重要性が言われ、医療はCureの時代からCareの時代、生きがいを重要視し、医師にも社会的な処方が求められるような時代になりました。

自然科学の一つとして発達してきた近代医学には、そのような社会的要望に答えるだけの領域が十分にないように思えます。統合的な医学が、世界的に人々に求められてきている時代に、アントロポゾフィー医学が担う役割は大きいのではないでしょうか。アントロポゾフィー医学は近代医学を否定しません。冒頭に述べたような、人間が本来望む方向に医療が変化する、その方向に近代医学を拡張するものなのです。

オイリュトミー療法は、そのアントロポゾフィー医学の中の重要な柱の一つであり、コロナ・パンデミックのもと、人々の健康への不安がますます強まるこの時代に、自分自身を自ら支え強めることができる、時代にふさわしい療法だと言えます。

日本でアントロポゾフィー医学の医師養成が本格的に始まったのは、2004年4月に長野で開催された1週間のセミナーでした。その後、年に1回の医師養成のセミナーを重ね、2010年以降アントロポゾフィー医学認定医が誕生し、2022年現在11名の認定医がいます。

私はその医師養成セミナーで、最初にオイリュトミー療法に出会いました。私は通常医学の内科医であり、学生時代に少し気功の経験があるだけで、他の統合医療の経験もほとんどなかったのですが、最初のオイリュトミー療法の経験は、確かな手応えがあったことを覚えています。

2006年には福岡の私のクリニックに大阪のオイリュトミー療法士を招き、毎月のオイリュトミ

一療法を始めました。遠方から療法士を招く都合で、本来は1週間から2週間に1回のセッションを月に1回しかできず、その補足として、私も全てのセッションに参加し、普段の患者さんの様子を療法士に伝えたり、患者さんの疑問に私が答えたりできる体制で行ってきました。私はオイリュトミー療法を深く学んだわけではないのですが、それでも毎月何人もの患者さんの動きを見ていると、患者さんの今の状態がいかに動きに表れているかを実感するようになりました。そしてセッションを重ねていく中で、変わっていく患者さんを見ることができました。

さらに、大きな転機となったのは2011年の東日本大震災です。ご縁があって、仙台周辺や岩手県の方々と、2週間弱の合宿形式でほぼ毎日グループオイリュトミーを体験してもらった際、オイリュトミー療法の可能性を最も強く感じることができました。

オイリュトミー療法は、治療として行うためには医師が適応を理解し処方する必要があります。そのために医師養成セミナーの中でオイリュトミー療法を体験する機会がありますし、私自身、療法士さんから学んだことは自分の基礎になりました。そしてさらにセミナーなど機会があれば参加してきました。また実践経験の中で学んできたことは、やはり大きな力になっています。しかし現状は、全体を網羅した研修が十分できているとは言い難い状況です。

医師であるボックホルト氏は、シュタイナーやイタ・ヴェーグマン医師と共に医学を実践した時代の方ですが、その豊かなアントロポゾフィー医学的な知見と自らの実践から、このように体系だった書籍を遺してくださったことは、現代社会の矛盾に満ちた医学界の中でアントロポゾフィー医学を実践する医療者にとって大きな宝です。

さらに、今回翻訳され、日本語で読めるこの重要な基本文献は、現在日本で学び実践している療法士や我々医師だけでなく、オイリュトミーやアントロポゾフィー医療に関心をもつ人々にも深い学びを提供してくれるはずです。

難解な本書は、オイリュトミー療法への深い理解がなければ、翻訳することができなかったでしょう。療法の現場を持ち、大変お忙しい中で、このような重要な翻訳を遂行してくださった石川公子氏に、深く感謝しつつ、本書を手に取れる喜びを感じております。

2022年9月

序文

アンゲリカ・ヤシュケ/ゲーテアヌム医学セクション・オイリュトミー療法部門元代表

オイリュトミーが1912年に生まれ、芸術／教育オイリュトミーがその後発展していくなかで、オイリュトミーの動きには治療的な効果があるのではないか、という問いがルドルフ・シュタイナーに投げかけられました。そして、教育オイリュトミーの分野で活躍していたエルナ・ヴォルフラム氏とエリザベート・バウマン氏の問いかけに応える形で、1921年4月、医師らに向けての一連の講座の一環として、オイリュトミー療法講義が行われました。このとき、芸術オイリュトミーの動きから、療法としての実践的なエクササイズがつくられ、それがアントロポゾフィー医学にとって重要なオイリュトミー療法の基礎となっています。

本書の著者であるボックホルト氏は、医師として自ら芸術オイリュトミーを学び、シュタイナーからオイリュトミー療法の実践と後続の育成を託されました。本書は講義録である『オイリュトミー療法講義』と並び、この療法の内容を体系的にまとめた重要な著書です。オイリュトミー療法士にとっても、また療法士とともに仕事をし、オイリュトミー療法を処方する医師や医療従事者、さらにはアントロポゾフィー医学やオイリュトミーに関心をもつ方々にもぜひご一読いただきたい書物だと思っています。

マルガレーテ・キルヒナー・ボックホルト氏は、1894年10月8日、ドイツのウェストファーレンで生まれました。フライブルグをはじめとするドイツの各大学で医学を学び、1921年にアントロポゾフィー医学に関する講演会に出席して、そこに自分が長い間求めていたものがあるという体験をします。その後、彼女はシュタイナーの話を聞くためにシュトゥットガルトに赴き、同時にこの新しい運動芸術への溢れる熱意からオイリュトミーを学びはじめます。翌年には、アントロポゾフィー医学の創設者であるイタ・ヴェーグマン医師の開設した病院で医師として働きはじめます。オイリュトミーへの造詣も深い彼女に、シュタイナーはオイリュトミー療法士としての仕事を依頼しました。彼女はクリニックでの治療と実用化のためにオイリュトミー療法を精力的に行い、養成講座を開講し、その普及に努めました。そしてクリニックで次第により大きな責任を担うようになり、ルドルフ・シュタイナー

の死後も、アントロポゾフィー医学・治療教育運動の拡大のために尽力しました。

1930年代に入ると、政治的な危機感からアントロポゾフィー医学を強化しようとしたヴェーグマン氏の意向に沿い、ベルリンの「医学・治療研究所」に赴いて、診療や講演を通して医療とオイリュトミー療法の実践と普及に力を尽くしました。戦後はスイスに戻り、エーリッヒ・キルヒナー氏と結婚。1955年には、ゲーテアヌムの医学部門の理事に任命されました。彼女は司牧医療にも心を注ぎ、クリニックにおいては、「精神界から流れてくるものは何か」という問いとともに生きました。

この間、彼女はオイリュトミー療法士のリリー・ヘルツ氏に依頼し、ルドルフ・シュタイナーの残したオイリュトミー療法についての資料を集め、その研究とオイリュトミー療法における長年の実践と指導経験から、1962年、本書『オイリュトミー療法の基本要素』を書き上げます。この本は、『オイリュトミー療法講義』とともに、オイリュトミー療法の基礎となる文献であり、オイリュトミー療法の世界的な普及、生理学的な基礎の発展、療法内容の適切な文書化に貢献しました。

ボックホルト氏は、光と輝きと情熱に溢れた人物であったと伝えられています。また、スピリチュアルなものすべてに耳を傾け、自らの魂に浸透させていました。オイリュトミー療法の音の響きは常に彼女の周囲にあり、老いてなお、音の本質のなかへ若々しい動きとともに入り込み、人々にそれを体験させることができました。彼女の星座や惑星のオイリュトミーのしぐさは、深く人々の記憶に残されています。彼女は秘教的なものをとても重視し、ゲーテアヌム・理事会のメンバーとの協働作業でも一貫してその強化を主張しました。

1973年9月4日、スイスのアーレスハイムにて永眠。

ボックホルト氏により著された本書を、石川公子氏が日本語に訳してくれたことを心から喜ぶとともに、日本におけるオイリュトミー療法が今後もさらに発展していくことを願ってやみません。

2022年9月

導 入

1921年4月、スイス・ドルナッハのゲーテアヌムで、医師に向けて一つの講座が開催されました。この講座で、ルドルフ・シュタイナーは医師と招待された数名のオイリュトミストに向けて、オイリュトミー療法に関する6つの講演を行いました（『オイリュトミー療法講義』）。そこでオイリュトミー療法の基本練習のすべてが示されたのです。さらに医師たちのみを対象として7つ目の講演が付け加えられましたが、それはオイリュトミー療法のより生理学的な側面を扱ったものでした。その翌年にはルドルフ・シュタイナーにより、シュトゥットガルトの医師が集う会議において、医師たちの強い要望により前回を補う形でオイリュトミー療法の講演が再び行われました。

その後、シュトゥットガルトのシュタイナー学校と、シュトゥットガルトとアーレスハイムのクリニックにおいて、ルドルフ・シュタイナーの指示によるオイリュトミー療法が実践されるに至りました。人々はこの新しい療法が示す多様な可能性を、驚きをもって体験することになりました。1923年から1924年にかけて治療教育施設での活動がはじめられたときには、魂の保護を必要とする子どもたちの治療において、オイリュトミー療法は非常に有効な療法手段となりました。オイリュトミー療法が開始されて40年程が経過するうち、学校、治療教育施設、クリニック、そして多くの診療所において非常に多くのオイリュトミー療法の経験が集められました。そして、オイリュトミー療法は新しい療法として徐々に認められていきました。

人々がルドルフ・シュタイナーに尋ねることのできた間は、シュタイナーは特定の具体的な症例のために多くの指示を与えました。しかしその後私たちは、観察と研究を通して、具体的な症例において自ら適切な語音（言語音/言語の音声）を正しく適用する、という課題の前に立たされていたのです。

この間に数百名のオイリュトミー療法士たちが養成されました。彼らの多くはさらに増え続ける要請に応えるべく、活動を続けています。しかしオイリュトミー療法がはじまった当時の状況をともに体験することのできなかった彼らからは、オイリュトミー療法の基本要素とルドルフ・シュタイナーが与えた特定の患者や疾患に対しての指示を、きちんとした形でまとめてほしいとの要望が常に寄せられていました。なぜなら、オイリュトミー療法が行われるたびに患者の病状に沿った新しい練習が生み出されていましたが、これらの練習をルドルフ・シュタイナーによって与えられた練習と同等のものとして扱うことはできなかったからです。また、〈ルドルフ・シュタイナーの指示〉を可能な限り正確にまとめる必要もありました。ルドルフ・シュタイナーの指示を常に振り返って見ることができるならば、それはオイリュトミー療法のさらなる発展のための確かな基礎を築くことにもなります。

冒頭の1921年に行われた『オイリュトミー療法講義』では、この新しい療法の適応や発展に必要なすべてが示されています。しかしそれは萌芽の状態です。オイリュトミー療法はまだその発展の初期の段階にあるのです。それゆえ本書に示されているすべての内容も、今後の研究や学びのための刺激に過ぎないものとみなしていただきたいと思います。

オイリュトミー療法の以下の2つの重要な治療分野は、これまで意図的に取り扱われてきませんでした。一つ目は、眼科領域のオイリュトミー療法です。何年も前から、目の疾患に特化したエクササイズが行われ、大きな成功を収めています。この分野のオイリュトミー療法は、主にイルゼ・クナウアー医師により拡充されてきました。私たちは、クナウアー医師がこの分野における書を著してくれることを期待しています。

音楽オイリュトミー療法という大きな分野にも、多くの治療の可能性があります。この分野におけるシュタイナーの指示はわずかしかありません。人間の内面の動きが低下すればするほど、緊張を緩和し、バランスをとり、そして人間の本質を強化する音楽オイリュトミーの治癒の力が必要になってきます。ファン・デア・パルツ

氏とともに、私は音楽オイリュトミー療法の最初の基礎をつくることができました。それはその後講座などを通して伝えられてきましたが、まだこれを出版する時期にはきていません。しかしエルゼ・ジッテル氏やトルーデ・テッター氏のような多くのオイリュトミー療法士たちが、音楽オイリュトミー療法の分野で活躍し続けています。

この本の出版を実現するために協力してくれたオイリュトミー療法士のリリー・ヘルツ氏には心から感謝しています。1960年7月に開催されたオイリュトミー療法の講座では、彼女の強い要望が本書出版のきっかけとなりました。また、アーレスハイム・クリニックのザトラー医師とエリカ・ミュラー氏、そしてイラストを添えてくれたクリスティーナ・ズーハントケ氏にも感謝の意を表したいと思います。

医学博士　M.キルヒナー・ボックホルト

第Ⅰ部

第1章　オイリュトミー療法

ルドルフ・シュタイナーによってはじめられた新しい運動芸術であるオイリュトミーは、1912年に誕生しました。私たちはオイリュトミー療法を芸術オイリュトミーのメタモルフォーゼとみなしています。

オイリュトミーは目に見える言語であり、そのことによりダンスやパントマイムとは一線を画しています。言葉の要素である母音や子音は喉頭とそれに続く器官を通して発音されますが、オイリュトミーではその発音された母音や子音が動きに転換され、目に見える形となります。私たちが母音のAやUを発音したり、唇や口蓋を使って子音を形づくったりするとき、言語有機体は一つひとつの母音や子音に対してある定まった形をつくりますが、オイリュトミーも同様に、一つひとつの語音を定まった動きの形で表現するという規則性をもっています。そのようにオイリュトミーの動きの形は恣意的なものではありません。しかし言葉を発する場合がそうであるように、オイリュトミーの動きにも動きの形に芸術的な余地が与えられています。

人間が語ることを許された言語は、人間からのみ響きわたります。というのは、神的な創造的言語は地球の多くの進化段階を経て、次のように人間有機体[1]を形成してきたからです。それは、ミクロコスモスの言葉が、マクロコスモスの言葉に対する応答として人間自身から響くことが可能となるように、そのように人間を形づくってきたからです。同様に、オイリュトミーにおいても創造的言語は**人間**の形態とその動きを通して語ります。ルドルフ・シュタイナーによって創られたオイリュトミー芸術は、人間へと至る霊的な創造行為なのです。なぜならオイリュトミーは、まさに人間の有機体自身を表現手段としているからです。そこでは宇宙と自然界には見られるものの、私たちの物質的な感覚からは隠されている運動諸力と運動形態が、

人間自身において開示されるのです。それらは言語の創造的な活動が開示されるエーテル的な世界に属しています。

人間の運動能力をその全体性において考慮するならば、それは随意運動と不随意運動とに分けられます。随意運動は骨格に付いている横紋筋によって行われます。不随意運動は平滑筋と結びついており、内臓の動きや腸管や血管の動きがこの不随意運動に属しています。そのように身体の運動の領域は一様ではありません。私たちは四肢を使ってこの地上で運動を行い、自らの行為を行います。また共感と反感などの感情を、手足を通して表現します。意志と感情に見られる内面の表現を外へ向ける行為は、そのすべてが四肢の動きを表現手段として用いることで成り立っています。

歩きながら、あるいは立ったり座ったり横になったりすることで、私たちは重力などの地上的な諸力のなかへ入り込みます。すべての力学的な法則性はこの地上世界の現れです。私たちは一つひとつの四肢の動きによってこの地上世界につなぎとめられています。「人間は地上の諸力に有機体を方向づけながら、特定の地上の諸力と結びついています。人間は直立し、歩行することを学び、そして両手を使うことで地上の諸力のなかで均衡を保つことを学びます。そしてこの諸力は、宇宙から作用するものではなく、地上で作用する諸力です」★35。

不随意筋の運動はこれらの随意筋の動きとは異なります。不随意運動は宇宙的であり、私たちの意識的な体験と恣意から遠ざけられています。不随意運動を通して私たちは別の運動領域、すなわちエーテル的な運動領域のなかに立っているのです。

ルドルフ・シュタイナーとイタ・ヴェークマンの共著『霊学的な認識による医術の拡張のための基礎付け』★3 では、地球から作用する重力は「外へ放射する力」と呼ばれ、宇宙周辺のすべての方向から作用する諸力は「内へ射し込む力」と呼ばれています。この宇宙周辺から射し込んで来る諸力のなかで作用し、重力ではなく浮力のなかで働く運動の世界は、物質的に目に見える動きの総体よりもずっ

と多様に考えられなければなりません。この宇宙的な動きは見ることはできませんが、しかし体液の流れや血液循環、また身体内の器官すべての運動における働きのなかにそれを認識することができます。そしてこの目に見えない、地球の周囲に由来する運動の豊かさを、ルドルフ・シュタイナーはオイリュトミーの語音のしぐさのなかで、とくに子音の動きのなかで目に見える形にしました。

私たちが練習し認識しながらオイリュトミーの一つひとつの語音と結びついていくと、その動きのなかに、自然界における有機的で生命を担うすべての根底にある運動形態が開示されます。Bの包むようなしぐさ、Lの涌き出で、成長を促すような力、そして回転しつつ振動するRは、固体へと向かう感覚界の背後で満ちては引いていく、エーテル界の創造的な言語なのです。他方、人間自身が発する母音の運動衝動は、私たちのアストラル体の故郷であるアストラル界に由来しています。
ではこれらの母音は今まで述べてきた物質界とエーテル界に対して、どのような関係をもっているでしょうか。

　母音の響きの源であるアストラル界は、目にすることのできる表現としては、暗い夜空に瞬く星々です。それらの星々は、時空を超えた宇宙の諸力が私たちに迫ってくる窓のような存在です。その諸力は「内側へ折り返し、陥入する」★3 諸力です。胎生学では、この諸力は原腸胚形成においてよく知られています。そして、このアストラル界の陥入する諸力こそが、私たちの物質界・エーテル界、つまり肉体・エーテル体へと流れ込み、自然界である外界に対峙する内界を創り出しているのです。この内界、つまり身体の内側の臓器の世界は植物界ではまだ見出せません。それは動物界、人間界においてはじめて登場する世界であり、星々の世界の完全な複製なのです。すなわちルドルフ・シュタイナーが『オカルト生理学』★10 で名づけた「内界の宇宙システム」なのです。私たちの魂はこの内面の星々の世界と外界の星々の世界のリズムのなかに生きています。このリズムは外界と内界がつながっているところではじめて生じます。一つひとつの母音が内界の宇宙システムの各臓器といかに異なった形で関連し合っているかについては、本書の第7章で見ていきます。そのように第3番目の運動諸力として、アストラル界から流れ出て、独自の運

19

動とリズムを形づくる力が私たちのなかに存在しています。

これらの3つの諸力については、次の通りです。「外に放射する諸力は地球の諸力であり、射し込んでくる諸力は地球を取り巻く宇宙周辺の諸力です。『アストラル的』諸力のなかに、この2種類の力よりもさらに高次の何かが存在しています。これが地球自体をはじめて天体にし、『星』つまり『アストルム』にするのです。地球は、物質的諸力によって自らを宇宙から分離し、エーテル的諸力によって宇宙がさらに自らに働きかけるようにし、『アストラル的』諸力によって宇宙のなかで独立した固体となるのです』」★3：第4章。ここで地球について述べられたことは、同様に動物と人間に対しても述べることができます。

　これまで私たちは3つの異なる運動の種類、つまり、物質的、エーテル的、そしてアストラル的な運動の種類について特徴づけてきました。第4番目の運動衝動は、私たちの自我からやってきます。自我の力は運動として、人間においてのみ働いています。直立する力、天と地の間で自らを垂直に立たせることを可能にする力は、まさに人間の自我の表現です。自我の直立の動きによって他のすべての運動も変化します。均衡を常に新たに生み出すなかに、人間の直立歩行が生まれます。どの一歩においても自我機構は重力と対峙し均衡を保ちます。**液体人間**の領域では自我は浮力と重力の間で均衡を生み出します。**気体人間**の領域では自我は循環と呼吸のリズムが出会うところで、アストラル体の魂の表現や心の動きをリズムのある均衡状態へともたらします。

　オイリュトミー療法を行うにあたって、アントロポゾフィー的人間学の継続的な研究は必要な前提です。なぜならそれを通してのみ、いかに人間の異なる構成要素が運動において相互に作用するかを学ぶことができるからです。

代謝・四肢系は、本来の運動系です。四肢の動きと消化の動きは血液循環のリズムに合わせて整えられ、秩序づけられます。血液循環は内界と外界のリズムを仲介する呼吸プロセスに対して開かれます。そのように***胸部領域***には、リズミカルな運動

プロセスを司る中間領域の**リズム系**があります。上部にある頭部、すなわち*神経・*
*感覚系の活動*の中心においては、すべての運動は静止状態へともたらされます。こ
のように人間の三分節は、動きが成立すること全般への洞察をもたらします。ここ
では、「特定の神経束を運動神経、つまり運動を引き起こすものであるとみなす」
という、いまだに存在する命題について議論をするべきなのではなく、運動を、自我・
アストラル体・エーテル体・肉体の四つの構成要素がそれぞれ頭部、胸部、四肢に
おいて3通りの異なる仕方で相互に作用している、という観点から理解することを
試みるべきです。これら3つの系の形体形成はまったく異なるものです。球形の頭
の形はほとんどが骨からできています。平らな頭蓋骨は脳を包み込んでいます。神
経と感覚器官の中心としての頭部には、外部の物質界を取り巻く周辺領域すべてが
含まれます。なぜなら周辺領域も頭部の神経・感覚系によって知覚されるからです。

胸部人間⁴では、その骨格において肋骨と肋間の筋肉の配置の仕方にリズム的な要素
が働いているのが見られます。四肢人間⁴においては、骨は筋肉と血管に包まれ、体
の内側に存在しています。筋肉は運動の多様性を可能にしている屈筋と伸筋を通し
て意志発現に寄与しています。骨はここでは支持器官にすぎません。ルドルフ・シ
ュタイナーは四肢人間における骨を、あらゆる方向からやって来て人間のなかで一
つに集まる半径にたとえています。「四肢系は、周辺全体に中心をもっています。
そもそも四肢系の中心は球体、つまり点の反対なのです。四肢系の中心は球体の表
面なのです。本来あらゆる場所が中心なのです。それゆえ骨はすべての方向に向く
ことができ、また半径はすべての方向から射し込みます。骨は半径と一つになって
います」★18：1919/9/1講演。

　　れは通常とはまったく異なるものの見方です。しかし、この見方は私たちの
　　運動と宇宙の運動の関連性の理解を可能にするものであり、オイリュトミー
にとってきわめて重要なことです。私たちの頭の周囲に静かに観察できる宇宙が存
在しているように、四肢の周囲には運動する宇宙が存在しています。そして四肢を
介して、この宇宙の運動を模倣することができるのです。また頭はこの動きを知覚
し、それを静けさへともたらすためにあります。そして環境を知覚することが神経

系によって仲介されるように、内側の経過、つまり筋肉の位置と運動の変化やそれと結びついている神経の化学的な変化も、神経によって知覚されます。この直接的な経過は、『治療教育講義』★9で述べられている記述によりさらに明らかになります。ルドルフ・シュタイナーは、「頭と四肢は2つの異なる本質です。一方はもう一方のメタモルフォーゼです」と述べています。

すでに叙述したように、頭部において物質機構は頭蓋骨として外側に位置し、内側に向かってエーテル機構、アストラル機構、そして自我機構がそれぞれ位置しています。しかし代謝・四肢系においては、それらは逆になっています。「代謝・四肢系においては、本来、それらの外側のあらゆるところで、つまり有機体の圧感覚と四肢の周囲の熱において、自我が振動し、自我から発して内に向かってアストラル体が振動し、そしてさらに内側でそれはエーテル的になり、そして管状骨において内に向かって物質的になります」★9：1924/6/30講演。この記述は、何が周囲の運動と人間の動きをつなぐ仲介者であるかを明確に示しています。それは四肢を取りまく熱のなかで生きる自我であり、自我はアストラル体、エーテル体そして物質体のなかに深く入り込んでいきます。そのようにして四肢の運動が生じています。

健康な有機体には芸術オイリュトミーで見られるように、健康で調和のとれたあり方で宇宙的な動きが投影されています。それゆえオイリュトミーは観客に対して治癒的に作用するのです。患者の場合は、動きが歪んだり、ねじれたり、引きつったり、硬直したり、あるいは落ち着きがなくコントロールできないといった、動きの障害が有機体から生じます。

「芸術オイリュトミーと教育オイリュトミーの動きのしぐさが変容されます。その結果、芸術・教育オイリュトミーの動きのしぐさが人間の健康な本質から流れ出るように、その変容された動きが人間の病的な本質から流れ出るとき、オイリュトミー療法が生まれます」★3：第18章。

オイリュトミー療法士は病気の有機体の障害された動きと、健康で原型的・治癒的

な宇宙の動きの仲介者となり、自分自身のエーテル体に語音の動きを可能な限り原型に沿ってつくり出します。そして、それにより患者の病的な動きに働きかけを行う、という課題をもっているのです。他方、芸術オイリュトミーは自分の形姿を通して語音を芸術的に外に向かって表現します。そのように芸術オイリュトミーとオイリュトミー療法の間には大きな違いが見られます。それゆえ芸術オイリュトミーとオイリュトミー療法を混同してはならないのです。芸術オイリュトミーとオイリュトミー療法の基本要素は同じですが、目指す方向は異なっています。『オイリュトミー療法講義』の第1講で、ルドルフ・シュタイナーは次のように述べています。「しかし、芸術オイリュトミーを行いたいと望む方々には、この時間にここで習得することは一切忘れていただかなければならない、とはっきり強調しておきます。… 中略 … この2つを混同しようとする人は、第1にオイリュトミーの芸術性を台無しにし、第2に療法的・健康的な要素においても何も得るものはないでしょう」。

オイリュトミー療法を行うにあたっては、患者をどう観るかの修練、つまり直観と観察の修練が欠かせません。ですから動きに関するすべてのものが興味の対象でなければなりません。運動に障害のある患者の増加が示すように、今日運動器官系は危機に晒されています。それゆえ運動療法は今後さらに重要な役割を担っていくでしょう。多様な麻痺症状を伴う多くの疾患の場合、あるいは片麻痺、対麻痺、または、過少あるいは過度の運動性を伴う脳障害の子どもたちの増加に、運動療法における新たな方法が求められています。

文明によって、あるいは移動手段の技術の進歩によって、また職場における機械化によって、自然な動きは阻害され、動きの豊かさは失われ、もはや動きが人間の内面の表現に寄与しなくなるという危険性が生じています。機械を駆使することで生じるメカニックな動きは、魂や霊に浸透された動きの流れを外側から排除します。機械の使用によって変化させられた手の動きや身振りには、私たちの思考、感情そして独自の意志がわずかしか流れ込まなくなっています。かつて職人が物を造り上げるときには、彼らの熟練した手に生み出そうとするもののイメージや像が流れ込んできました。しかし、それは近代産業の細分化された製造プロセスに

おいてますます少なくなっているため、私たちは今日さらに動きの鈍感化という問題に直面しています。

さらに悪いのは、下方に向かって自然界から離れてしまい、反自然的で、人間下の諸力を人々にもたらす領域の脅威によって、四肢人間が捉えられてしまうことです。そこでは、宇宙に起源をもつものに属さず、また純粋に地上の機械的な法則にも属さない動きが生まれます。そこは人間にとって異質な自然下の運動の領域です。私たちはこの領域のあり様を、中脳に障害をもつ子どもたちのなかに観察することができます。そこには意味のない、秩序とリズムをもたない、目標に向かった動作を遂行できない動きが出現します。どんな魂の表現もその動きのなかに流れ込むことができず、その動きはただ破壊に向かうのみです。まさにこれらの動きに対して、治癒の力をもつオイリュトミーの動きが非常に大きな意味をもつのです。

＊　＊　＊

オイリュトミーを療法として用いるためには、すべての療法において必要な下記の条件が満たされなければなりません。

1．正確な診断
2．個々の疾患に対しての適切な療法手段の提示

この章に続く記述のなかで、いかにオイリュトミー療法がこれらの要求に応え得るものであるかがわかるでしょう。一つひとつの練習が個別の病像に対して特定の作用をもっています。オイリュトミー療法は、非特異的な運動療法ではありません。オイリュトミーからオイリュトミー療法への変容に際して、ルドルフ・シュタイナーは、いかに芸術が医術（医療芸術）へと変容し得るかを示しています。

第2章　アルファベット

オイリュトミーは目に見える言葉であり、それゆえ言語のもつ法則性と結びついています。アルファベットには限られた数の語音（言語音/言語の音声）しかありませんが、私たちが表現したいことはすべて現すことができます。自らの内面生活や自然の美しさ、自然の摂理について伝えたいこと、人間についての研究から現れてくること、あるいは詩作など、すべてをアルファベットの音の組み合わせによって表現することができます。かつて人々は一つひとつの語音が本質的な意味をもつものであることを知っていました。個々の音は、アレフ、あるいはアルファ、ベータなど、それぞれ名称をもっていました。そしてそれは背後にある霊的、神的な存在たちが伝えようとする何かを顕していたのです。それぞれの音は神的な創造言語の一部として体験されていました。人々は自らを語音へと帰依しそれを深めることによって、世界と人間の神秘を体験することができました。言葉は人間を通して響くことが可能となりましたが、それは創造言語が人間のなかで作用し、人間がそれを再び自らの内側から解放し、外へ発することを学んだからでした。

そのように遥か昔には、神的なものがまだ私たちの内に入り込んでいると人々は感じていました。プラトンの対話篇『クラテュロス』では、クラテュロスはたとえば次のような見解をもっていました。「すべての被造物は自然を創造した神から与えられた正しい呼び名をもっている。それは創造者の言葉が鉱物、植物、動物に与えた永遠の名前である」。『ナチュラ（Natura）』という機関誌の第5巻（1928年・29年発行）において、イタ・ヴェークマンはクラテュロスについて次のように語っています。「オイリュトミーにとって次の叙述が特に重要である。クラテュロスは、個々の語音に対するのと同様に、動きや身振りに対しても重要な意味を付与し、双方のなかに物事の本質をなすものを見出していた」。つまりクラテュロスは個々の語音を、一つの*しぐさ*として感じとっていたのです。前述の機関誌では、このことが次

のように引用され、明らかにされています。

「クラテュロスは、ソクラテスに語音の本質について尋ねられ、次のように明言した。D と T における舌の圧縮により、D においては結合が、T においてはそれとは反対に固定あるいは確定が模倣される。また L においては軽い滑らかな移行が模倣され、それゆえ、Glattes（滑らかなこと）、Oeliges（油性のもの）、あるいは Leimiges（にかわ状のもの）といった言葉が生まれている。そして O を通しては丸いことが、R では動きすべてが、そして I では細さと繊細さが言葉のしぐさとして表現されている」。

古代のヘブライにおいても、アルファベットについての深い洞察が存在していました。エリファス・レヴィーは、前世紀においても尚、16世紀のヘブライ語の写本からヘブライ語のアルファベットの最初の七文字について次のような意味深い文章を公表しました。

A	アレフ	：	死せずして神と直面し、そして天界のすべての覇権を司る七体の守護神と親密に語り合う。
B	ベート	：	すべての憂慮や恐れを超えて存在する。
G	ギメル	：	天空すべてとともに君臨し、すべての地獄は彼に仕える。
D	ダレット	：	自らと他者の生命と健康を意のままに操る。
H	ヘー	：	どのような災難もヘーを驚かせることはない。また、どのような不幸も彼を打ちのめすことはなく、どのような敵も彼を打ち負かすことはない。
V	ヴァヴ	：	過去、現在、未来の意味を知る。
Z	ザイン	：	死者の復活の秘密を知り、不死を獲得する手がかりをもつ。

これらの語音は、人間の本質についてなんと偉大なことを語っているのでしょうか。しかし、語音のもつこれらの深い叡智は今日失われてしまいました。この叡智を新たに獲得するための道が、ルドルフ・シュタイナーによって与えられました。まず

次のように子音を考察してみましょう。すると、子音の口唇音、歯音、口蓋音への分類が、人間の有機体における関係性と深く関わっていることがわかります。

オイリュトミー療法講義』★1 では、一般に使用されている区分に従って各語音が分類されています。

> 口唇音　：　ｗ ｂ ｐ ｆ ｍ ｒ
> 歯音　　：　ｄ ｓ ｓｃｈ ｌ ｎ ｒ
> 口蓋音　：　ｇ ｋ ｃｈ ｎｇ ｒ
> 　　　　　　ｒ はすべてのカテゴリーに属しています。

『言語造形と演劇講義』★20 の連続講演では、ルドルフ・シュタイナーの区分に従ってより詳細に分類されています。

> 1．口唇音　　　　　　　：　ｍ ｂ ｐ
> 2．下唇と上歯　　　　　：　ｆ ｖ ｗ
> 3．上下歯　　　　　　　：　ｓ ｃ ｚ
> 4．上歯の裏に舌が触れる：　ｌ ｎ ｄ ｔ
> 5．舌根　　　　　　　　：　ｇ ｋ ｒ ｊ ｑ

この分類は人間本性の三分節を示しています。ｍやｂなどの口唇音は閉音であり、私たちの形姿全体にも内的に閉じられた状態を与えています。子どもが習慣的に口を開いたままでいると、それはほとんどの場合、正常ではない状態であり、多くは知的発達の遅れが見られる子どもたちです。子どもたちと口唇音のオイリュトミーを行えば、ほどなく子どもたちの形姿がより統御されていくのが見られます。その際、唇も含めた有機体全体がその口唇音を行っているということを意識して行うとよいでしょう。また上唇と下唇の相互の関係が良好ではなく、下唇の動きが上唇の動きとうまく協調しないと、そこには疾病の兆候、とくに神経系における疾病の兆候がしばしば見られるでしょう。以上のことから、上唇と下唇の正しい協調が有機

体全体にとって非常に重要な意味をもつことがわかります。

歯音は身体の上部機構と下部機構（本書巻末解説参照）に均衡をもたらすのに役立ちます。たとえば、D は血液と呼吸を調和させます。G と K、そしてそれ以外の口蓋音は言語器官の最も後方に、有機体の最も深部に位置しています。これらの語音は四肢人間に、つまり意志の発現に関わっています。口蓋音を上手に発音できる子どもたちの多くは両足を大地にしっかりとつけて立っています。この関連性がいかに重要であるかについては、ある幼い患者のケースにそれを見ることができます。その女の子は上手に歩け、またすべての語音を発音することができました。ところがあるとき、両足のかかとに怪我をしてしまいました。するとその女の子はつま先でしか歩くことができなくなってしまいました。しばらくして、彼女は口蓋音を話すことができなくなってしまったのです。

子音の第2番目の分類は私たちを別のやり方で人間機構のあり方に目を向けさせます。

衝突音	：	b d g k m n p t
吹音	：	h w f s sch ch
震音	：	r
波状音	：	l

衝突音は、オイリュトミーでは吹音とは別の形で形づくられます。衝突音の場合は、音の出し始めが大切であり、オイリュトミーでは語音のもつ造形力を表現し、最後には一瞬動きを止め、しっかりとその形を保ちます。吹音はより動きの多い表現となります。吹音のもつ振動は全身を使って表現します。衝突音は私たちを「内面の主張をする」ように、吹音は私たちを「外界と動きをともにする」★2：1924/7/2講演　ように導きます。衝突音と吹音の間には波状音の L と震音の R があります。これらの子音の分類は、地水火風などの自然界のエレメントとの関連性を示しています。地の要素を示す固体とそれに属する生命エーテル[6]は、固定し固める衝突音と関係しています。液体的な要素とそれと結びついている化学エーテルのなかでは、造形的

な L が作用しています。気体的な要素と光エーテルは、回転する R にその表現が見出されます。最後に熱と熱エーテルは、自らを周囲に放つような吹音のなかに生きています。

子音の第 3 番目の分類は母音による**色づけ**のなかに存在します。子音に付随している母音が、たとえばL〈 el 〉のように子音の前におかれて発音されると、内側に留まりたいという意志がより強く働きます。それに反して〈 la 〉や〈 ka 〉においては、母音は子音の後におかれ、人は直接外側の世界と結びつきます。人間がより内側に留まりたいと望むのか、あるいはより世界の霊的なものに帰依するのかをよく観察する必要があります。人は実際に療法を行うなかで、患者が〈 ek 〉あるいは〈 ka 〉を行うのかを見分けることを学びます。状況に応じて患者に〈 ef 〉ではなく〈 fi 〉をさせることで、患者が容易にその練習を行えるようになることもあります。音楽的なイタリア語においては〈 ele 〉、〈 eme 〉、〈 ene 〉などに見られるように、多くの語音における母音の色づけのなかにまだリズム的な要素が残っているのを認めることができます。

＊　＊　＊

母音に目を向けると、子音（consonare - ともに響くという意味）に対して、母音（Selbstlaut - 自己を表す語音という意味）は、内面の自己体験を表現する音である、ということができます。

≪A≫　：　私は感嘆する。私は驚く
≪E≫　：　私は防御し、自らの身を守る
≪I≫　：　私は自分を主張する
≪O≫　：　私は愛をもって世界を抱擁する
≪U≫　：　私は恐れる

この母音の並びには人類の進化のすべてが示されています。

アルファベットの順列において、母音と子音が交互に現れるのを見てみましょう。さらに、固定し固める衝突音と無私の状態で周囲に帰依する吹音が常に交互に現れます。そしてそれらの子音の間に、自己を表す語音である母音を通して、内的な魂の体験が表現されます。A は、アルファベットの最初の語音であり、幼少期を示す音であり、また感嘆を表現する音でもあります。どの子どもたちも、感嘆や驚きとともに世界のなかで本来自らの歩むべき道を見出していきます。感嘆とは、その力によってすべての認識と世界への関与がはじまるリアルな力です。

世界に向き合うとき、人は自らの覆い、自分の家つまり身体のなかにいると感じますが、B 、ギリシャ語でいえばベータは、まさにそのような意味をもっています。C においては、重さが上方へともち上げられるのを体験します。「重さを軽さに導く」ことが C のなかに表現されています。D においては、人間は感覚世界へ視線を向けます。感覚世界で呼吸し認識しながら事物とともに生きます。その後、自己を示す音である母音の E が続きます。E は、「世界は私に何事かをなした。それに対して、私は自らを守る」ということを意味しています。人は世界と向き合うとき、自らを理解しようと試みます。

アルファベットでは衝突音と吹音が交互に現れるのが見てとれます。そこではアルファベットの構成がいかに叡智に溢れるものであるかを垣間見ることができます。というのは、衝突音と吹音の交替、そして母音による自己の内面の把握は、体内の一つひとつの器官にまで作用を及ぼし、器官に正しい構造を与えているからです。そこでは、形体とプロセスが交互に作用しています。

アルファベットの音の並びは、軟音の衝突音である B‐D‐G が最初に来ます。これらの語音は硬音としてより強められた形で、まるで鏡像のように、後から K‐P‐T として登場します。興味深いのは H‐I‐K のような音の並びです。I において、人間は強い吹音の H と強い衝突音の K の間で均衡をとりながら自らを主張します。オイリュトミー療法の 3 つ組みとしてしばしば用いられるもう一つの 3 音の並びは、L‐M‐N です。L によって生命感覚が活性化され強められ、M の作用により呼

気が促進され、そして N によって頭部の活動へと導かれます。

これらのことによりアルファベットとは恣意的な語音の並びではなく、意味内容を有する叡智が支配する順列であることが明らかになります。では、アルファベットはどのような意味内容を私たちに開示しようとしているのでしょうか。そこに隠されているのは人間生成の秘密であり、目に見えない形でイメージとともに私たちに生命と形体を与えている造形力体の法則性です。「アルファベットをはじめから終わりまで、つまり A から Z まで一緒に並べて置くと、大変複雑な言葉が生まれます。この言葉はあらゆる言葉になり得る可能性を含んでいます。そしてこの言葉は同時に、**_エーテル的な本質における人間_**をも含んでいるのです」★2：1924/6/24講演。

アルファベットのすべての音の並びは、オイリュトミー療法のエクササイズとしても用いられています。アルファベットのすべての語音を重症の患者の前で行うと、気持ちを鎮め、心地よさと治癒をもたらす効果を目にすることができます。

第3章 オイリュトミー療法を
実践するにあたって

オイリュトミー療法の実践的練習のために、いくつかの原則的な指示が与えられるべきでしょう。しかし他のすべての治療や療法がそうであるように、あらかじめ決まった指示や処方があるわけではありません。それはオイリュトミー療法を受けにやってくる患者一人ひとりが、私たちにとって新たな問いだからです。動きを通して現われてくるものはすべて興味深いものです。というのは、患者がその動きをうまく行えても行えなくても、その動きは患者の有機体にとって必要なことを示しているからです。療法における一番の師は、語音そのものです。私たちは常に新しく語音の本質を深めていかなければなりません。そして、その源泉は尽きることがありません。

それぞれの語音について個別に描写する前に、すべての母音や子音にとって全般的に言えることをまず述べたいと思います。

〈オイリュトミー療法のために変容された母音のエクササイズ〉は、次のように行われます。

1. 該当する母音を大きな声で響かせる。その際、手は静止位置におく。

2. たとえばA〔アー〕の語音を行う場合は、Aをまず腕で行う。はじめは上方で行い、その後はじめの位置である静止位置に手を戻す。次のAは少し低い位置で行い、またはじめの位置に手を戻す。そのように続けて、最後のAを最も下方で行う。ただしAの場合に限り、可能な限り後方で最後のAを行う。その後、Aの動きを再び上方で行い、それまで行ったAの位置を辿りながら腕を上下にスウィングさせる。その際、上方で行ったAの角度を保ちながら行う。スウィングの動きを次第に速くし、最も速い

33

動きのときに止める。

　3．はじめに響かせた語音の響きを内的に聴くように試みる。つまり、静かに
　　　集中した状態で自分のなかに響きの余韻を感じる。

　4．その後、脚の動きに入るが、脚でAを繰り返し行い、最後にAを保った
　　　状態で軽くジャンプする。その際、前後に動きながらジャンプを行う。

　5．最初に行った腕の動きを行う。つまり1、2、3、で行ったすべてのこと
　　　を繰り返す。

脚で行う練習は全体の練習時間の3分の1程度がよいでしょう。

最後に、静かに集中したなかで響きの余韻を感じとる時間をもちます。これは重要
な意味をもちます。そのことで行った母音の練習の効果が身体に浸透し、療法の充
分な効用が得られます。これが行われないと、大切な部分が欠けることになります。
なぜなら集中した動きの後の静けさは、エクササイズの非常に重要な部分だからで
す。多くの療法士ははじめこれを行うのを躊躇しますが、患者はこれを好んで行う
ということをほどなく経験するでしょう。子どもにおいても聴くという内的な姿勢
がきちんと示されれば、これを行うことは可能です。大切なのは、内的な静けさと
傾聴です。集中して静かに聴くことは、すべての練習の後に1回だけ行うことも可
能ですし、あるいは最初と最後に行う腕の練習の後に、すなわち2回行うこともで
きます。

　子音については、練習した語音の動きが体に作用するということが、別のやり
　　方で獲得されます。たとえばBをオイリュトミー療法で行うときに、同時に
このBを行う自分自身の姿を自分の前におくのです。つまり練習の最中、あたかも
自分を鏡のなかに見るように自分の形姿のイメージをもつのです。この練習は私た
ちに非常に多くのことを課しています。というのは、ここで要求されるのはイマジ
ネーション的な能力だからです。私たちがこれを繰り返し練習すると、患者にもオ
イリュトミー療法の練習が強化され修正されながら作用するのがわかります。

麻痺や運動障害をもつ多くの患者においては、通常行う練習方法では充分な働きか

けをすることができません。そこでは芸術的で創造的なファンタジーが必要となります。ここではまず療法士がエクササイズを見せるか、あるいは患者の手足を自分の手にとって患者の動きを手助けし、患者がオイリュトミーを体験できるようにします。しかしもちろん、患者自身が自ら行う能動的で内側からの動きや身振りが最も有効です。そこで麻痺の患者においても、手足の指や目だけであっても、可能な限り患者自身の動きを引き出すようにします。あるいは、オイリュトミー療法の動きを患者に見せるだけでも、たとえ最初は何の反応も得られないとしても、効果はあります。片麻痺の場合は、まず健康な側で動きを行わせ、そして麻痺の側にもその動きを模倣させて、動きを全体として完成させるか、あるいはイメージだけでも行わせます。

患者の動きを正すのはできるだけ避けるようにします。オイリュトミー学校においてはもちろん動きの修正は必要ですが、オイリュトミー療法においては治癒を必要としている患者たちに対して行っているため、教え正すといったことはしません。医師はもし治療が望んだ方向に作用しなかった場合でも、それを患者のせいにはせず、その原因を探り、薬を変えたりあるいは強めたりします。オイリュトミー療法でも同様です。オイリュトミーの形がうまく形づくられない場合や、緊張が見られたり、動きが魂に満たされていなかったりする場合には、患者に療法士の動きを模倣させることが助けとなります。大切なのは患者自身に動きをさせ、彼らがそれぞれの語音に対して独自の関係性を築いてエクササイズを肯定するように仕向けることです。そうすることでエクササイズは療法士と患者との双方向の共同作業となります。障害や困難が現れるところに目を向けると、動きの開始点である（肩甲骨も含めた）肩関節や手の付け根などに気をつけることが助けになる場合もあります。一つのイメージ、一つのたとえ、あるいは正しく選んだ言葉などが、患者がエクササイズを進める際の助けとなるでしょう。患者はいつも喜んで練習に向かいます。今日、運動すること、そして健康のために自ら行為することを人々は好んで行っています。

子どもの場合は幸いにも模倣力に働きかけることができます。一見そのようなこと

ができるとは思えない重度の障害をもった子どもが A や U の動きを真似て行うときは、毎回驚きの念を禁じえません。このもって生まれた模倣能力のおかげでほとんどすべての子どもたちに、たとえ彼らが重症であっても、オイリュトミー療法を行わせることができます。模倣力が欠如している場合は、それを喚起する必要があります。たとえば、ＡＥＩ-ＩＥＡのエクササイズで模倣力が呼び起されます。

個別のエクササイズについてはこの後の章で扱います。たくさんある練習のなかで必要な練習をどこから見つけ出したらよいのかと問うとき、ルドルフ・シュタイナーの残した〈原・指示〉を振り返ると、常に療法の方向性が見えてきます。個別の療法の組み立てとしては、患者が練習に必要な内的な静けさを得るまで、歩行練習やリズムエクササイズなどの準備運動からはじめるとよいでしょう。ＬＭＲなどのオイリュトミー療法の音配列を練習するときは、まず一つひとつの音を練習し、その後、音配列に従って３つの音を続けて練習します。そして最後に、その時間に行ったすべてのエクササイズを行います。

大変重要なのが、可能であればオイリュトミー療法の練習後に、短めのあるいは長めの休息をとることです。また、練習のテンポを変えることは有効に作用します。最初はゆっくりとはじめ、次第にテンポを速め、そして最後にふたたびゆっくりのテンポに戻します。練習の速さを変えることは自我に働きかけます。それゆえ多くの練習においてテンポを速める指示が与えられているのです。

＊　＊　＊

オイリュトミー療法においては、診断に則った療法手段として処方される語音や語音の配列は、繰り返して行われなければなりません。治療の有効性は、一つひとつの語音の強化とエクササイズの頻繁な繰り返しのなかに存在しています。同じエクササイズが何日も、何週間も、場合によっては何年間も繰り返して行

われます。治療を目的としたエクササイズにおいては、その障害に改善が見られる
まで練習が行われますが、健康を維持するための練習や体質的な疾患に対しての練
習では、しばしば長期間練習が続けられます。そうしたケースの場合は、適切なや
り方で練習に変化を加えるとよいでしょう。つまり、数週間は一つの練習を行い、
その後数週間は別の練習を行うのです。ときには、エクササイズの休止期間を設け
るのもよいでしょう。休止期間後、目指していた成果が確かなものとなり、多くの
場合、改善すら見られます。一つの練習をどれくらいの期間行うべきかの決定に際
しては、その練習を主に自我に対して作用させるのか、もしくはアストラル体か、
エーテル体か、あるいは肉体に対して作用させるのかが重要な役割を演じます。

ある講演でルドルフ・シュタイナーは四つの構成要素のリズムについて詳細に述べ
ています。要点を簡略に述べると、自我のリズムは24時間、つまり１日のリズムで
あり、アストラル体のリズムは７日間、エーテル体は4×7日間、そして肉体のリズ
ムは１年間のリズムであると語っています。ただし、肉体の１年間のリズムについ
ては、女性の場合は、10×7×4日間、男性の場合は、12×7×4日間と述べています。

療法の開始当初は、患者がエクササイズに対して関係をもてるまで、1週間に数回、
あるいは毎日療法を受けることができると、有効に作用します。その後、多くの場
合家で一人で練習を継続し、そしてたまにチェックを受けに来ます。多くの人たち
は療法が終了しても、毎朝 ＩＡＯ を行ったり、あるいは就寝準備として、ゆっくり
と歩行練習や畏敬の念のＡ、あるいはハレルヤなどの練習を続けたりしていますが、
それが大きな助けとなっているようです。ときには、医師が患者に診療時間にエク
ササイズを示すこともあります。診察の度にしばしば練習をチェックし、後は家で
一人で練習させます。一般的にオイリュトミー療法は30分間行われ、それ以上長く
なることはありません。練習時間は患者の体力や能力により異なります。

学校におけるオイリュトミー療法では、子どもとの練習は多くの場合短時間で
充分です。職員会議においてルドルフ・シュタイナーは次のように指示して
います。「子どもは一定の期間オイリュトミー療法を継続して受けますが、これは

毎日行われなければなりません。そして子どもがオイリュトミー療法を受けるということは、子どもが病気であり、治療を受けるということを意味しています。したがって、いずれの時間帯でも子どもを授業から連れ出してよいのです」。

患者とエクササイズを毎日行えない場合は、適切な間隔を探します。私たちの「魂の保護を求める子どもたちのためのインスティテュート」[8]では、リズムは重要な役割を果たしています。月曜日、火曜日、水曜日、そして金曜日に子どもたちと練習を行います。木曜日は休みの日です。1日の流れにおいては、いつも同じ時間に練習ができると有効に作用します。ときには1日に3回エクササイズをすることもあります。あるいは医師の指示に従って、休みをとりつつ週に4日～6日間行うこともあります。良い眠りのためのエクササイズは、遅い時間あるいは就寝直前に練習すると大変効果があります。

オイリュトミーの場合は、子どもが3歳になるまではオイリュトミーをさせません。3歳まではまだ宇宙的な力が子どもに働きかけているからです。しかし、オイリュトミー療法の場合にはこれは当てはまりません。子どもに、たとえば直立できない、斜視、頭部の奇形や変形などの異常が見られるときには、非常に早い時期から練習を開始します。ただし子どもに見合った練習でなければなりません。

オイリュトミーでは、妊婦はどのような場合でも決してオイリュトミーを行うべきではありませんが、オイリュトミー療法では、障害が見られる場合は、妊娠中でも静かでゆったりとしたエクササイズであれば練習することが許されます。しかしその場合、下腹部がリラックスして、あまり動かない状態で練習が行われるように注意しなければなりません。また練習を行ってよいのは、そのエクササイズが必要な場合に限られます。たとえば流産の傾向がある場合などです。これに対しては特別の練習が与えられていますが（本書第11章参照）、ただしこれは妊娠していないときに行われます。生理痛のための M や偏頭痛のための B などの特定のエクササイズも、痛みのあるときに行うべきではありません。また骨折時など、四肢をしばらくの間動かしてはいけない場合は、必要に応じて健康な側の四肢で練習すると大き

な効果が期待できます。高熱、急性の疾患、また心身が非常に消耗している場合は、オイリュトミー療法は処方されません。オイリュトミー療法の効果はしばしば最初のセッションのすぐ後に見られます。しかし、数週間あるいは数年間練習を続けた後、はじめて効果が現れる場合もあります。麻痺などの多くの疾患では、たとえ外見上は多くの変化が見られなくても、患者の生命感覚が変化してくれば、それで満足しなければなりません。あるいは、てんかんの場合などは、てんかん発作が完全に無くなりはしませんが、発作時の症状が和らいだり、発作が少なくなったり、あるいは全般的な鈍麻傾向が少なくなったりします。

　オイリュトミー療法士自身の健康についても言及すべきでしょう。たとえば、「1日に何時間ぐらい患者や子どもたちとオイリュトミー療法をしてよいのか」といった質問をよく受けます。しかし、ここで一般的な答えを出すことは困難です。それは個々の療法士の許容範囲ややり方にもよるからです。その他、「すべての練習を療法士も患者と一緒にするのか」、あるいは「すべての語音をずっと発声しながら行うのか」、もしくは、「いくつもの異なる練習によって療法士の健康が損なわれる心配はないのか」、といった質問もよく耳にします。しかし自分にとって、そして患者にとって何が正しいのか、何が適切なのかという感覚はしだいに育っていくものなのです。療法においては患者をよく見て、彼らが行うべき練習が遂行されるように療法士は自らエクササイズを示し、患者に指示を与えます。あるいは自らを抑制しなければならないときもあります。なぜなら患者はしばしば、ただ静かに繰り返し練習することを望んでいるからです。また申し上げたいことは、オイリュトミー療法士が芸術オイリュトミーに身を浸し、自らを常に生き生きとさせ、偏りが生じないようにすることがとても大切である、ということです。「オイリュトミー療法士は自分のエーテル力を分け与えてしまうのか」、という質問もよく耳にしますが、オイリュトミー療法は磁気療法のような療法ではありません。オイリュトミー療法においては、語音こそが治癒の作用をもたらすものであり、私たちはその仲介者にすぎないのです。そのことがまさにオイリュトミー療法が他の何にも替えられない素晴らしい点でしょう。そこには常に、患者、オイリュトミー療法士、そして治癒をもたらす語音の本質が存在しています。

第4章　母音

　の章では、母音のＡＥＩＯＵの効用について述べたいと思います。ここでは、
ルドルフ・シュタイナーがそれぞれの母音に与えた指針ともいえる言葉を出
発点として、今までの経験からそれぞれの母音の適用領域について記述することを
試みます。二重母音の Ei と Au は、オイリュトミー療法のエクササイズとしては与
えられていません。この新しい運動療法をはじめるにあたって、私たちはまだ出発
の途についたばかりであり、それゆえここで述べることは一つの提案にすぎないと
いうことをご理解ください。

《 A 》

Ａ〔アー〕は驚きや感嘆といった魂の基本的な感情を表現しています。新しい印
象を前にして、それに自らを帰依しつつ、深い驚きとともに両腕を広げるとい
うしぐさは、今日では数少ない原初的な身振りです。

Ａ とは、魂に満たされ、両腕を開いて自らを開くしぐさです。その際、両腕の角度
を感じることが大切です。オイリュトミー療法のエクササイズでは、はじめに Ａ を
上方で行い、その後下に向かって順に Ａ を形づくっていきます。その際両腕が常に
同じ角度に留まるように注意します。Ａ のオイリュトミー療法の作用の指針となる
言葉は、**「人間のなかの動物性に対抗するように働きかける」**です。「そしてこれを
本当に繰り返し行わせれば、がつがつした動物的な本性が特別強く現れている人に
適した練習になるでしょう。たとえば学校で、あらゆる点においてまさしく小さな
動物とでもいえるような子どもがいた場合、それが臓器に関連した要因によるもの
であれば、そのような子どもにこの練習をさせることは特別意味があるでしょう」★1。

Aの生理学的な効果を理解するためには、人間の魂の二重の性質に目を向けなければなりません。私たちの魂の一方の側面は、感嘆しつつ世界に自らを開き、また霊に対して自らを自由に開示したいと望んでいます。Aのしぐさは、まさにその表現です。Aのもつ偉大さについて、ルドルフ・シュタイナーは非常に多くのことを語っています。その内の一つを紹介します。「人間は、物質的存在として立つ限りにおいては、その存在の一部を開示しているに過ぎません。しかし神的なものがその内に存在しているという豊かさの観点から人間を見るとき、人間ははじめてその本来の姿を開示します。そう感じたとき、原初の人類は自らの前で感嘆している人間を、〈A〉と呼びました。それこそが人間であり、人間として最高に完成された姿なのです」★2：1924/6/24講演。

魂のもう一方の側面は、動物的な方向へ向かっており、貪欲になる傾向を示しています。それは私たちの身体や臓器と結びついている魂の部分であり、それによって飢えや渇きなど本能的なものすべてを感じとります。この魂の二重性は、ゲーテがファウストに語らせている言葉のなかに示されています。

  私の胸のなかには、あぁ、2つの魂が住んでいる。
  一方はもう一方から離れることを欲している。
  一方の魂は粗野な愛欲のなかで、臓器に引きずられた世界に留まる。
  もう一方は、高い予感の広野へと、埃のなかから力ずくで
  自らを引き上げる

『ファウストⅠ』イースターの散歩；ゲーテ；高橋義孝訳　新潮文庫

Aを2つの魂と結びつけてイメージすることは容易ではありません。ルドルフ・シュタイナーはこの魂の二重性について、次のように明確に表現しています。「私たちはAの音を声に出して言うとき、自分の魂と結びつこうとしつつも本来自分を2つに裂く霊的なものが、私たちのなかに侵入するような感覚をもつ」★46：24

頁参照。人間のアストラル体の活動は、二重の刻印を担っています。アストラル体を一つの全体として見なすべきときでも、アストラル体は上部人間と下部人間（本書巻末解説参照）における構成要素の異なる働きにより、別様に作用します。私たちはレムニスケートの図のなかでその対極の作用を明らかにすることができます。下方に向かってアストラル体は、物質の受け入れ、処理、排泄などの臓器の活動において作用します。他方、頭部の領域では、アストラル体はこれらの臓器の活動から自由になり、知覚と思考のために仕えます。『秘儀の認識』の講演のなかで、ルドルフ・シュタイナーはこの二重の魂についてレムニスケートの図に沿って次によう に説明しました。「かつては上部が効力をもつものであり、下部を大きさにおいて凌駕していました。このより大きな上部を介して、上部に属する存在者たちは人間に神的な影響を及ぼしていました。しかし人間が自由を得るために神的な影響は少なくならねばならず、西暦333年には上部と下部は同じ大きさを獲得するに至りました。それ以降、下部はさらに大きくなり、その結果、魂は地上世界や身体器官との結びつきを過度に強め、人類は地球の起源と結びついている存在者たちを失う、という危険に晒されるようになったのです」★14：1923/8/31講演。

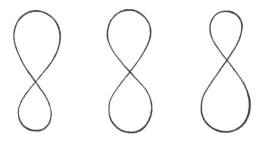

Aを繰り返し練習することで、魂の上部の光の部分は自我により捉えられ、強められます。この力はアストラル体の臓器の部分にも流れ込み、人間のなかの動物的な性質に対抗して働きます。それに伴って霊と魂も身体機構にさらに浸透していきます。そのように A は、常に受肉プロセス、つまり霊と魂を身体に結びつけるように作用しています。

人間のなかで動物的な性質が優位になると、それはさまざまなあり方で現れます。たとえば、子どもは生後、動物と同じように水平の状態におかれています。その後、子どもはこの状態を克服し、垂直のなかに自らをおかなければなりません。そして子どもは小さな頭をもち上げ、両手を伸ばすことをはじめます。これらの動きは私たちに A のしぐさを想起させます。小さな子どもが両腕を広げ、開いた両脚で歩きはじめるときの身振りや、乳児の頃の両目の位置にも私たちは A のしぐさを見出すことができます。A はまさに乳幼児期の子どもの成長の様子を示す語音なのです。この A の音は子どもが話しはじめる最初の音でもあります。A は受肉のプロセスを助けるのです。なぜなら、A において宇宙に向かって何かを掴みとるように両腕を2つの方向に伸ばす身振りは、逆の動きとして、霊的なものがこちらへ射し込み、流れ込む動きを促すものだからです。

ところが、この受肉プロセスが障害を受けることがあります。霊的、魂的存在が充分に肉体に入り込めないということがあるのです。たとえばある子どもの場合、体はおそらく充分健康に発育し、腕も脚も順調に成長しているにもかかわらず、その腕や脚が弛緩した状態であり、自分で腕や脚を動かすことができないのです。最初の徴候は、子どもが立ち上がれない、ということに現れます。子どもは小さな頭を上にもち上げることもできません。もち上げようとしてもいつも下に戻ってしまうのです。子どもはベットの上や歩行器のなかでも起き上がろうとしません。このような状況を前にして、大人たちは何の手立ても援助も施すことができずにいます。しかしそのような子どもと A を練習すると、しばしばあっと驚くような体験がもたらされます。療法士が子どもの手をとって A の動きをさせると、子どもはほとんどの場合、その A の動きを喜んで行います。そして忍耐強く何度も A を繰り返し行うことによって、多くの成果が得られます。

直立の姿勢をとることは、魂の2番目の働きと関わっています。それは魂が感覚プロセスのなかに入っていき、新しい環境に対して驚きの体験をもつことです。環境に対して暖かさや色彩、また音の響きなどに対しての感受力を身につけて、子どもの目が活気に満ちていくことは実に素晴らしいことです。この魂の感受能力は感覚

のなかへと放射していき、子どもは感覚を通して外の世界を捉えはじめます。この
ことはＡのしぐさを通しても起こります。

　しかし、感覚世界を掌握しようとするとき、そこに欲望や貪欲さが入り込みます。衝動的な本能が突き上げてきます。それは過度の食欲や他の多くの欲望として現れます。たとえば、ある子どもは目にしたものを全部欲しがります。あるいは、目の前のすべてを掴み、他の子どもからおもちゃを奪ったりする子どももいます。その子どもたちは奪ったおもちゃを次の瞬間には床に落としたり、壊したりします。文明が感覚に提供する多くのものを通して、人間の貪欲さや欲求は刺激され、増大させられます。宣伝や広告などは、人間の欲望や衝動をあらかじめ計算に入れてつくられており、過剰な生産を促します。

欲望を動きや姿勢で表現すると、頭を前方に突き出し、無理やり自分を前に押し通すようなしぐさ、あるいは、性急に前に突き進むような身振りとなります。それによって垂直を失う危険性が生じます。この姿勢の傍らにＡのしぐさを並べてみます。そこでは、直立した姿勢、統御され抑制された動き、そして欲望を自制する術が与えられたことが直接読みとれます。

動物的な性質が支配的であることは、子どもの落ち着きのなさの一つの要因です。子どもたちは自分の動きを静かに保てず、あちこちにぶつかったり、しまいには喧嘩をはじめたりします。Ａはそのようなケースにおける重要な診断法となります。ある9歳の男の子は落ち着きのなさから家族の間で厄介者扱いされていました。
その男の子にＡをさせると、左右の間にエーテル的に病的な不均衡が見てとれました。身体的な発育は良好でしたが、Ａを形づくると、左側には良く浸透された流れが見られるのに対し、右側には生き生きとした流れはひじの部分までしか見られず、そのためＡを正しく形づくることができませんでした。そのような場合には、子どものエーテル的な力の内的均衡が保たれず、その非対称性によって霊的・魂的な力の身体への浸透が抵抗を受けるので、子どもは心地よく感じることができないのです。そのとき子どもにＡを行わせると、Ａはすぐに効果を発揮しました。これと同

様の障害は、舞踏病にも見受けられます。

欲望や欲求などの性質は、人間が衝動や代謝の力によって支配され、思考力が鈍り、神経・感覚器官において目覚めることができない、といった状態をもたらします。この状態は、すべての感覚印象が痛みを伴い、思考が妨げられるような偏頭痛にまで至り得ます。偏頭痛を伴う代謝障害には、診断によって処方された子音、とくにBをAと組み合わせて行います。生殖器官の過敏状態にもAが推奨されています。この場合は、手、指、ひざ、足の指、そして目でもAを行う必要があります。

朝行うAのエクササイズは、目覚めのプロセスを容易にします。しかしAは不眠傾向に対しても効果があります。この場合には、特に〈畏敬の念のA〉が効果的です。このエクササイズの際には、Aを力強く前方で行い、Aの姿勢を保ったまま肩でHを行う動作に移っていきます。この動きで畏敬の念が表現されます。AをHの動きとともにゆっくりと後方に導くことにより、感覚世界から自らを解き放ち、私たちの背後にある世界へと入っていきます。この練習を頻繁に行うと、器官の活動は高められ、抵抗力が強まります。また、偉大なものに対しての畏敬の念はエゴイズムを克服します。この練習は健康オイリュトミーのエクササイズとしても適切であり、安心して長期間続けることができます。魂への作用としては帰依の念を発達させ、身体的には外界からの影響に対して有機体をより堅固にします。これは内側の抵抗力を強め、すべての種類のアレルギーに対して効果を発揮します。不眠に関しては、日中の印象や昼間の出来事と結びついている考えによって眠りが妨げられている場合は、このエクササイズは特に適しています。後方に動きを導く際は、首が緊張しないように充分注意する必要があります。ここでは頭部のエーテル体の緊張が解放されることが大切です。

今挙げたHの動きは、〈オイリュトミーの笑い〉のエクササイズにおいてもAとともに行われます。ここではまず肩で力強くHを行い、その後Aの動きを続けて行います。この練習において、どのようにAが形づくられるかが不明瞭であったため、ルドルフ・シュタイナーに質問したところ、彼の答えは、「この練習においては、

Ａはいつも下に向けて行われなければならない」というものでした。このエクササイズはうつ病の場合にも用いることができます。うつ病においては、肩の部分に身体的な硬直が現れますが、この練習を通して呼吸が楽になり、緊張がゆるんで解放されるという効果が得られます。

＊　＊　＊

も う一つ重要なことに触れたいと思います。それはＡと腎臓との関係です。他の母音が呼気を強めるように作用するのに対し、Ａは吸気を活性化しますが、腎臓との関係性を通してのみこのことが理解できます。

腎臓という器官は、アストラル体が「内に向かって射し込む」中心点です。通常腎臓は排泄器官として認識されていますが、ルドルフ・シュタイナーにより、腎臓を起点として生じる重要な構築プロセスに注意が向けられました。アストラル体は腎臓から液体要素の排泄に作用し、また吸気のプロセスを活性化し、末梢に至るまで液体・エーテル有機体に呼吸と光の作用をもたらします。皮膚の張りや上部人間の光のプロセスは、今述べた、腎臓を起点として構築プロセスを展開する**腎放射**の作用によっています。この作用に対する頭部からの反作用において、Ａはその造形的な形態形成力を有機体のなかへと展開します。このＡの質を通して、排泄が良好でない場合や腎臓の奇形に対して、働きかけが行われます。また歯のためのオイリュトミー療法のエクササイズでも、Ｌ‐Ａという形でＡが用いられますが、この場合も頭部からはじまるＡの促進力が重要な役割を果たしています。

て んかんにおいては、Ａはもっとも重要な練習の一つです。しかしこの疾患においては、Ａは適用される唯一の語音ではありません。てんかんの病像は単一ではないため、オイリュトミー療法を行う場合も、さまざまなエクササイズが行われます。すべての母音が用いられたり、あるいは個々の症例では特定の子音の音

配列が行われたりします。それらの特定の音の配列についてのシュタイナーの指示は該当するそれぞれの章に記載されていますが、AとEはてんかんのほとんどのケースで用いられています。

てんかんは体質的な疾患であり、一つあるいは複数の臓器におけるエーテル的・肉体的なものの濃縮によって、霊的・魂的存在の身体への侵入が困難になっています。エーテル的・肉体的なものは、全生涯を通じて互いに結びついていますが、自我とアストラル体は毎晩就寝するときこれらから解き放たれ、そして毎朝目覚めるとき再び肉体的・エーテル的なもののなかに入っていきます。このとき肉体的なものの密度が高すぎると、身体への正しい侵入が妨げられるのです。目覚めとは、毎朝常に新しく生じる受肉のプロセスです。その際、私たちは自我とアストラル体とともに身体のなかに入り込みますが、それと同時に臓器を通って感覚界へと目覚めるのです。つまり自我は肉体の「*中*」ででではなく、肉体を「*通り抜けて*」地上の法則性、つまり重力を捉え、そして正しく覚醒することでその重力を克服するのです。また自我は同様に肉体を**通り抜けて**、水、空気、熱と直接対峙しています。

アストラル体は、エーテル体を通じて私たちを取り囲むエーテル界とも結びつきをもっています。つまり、アストラル体は私たち自身のエーテル体のみでなく、エーテル体を通して浮力、軽さ、化学機序といった周囲の環境世界のエーテル的な法則性のなかにも入り込んでいるのです。

てんかんにおいては、自我とアストラル体が一つあるいはその他の臓器を通って周囲の世界へ浸透し、入り込もうとする際に抵抗が生じています。それは臓器におけるエーテル体と肉体の結びつきが緊密すぎるために生じていることであり、自我とアストラル体は感覚世界へと入り込めず、従ってそこで目覚めることなく、臓器のなかに捕えられてしまっています。このような身体状況において、てんかん発作が生じているのです。つまり発作時には、間代性や強直性の痙攣によって自我とアストラル体が臓器を通過しようとする試みが行われているのです。てんかん患者にとっては、臓器のなかで次の新しい抵抗が生じるまでの**発作後の状態**の方が楽なこと

がよくあります。発作は、それ自体として、本来的な意味での疾患として見られるべきではなく、硬直した、あるいは濃縮した臓器こそが疾患として見られるべきなのです。つまりてんかんはある意味、困難な目覚めのプロセスなのです。そして A は受肉を促す語音として、正しい目覚めのプロセスを促進します。

　のようなてんかんのケースにおいては、本書の第 3 章で紹介した、A の〈オイリュトミー療法のために変容されたエクササイズ〉が非常に力強く行われなければなりません。その際スウィングも非常に速く行います。すると動きも引き締まってきます。そのように行うと、いつもは発作を通して生じることが、統御され目的にかなったやり方で療法的に行われるのです。この練習によって、臓器の抵抗に対し自我とアストラル体がより容易に体に浸透できるように準備されます。

いくつかのてんかんのケースにおいて、ルドルフ・シュタイナーは練習を強化するために、A のメタモルフォーゼしたエクササイズを与えています。

15 歳の女児は 9 歳ではしかを患い、それに続いててんかん発作を発症しました。生理が 13 歳ではじまると、てんかんは生理の前と後に頻繁に起こるようになりました。女児は背が高くたくましい体つきで、頭部への血流が非常に豊富でした。彼女の魂の成長は年令相応ではなく、若干幼児性が残っていました。このケースではシュタイナーによって次の A の練習が与えられました。それは、「右か左の脚で前方に一歩踏み出し、最初に前側の膝を、その後、後ろ側の膝を A の角度に曲げ、最後に両膝を同時に素早く伸ばす」というものでした。

21 歳の別の患者の場合は、初潮以来、意識を失う発作が月に一度の割合で起きていました。その後、身体的にきつい仕事をした後、女性は最初のてんかん発作を発症しました。そのとき嘔吐、頭痛、そして心臓の不安感が見られました。彼女はルドルフ・シュタイナーの処方による投薬治療とオイリュトミー療法を数年にわたって行い、その結果発作は完全に収まりました。しかしその後も無理のできない状態が長く続いていました。そこで A の練習が次のように変更されました。それは、「ジ

ャンプしながら A を行い、しかも跳び上がるときに両膝で A の角度をつくり、跳び上がっている間にさらに両脚を閉じる」というものでした。

＊　＊　＊

こで、『治療教育講義』★9 で触れられている平衡感覚を養う練習についても述べるべきでしょう。もし明らかに重力との関係性が障害を受けている場合は、そしてめまいの症状が前面に現れている場合は、A の動きに、重りを使った平衡感覚のためのエクササイズを加えます。重りはまず左右がまったく同じ重さであることを確認します。そしてそれをつけて、A や他の語音を練習します。銅の棒を使ったエクササイズもこのてんかんの練習に適しています。練習内容の選択は子どもの能力によります。重りを使った練習をしばらく行った後、今度は重い重りと軽い重りを使った練習を交互に行います。つまり一度目は右サイドをより重くして負荷をかけ、次の機会には左サイドを少し重くします。同様に足にも重りをつけて負荷をかけます。たとえば、足首の関節にベルトを巻きつけ、その際、重さの異なる小さな銅板をそこに差し込み、重さを調節できるようにします。この負荷によって四肢へより意識をもたせます。これらの重さと軽さの間の調整が、平衡感覚を養う能力を目覚めさせるのです。

別の種類のてんかんの場合には、体内に液体循環の障害が見てとれます。そこでは発作は吐き気と結びついています。ここでは、水泳によって液体要素における平衡感覚を養う練習が与えられています。また食物摂取、とくにすべての液体的なものの消化をよく観察することが大切です。気体のエレメントのなかに入り込めない状態は、呼吸に障害が見られることで確認できます。ここでは呼吸に効果的な影響を及ぼすすべてのオイリュトミー療法のエクササイズが助けとなります。熱のエレメントとの関係性は、ほとんどすべてのてんかん患者において障害されています。それゆえ暖かい服装が何より重要です。多少汗ばむくらいがよいでしょう。

これらの異なるエレメントへの関係性は注意深く観察されなければなりません。そうでないと、どれほど語音とともにオイリュトミー療法の練習を行っても、望む成果を得ることはできません。

《E》

E は自我をエーテル体に固定する」 ★1。この言葉は E と A の大きな生理学的な違いを示しています。私たちは E において魂的な領域に留まっていません。E のしぐさによって、自我機構がどのようにエーテル体において作用しているかが明らかになります。

四肢を交差させることによってオイリュトミーの E の動きが形づくられますが、そのとき一つの接点が生まれます。この接点によって私たちは自分の身体を知覚します。〈A〉から〈E〉への一歩は非常に大きいものです。A においては、宇宙の2つの方向に向かって自らを開きます。E においては、両腕を交差させ、周囲に対して自らを閉じます。このとき、「世界が私に対して何事かをなした」という感覚が生まれます。E において両腕を交差させ自らに触れるとき、私たちはそれに対して自分自身をしっかりと保つことができます。子どもは成長の特定の段階で〈A〉から〈E〉へと移行します。しかしこの移行がうまくいかないと、子どもは外界に対して意識的に向き合うことができず、外界に自分自身を委ねたままの状態に留まってしまいます。これは精神発達遅滞の子どもたちに見られるあり方です。子どもはそこに立ち、驚きをもって世界を見ます。口は開いたままで、世界を意識的に知覚していません。そこでは〈A〉から〈E〉への一歩がなされていないのです。

人 間の自我を知覚できるのは、私たちが左側と右側をもち、そしてそれらが対称面で触れ合っているからです。「人間が2つの耳、2つの目、2つの鼻腔をもっていなかったら、実際のところ自らの自我を感受する力は生じ得なかったでしょう。2つの手もこの自我の感受のために必要とされています。私たちが両手を

組み、一方の手でもう一方の手を感じるとき、自我を感受する力からくる何かを感じとっています。私たちが両目、両耳で獲得した知覚内容を一つにまとめるとき、これと非常に似たことをしています。感覚知覚が生じているときは常に、世界を2つの方向から、左と右から知覚しているのです。そして左と右という2つの知覚の方向性をもち、この2つを交差させることを通してのみ、私たちは自我人間、すなわち私たち自身なのです。そうでなければ、私たちは自我人間として存在することはできないでしょう。自我存在であるためには、左と右を交差へともたらさなければならないのです」★29：1914/11/21講演。どのEの動作も、対称面におけるこの自我体験を表現しています。

オイリュトミー療法のために変容されたEのエクササイズ〉の他にも、多くのEのエクササイズがあります。手で身体に触れるすべての行為はEです。たとえば子どもに、「右手で左耳を掴んでごらん。左手で鼻のてっぺんを触ってごらん。左手で右の二の腕を掴んでごらん」と指示を出すとき、それらはすべてEのしぐさを示しています。これらの練習は、自分自身の身体を正しく体験できていない子どもにとっては容易ではありません。これに気づくとき、それは私たちにある種の驚きと、診断する上で重要な示唆を与えてくれます。子どもたちは、しばしば腕や上半身はすばやく「見つける」ことができますが、大腿や膝、足の指などは、上半身に比べて見つけるのがずっと困難になります。意識がぼんやりとしている子どもにとって、これらの練習は非常に目覚めを促す効用があります。

私たちは外からの攻撃に対して自分を防御するために、同時に自らをしっかりと保つために、しばしばEの動きを無意識に行っています。予期せぬ知らせを聞いたときに両手を合わせるしぐさや、両手で頭を抱える身振りは、外的なショックに対して自分自身を保とうとする姿勢の表れです。日常生活で不安を抱え、抑うつの傾向がある患者に対して、ルドルフ・シュタイナーは、朝起きたときに頭を掴んで、「私は自分自身をしっかりと保っている」と言うように、との指示を与えました。発達に遅れが見られ、外斜視で集中できないある子どもは、いつも両手を擦る習慣がありました。この習慣に対しては、その両手を擦る動きをEの動きとし

て意識的に行い、また同様に脚でも E を行うように言いました。さらに E で脚を交差させたままで進むこともできますが、シュタイナーは盗癖のある子どもに、そのように E で交差させた脚で、1 日のうちできるだけ多く、つま先立ちで歩くようにとの指示を与えました。

自分の体を捉えるということは、器用さを得ることを意味しています。不器用さは今日非常に多くの子どもに見られる傾向ですが、痙攣から弛緩に至るすべての範囲のなかに、不器用さの非常に多岐にわたる原因があります。この不器用さに対して特別な E の練習があります。それは、〈器用さの E〉[9]というエクササイズです。この練習では、腕の E を足の E とともに行います。足の E は、くるぶしの外側をもう片方の脚の膝に強く押し当てて行います。この練習は、くるぶしが膝に強く当たると痛みを伴いますが、それも効果の内です。この練習をリズミカルな詩とともに行うと、痛みがあっても子どもたちは喜んで行います。

* * *

E の基本的な適応症は、器質的な「痩せ」です。「虚弱が本当に内側から来ている虚弱な人の場合は、E を行うとよい」と、シュタイナーは『オイリュトミー療法講義』で E の適用例について述べています。拒食症、肥満症、栄養不良、栄養過多などは、オイリュトミー療法では、E と O を行います。以下、E と O の対極性について考えてみます。

人間の体型が痩せもしくは肥満の方向に逸脱していることは、エーテル体の内部の体質における弱さと見ることができます。エーテル体とは自らの内で流動する動的な有機体であり、その性質上、内部で分化しています。人間のエーテル体はすべてのエーテル諸力の一部ですが、そのエーテル諸力は 4 つのエーテルの種類に分かれています。熱エーテル、光エーテル、化学エーテル、そして生命エーテ

ルです。この4つのエーテルについては、本書で扱うにはその範囲を超えるため、詳細については別の文献[6]に委ねますが、これらの4つのエーテルは、健康な人間の有機体において秩序づけられた協働作業を行っています。熱エーテルと光エーテルは頭部を介して有機体のなかに流れ込みます。ちょうど目が光のために透明であるのと同様に、頭部はその液体・エーテル的部分において、外界のエーテルに対して透明であるように組織されています。このことは、基本的には熱エーテルと光エーテルに対してのみ当てはまります。化学エーテルと生命エーテルは、代謝・四肢系の作用を介して、皮膚の末梢にまで放射しています。熱エーテルと光エーテルは周辺のすべての方向から頭部を介して内部に向けて放射し、そして上部から下部に向かって身体に浸透していきます。一方、生命エーテルと化学エーテルは代謝・四肢系を通じて下部から上部へ向かって流れ込み、そして上部からの流れと出会います。

この分化されている4つのエーテルはしっかりと区別されていなければなりません。そしてそれらが出会うところに、**エーテル的横隔膜**が生じるのです。このエーテル的横隔膜は空間的にではなく、機能的に理解されなければなりません。この4つのエーテルの均衡は、血液と呼吸の間のリズム的なプロセスにおいて計られます。このことが秩序正しく生起することは、有機体にとって非常に大きな意味をもちます。「この上と下の双方からくるエーテル諸力は、人間のなかで出会います。そして人間は、この双方からのエーテルを、一方で下から上へと流れる生命・化学エーテルと、他方で上から下へと流れる熱・光エーテルとにきちんと区別することで、有機体組織がその機能において頂点に達するように組織されているのです」[★5]。

「そのように人間を見るとき、一体人間とはどのような存在なのでしょうか。人間とは、その存在が物質的人間である限りにおいては、双方からくるエーテル諸力を正しい形で区別し、そしてまた正しい形で相互に作用し合うようにさせる有機的な存在なのです。人間機構全体は、双方からくるエーテル諸力が正しい形で相互に作用し合う能力を生来備えているのです。

私が申し上げた、人間は細部に至るまで完全に組織されている存在である、という

ことについて少し詳しく見ていきましょう。人間が液体、気体、そして熱に関して内的に分化している、つまり有機的に組織化されているということは理解できることです。そして、人間はエーテルに関しても分化しています。ただこの分化は変化するものであり、このプロセスは上から下に向かう周辺からの光エーテルならびに熱エーテルと、下から上に、いわば遠心的に作用する生命エーテルおよび化学エーテルとの間の、有機体のなかで絶え間なく相互に関連し合う働きなのです。そしてそのことを通して、エーテルの産物としての人間、つまりエーテル的構造体としての人間が生まれるのです。皆さんが目にする人間の形態とは、そのような双方のエーテル諸力の相互作用の結果である、ということを理解しなければなりません」
★5：1921/4/12講演。

　　し上部から流れ込むエーテル諸力、すなわち光エーテルと熱エーテルが下部人間に過剰に流れ込み、上部人間の構成を下部人間に過度に刻印すると、栄養不良になります。反対に化学エーテルおよび生命エーテルが消化管に留めおかれず、その活動を過剰に上部人間へと拡張すると、栄養過多もしくは肥満を引き起こします。最初のケースでは頭部神経系が優勢となり、栄養不良、知的過剰傾向、痩せ型タイプとなります。シュタイナーがアーレスハイムのクリニックで助言を与えた、頭部神経系優勢の痩せた若い患者は、下部有機体を強めるゴボウの根の湿布と、オイリュトミー療法の E が処方されました。シュタイナーは彼について、「彼の思考が、彼に常に害を与えている」と述べました。17歳の驚くほど痩せた別の患者は、過剰な知的傾向と大変な頑固さをもっていました。これらの２つの兆候、つまり心的こだわりとあれこれ考え込む傾向として現れるエーテル的な硬直状態と、消化器官へ害を与える作用は、しばしば器質的な痩せの随伴現象として現れます。痩せている人間はしばしば自らを内的に強く把握しすぎ、自らを内的に過度に収縮させます。つまり彼は身体的に、神経の領域に多すぎる〈E〉をもっているのです。

なぜなら神経の領域では、身体的に E のしぐさが、つまり交差が固定されているからです。たとえば錐体路においては、身体の左右の方向からくる神経が交差しています。視神経では視交差において交差が見られます。私たちは２つの目と２つの耳

をもっていますが、左と右からくる知覚の方向を交差させることによって、一つに見たり、一音として聞いたりします。私たちは人間全体として、左右の対称面を境として右側と左側とに形づくられている存在なので、右と左が触れ合うことで自分自身を感じます。自我を感じとる力はそのように生じています。そして四肢によるEの練習を通して、私たちは神経の領域で固定されているEのしぐさを解放し、流動的でエーテル的な働きのなかで自我活動が効果を発揮できるようにするのです。

痩せる傾向にある子どもに対し、下部のエーテルの力を活性化するために、しばしばEをLと組み合わせて行います。他の音との組み合わせも可能です。非常にオープンで、しかし貧血気味で青白い顔をした超多血質の多動の子どもたちをよく見かけますが、彼らの場合、下部から上部へ向かう物質の分配の流れが、下部に押し戻されてしまうのです。なぜなら上部からくるエーテル諸力によって下部からの流れが充分に形成されるように捉えられないからです。それゆえ摂取したものが体の栄養にならないのです。そのような子どもの場合、Eに加えて、Lと、多動の子どもによく行われる〈イアンボスのA〉の練習を行います。痩せている子どもが憂うつ質の傾向にある場合には、そのための特別な練習も行うとよいでしょう。これは腕を後ろに回して背後で腕を交差させEをする練習です。この練習をする場合は子どもの魂の領域に充分注意を払い、子どもの魂を優しく包み込むようにして行います。そして効果がどのように現れるかを注意深く観察し、練習量をそれに合わせて調整します。貧血の場合は、Eに加えて内側に向かう渦巻きの練習を行います。渦巻を外から中心に向かって歩きながら、腕でAを形づくり、Eへと移行させます。渦巻きの中心に来たら、そこからまた次の新しい渦巻きを同じようにつくります。

＊　＊　＊

さてもう一度、はじめに述べた、「Eは自我をエーテル体に固定する」という言葉に戻ってみましょう。ここで、もし自我がエーテル体に直接介入する場合、

アストラル体に何が起こるのだろうか、という疑問が生じます。アストラル体は自我機構の活動とエーテル体・肉体との間の仲介役です。アストラル体はその活動を通して、有機体が自我を受け入れることを援助します。アストラル体を、自我活動が身体の器官に入っていくための道案内、と呼ぶこともできるでしょう。アストラル体は2つの方向に向いています。一方では自我に向かい、もう一方では肉体・エーテル的なものに向かっています。また、アストラル体が過度にあるいは過少にエーテル的有機体に介入する、といった傾向も常に生じ得ます。

双方のケースにおいて、Eはそれらを調整するように働きかけます。なぜならEは、自我によってアストラル体のエーテル体に対する関係を秩序づけるからです。ですから、「アストラル有機体の活動が過多あるいは過少といった状態が存在するすべてのケースにおいて、状況によっては、Eを繰り返し行うことで非常に多くのことを成し得るのです」★1：第2講参照。これまで私たちは、痩せ型の場合はアストラル体が神経の領域に偏り過ぎていて、有機体全体における活動がわずかしか展開されていない、ということを見てきました。他方、アストラル体が代謝のプロセスに過度に作用している場合は、痙攣が生じます。双方のケースにおいて、アストラル体は充分に自我によって統御されていないのです。Eのエクササイズで自我をエーテル体に刻印することを通して、アストラル体は解放されます。それゆえ痙攣を緩和させる療法として、Eは幅広い領域で用いられています。

本書の第4章《A》の項でも触れたてんかんにおいても、Eは特別な役割を担っています。なぜならEは痙攣発作に直接働きかけて、これを抑えるように作用するからです。てんかん独特の前兆がはじまり、患者が「発作がくる」と感じたとき、Eを素早く行うことでしばしば発作を収めることができます。多くの患者はこの練習を比較的早く自分のものにすることができます。この練習を医師が診療時間に患者にやって見せることもあります。このEの練習は、発作が起きていない間も充分に行われなければなりません。

以上のことから、Eは書痙にはじまって脳障害の患者の痙性麻痺に至るまで、多く

の種類の運動性痙攣障害に適用することができます。すべての痙攣において、どのように E を行うかが特に重要です。自我のしっかりとした介入や、両腕の交点をよく感じとることなどが、流れのある動きから生じなくてはなりません。また緊張した状態では行わないように注意が必要です。

　Eは自我をエーテル体に固定する」という言葉から、E の作用領域は、エーテル領域における自我の表れである血液にも及んでいることがわかります。この領域で作用する 2 つの練習があります。一つは〈愛の E〉であり、もう一つは〈床の上の E〉です。オイリュトミーの〈愛〉というしぐさにおいては、遠くまで流れていく流れが体験されなければなりません。患者は、まず両腕を水平に広げ、地平線まで自分が広がっていくように感じます。そして両腕をゆっくりと前方に滑らせるようにもっていきます。そうすることで患者は〈愛〉の感覚をよく感じとることができます。その後、E を胸前で力強く行います。この練習では体が暖まるのが直接感じとられるため、冠動脈硬化による狭心症のような硬直と関係するすべての心疾患の傾向において、重要なエクササイズとなっています。近年、管理職病として増加の一途をたどる心疾患に対して、〈愛の E〉は予防医学的な意味でも用いることができます。誰でもこのエクササイズを容易に習得し、そして自分で練習することができます。一度その心地よい作用を経験した人たちは、毎日これを練習しています。この練習には、外に流れていく流れと、Eにおいて中心で再び力を得るという 2 つの動作が示されています。心臓の収縮と拡張に見てとれるように、そこにはリズミカルな交替が見られます。中心、つまり心臓が暖められることを通して、末梢の循環に至るまでの弛緩が生じます。

　二つ目のエクササイズは〈床の上の E〉と呼ばれる練習です。これは末梢循環を刺激し、活性化します。この練習は、血液循環の不良、低血圧、徐脈などの心臓が弱って疲弊している症状に用いられます。つまり、緊張や骨折り仕事の後の易疲労性や疲労困憊においてしばしば現れる状態に用いられます。

　このエクササイズは、末梢から中心に向かって作用します。この練習は 2 人で行い

ます。私たちは両腕で E を行い、同時に前方を向いて斜めに床の上を２人が交差するように歩きます。２人は縦に前後に並び、一人は斜め前に、もう一人は斜め後ろに歩き、床の上で交差します。そのように２人で床の上に E の形、つまり交差形を形づくるのです。このエクササイズはゆっくりした動きからはじまり、次第に速くなっていき、最後にまたゆっくりになります。この練習では２人は互いに顔を見ず、また一人は後ろ向きに歩かなければならないので、常に勇気と決断力が必要になります。しかも交差がきちんとなされているか、２人が衝突しないかなどにも注意を向けなければなりません。この練習では、有機体全体および腕と脚の循環が活性化され、そこから心臓の働きが強化されます。

代謝系において、E がその作用を展開する場所は、胆のうです。肝臓と深く関係している胆のうという臓器は惑星の火星の力から形成されていますが、E の作用も同じく火星に由来しています（本書第７章参照）。胆汁は十二指腸に流れ込み、そこで膵臓の分泌液とともに摂取した食物をほぼ無機物の状態にもたらします。つまり、食物からすべての固有の生命力やすべての固有の化学的構造が取り去られるまで、食物を破壊します。このことは特に脂肪とタンパク質において起こります。ここで胆汁は、神経における E のプロセスが外界の感覚印象に対して自らを防御するのと同様に、外から入ってくる影響に対してそれを阻止するように対峙しています。胆汁は腸で再吸収され、血液のなかに受け入れられ、そして新たに再び胆汁形成のために使われます。そのように胆汁は固有の循環をもっています。胆汁はその色素を通して血液や鉄のプロセスと類縁関係にあります。つまり、胆汁は常に血液全体に浸透し、私たちの力強い活動を支えるための物質的基盤となっているのです。胆のうが機能しないとき、さらには胆のう自体に変形が見られる場合も、他の治療手段と併用して E を用いることができます。食物が胆汁によって完全に破壊されないと、それは体内で充分に活用されません。その結果、造血作用も含めたすべての代謝活動が損なわれ、貧血の傾向をもつ虚弱で痩せた状態が生じます。

私たちは、「E により、自我は肉体にではなく、エーテル体に固定される」ということを常に意識しなければなません。エーテル体は重力の法則下ではなく、

浮力、揚力の法則下にあります。それゆえオイリュトミー療法でEを練習すること
で、神経の領域に身体のレベルで強く固定されすぎてしまった**Eの状態**を解放し、
そのEの働きを循環する血液のなかで展開させるのです。そしてアストラル体とエ
ーテル体の間の硬直した状態を解き放ち、最終的にはエーテル体が肉体に対して正
しい関係性を見出せるようにします。Eは、一方では非常に拡張したエーテル体を
自我により肉体の形体に再び適合させ、他方では肉体に強く捉えられすぎてしまっ
たエーテル体を再び浮力へともたらします。Eはそれゆえ重力と浮力の関係性を**調
整**する働きをもつ、ということができます。

このことを通して、さらにEの次のような効用について注意を向けることができま
す。私たちの脳も同様に浮力のなかに生きています。もし脳が1500グラムの重さ
をもって脳底部の上に乗っているとしたら、すべての血管は押しつぶされてしまう
でしょう。しかし脳は脳水に浮かんでいるため、その浮力により本来の重さは失わ
れています。その結果、脳はたった20グラムの重さの負荷しかもちません。血液の
流れに浮いている400万〜500万個もの赤血球も同様に、押しのけた液体と同じだ
けの重さを失うため、ほんの少しの重さをもつのみです。浮力と重力のこの関係は
私たちの自我活動にとって重要です。自我活動の現れである私たちの表象力は、重
さのなかでは展開され得ません。それは浮力のなかでのみ展開されます。他方、20
グラムの脳の重さは自我により貫かれていなければなりません。そうでなければ、
霊的なエネルギーを受け易い異常な霊媒的体質が生じることになるからです。その
ように、私たちの赤血球もまた浮力のなかに存在しなければなりません。なぜなら、
私たちには魂的なものがあるので重力に身を委ねることは許されないからです。他
方、自我が自ら重力を撥ねのけるための重さもまた存在しなければなりません。こ
の浮力と重力の均衡のなかで、Eは作用します。なぜなら、Eは自我をエーテル体
に固定する作用をもっているからです。

《Ⅰ》

オ『イリュトミー療法講義』においてルドルフ・シュタイナーは、「*Ⅰは人間を個性をもつ存在として開示する*」と述べています。また、「この〈オイリュトミー療法のために変容されたⅠのエクササイズ〉は、正しく歩けない人々に主に歩行を援助するように作用する」★1 と続けています。

この2つの文章は私たちの注意を「歩くこと」に向けさせます。人間の歩き方には個性がはっきりと現れています。他の人のまねをするには、その人の歩き方の状態に自分の身をおいてみるだけでよいのです。そうすると、その人間について非常に多くのことを知ることができます。不安気でちょこちょことした足取り、大股で闊歩するような、またはスウィングするような歩き方、もしくはつま先立ちで小躍りするような足の運び、あるいは地面をかかとで強く踏み込むような歩き方など、すべてがどのように意志の力で世界に立脚しているか、という人間の個性を現しています。

歩くとき、私たちは常に不安定な均衡状態にあります。なぜなら歩行のどの瞬間においても、左右、前後、上下の間に常に新たに均衡を生み出さなければならないからです。そして、それらの両極の間で均衡を保っているのは、*自我*の力です。一歩一歩の足の運びにおいてこの均衡は常に新しく創り出されます。しかし病気の状態のときは、この歩行における均衡がしばしば障害を受けています。たとえば、まっすぐ前へ進むことを妨げるような躊躇した歩き方は、しばしば不安や臆病さを示しています。このような歩き方を私たちは内気で遠慮がちな、または抑うつ傾向の人たちに見ることができます。あるいは、感覚印象に従おうとするアストラル体は、強い欲望の力で前方へと突き進みます。頭部は体の他の部分より前に突き出て、性急で自分の足につまずくような歩き方になります。これはパーキンソン病の前方突進の症状としてよく描写される歩き方です（本書第12章参照）。

疾病や疲労、また周知のようにアルコール飲用により臓器における自我の作用が弱

まっている場合、左右のバランスが障害を受けます。

上下の均衡の障害は、躁やうつ症状のとき特にはっきりと見てとれます。落ち着きのない、はずんで踊るような躁病患者の歩行と、地面から足を上げることがほとんど不可能な、足を重く引きずるようなうつ病患者の足取りとの間には、どれほどの違いが見られることでしょう。

私たちが足を「上げる、運ぶ、置く」というオイリュトミーの三分節歩行を行うとき、その歩き方は人のさらに深部の体質的なあり様を明らかにします。足を上げるときには意志が、運ぶときには思考が、そして置くときには目標を定めた行為が示されます。通常は、この3つの局面は滑らかに移行していきますが、病気のときは、しばしば一つあるいは2つの局面に障害が見られます。三分節歩行については、本書の第6章「健康オイリュトミーのための基本的練習」で詳しく述べます。

自己を主張する I のしぐさは、全身や腕・脚をまっすぐに伸ばすなかに表現されます。〈オイリュトミー療法のための I のエクササイズ〉を行うときも、まっすぐに伸ばした両腕を、一方の腕は前方の右上に、もう一方の腕は後方の左下に向かわせます。両腕で行うスウィングの動きのときも、この動作からはじめます。

〈A〉から〈E〉、そして〈I〉に向けての道は、内面化の過程を示しています。私たちは伸ばした腕から光と熱を放射させながら、自らの存在の中心からすべての方向にむけて I を形づくりますが、それとともにそれまで内側へ向けられていた動きが今度は外側へと向かいます。個性は、左右、前後、上下という3つの空間のなかに身をおき、そのなかで柔軟に自己を保たなければなりません。

自我をもつ個性の重要な表現の一つは、脊柱です。脊柱は骨格の左右一対のつくりには属していません（本書第4章 U の項参照）。脊柱は一本の特別なつくりをしています。前後両方向に自由に曲がりながら骨盤から立ち上がっていて、柔軟なバランスで頭部を支えています。私たちは一本の素晴らしい柱のあり様をそ

こに見ます。脊柱は３つの異なる平面で椎骨が互いに関節をつくっていますが、それは脊柱がどのように空間の３つの異なる方向に適合しているかを示しています。胸椎の領域では、互いに連続する椎骨は前後の空間的平面において関節をつくっています。頸椎の領域では、関節面がしだいに上下の空間的平面へと変化していき、これは第１頸椎（環椎）と第２頸椎（軸骨）の間で最もはっきりとわかるようになります。腰椎の領域へ降りていくと、関節面が左右の平面へと変化していきます。歩行の際の両極間の均衡は、固定されていない関節の遊びを通して成り立ちます。この均衡をとる行為が可能なのは、霊的な自我の力がそこに介在するからです。

この考察から〈オイリュトミー療法のための I の エクササイズ〉は、すべての脊柱の障害において最も重要な練習と言えましょう。後弯および側弯などの脊柱の弯曲をはじめとした、前後方向や左右方向への偏りには I の練習が適切です。しかし脊柱の変形はすべてのケースにおいて、細心の注意が必要となります。偏りの傾向を強めることなく、I を行うべき方向を事前に確認することなしに、I の練習をはじめるべきではありません。整形外科医との綿密な話し合いがしばしば必要となります。そして他のすべての整形外科的運動療法と比べても、I のエクササイズは有効で重要な練習です。なぜなら I の働きにより、脊柱を統御している**自我**の力が強められるからです。

ルドルフ・シュタイナーは、側弯症のために特別なエクササイズの組み合わせを与えました。左右同じ高さに保たれた両肩に少し力を入れ、I を形づくります。そして両脚を閉じた状態で前や後ろに跳びますが、その際、I へとジャンプインします。その前に、特別なやり方でなされる L を行います。まず両手を閉じて胸骨の前におき、次に前に向かって広げていきます。ここでは、L の動きにより硬化したものが解放され、続いて I により正しいやり方で形成されていきます。

このエクササイズの他にもこれを補助する練習が必要です。たとえば、脊柱後弯や脊柱前弯などの脊柱の前後の方向における障害では、後ろ向きに意識的に歩かせる練習が効果的に作用します。たとえば、往きの経路を歩いた後、往きとまったく同

じ経路を後ろ向きに歩く〈自我のライン〉の練習などです。この練習については本書の第６章で詳しく述べます。その他、集中力を養うエクササイズは自我に規律を与え、自我を強める作用をもたらします。動きのテンポを変える練習にも同様の作用があります。ここでは常に新しいエクササイズの組み合わせが可能です。

側弯症に起因する姿勢の歪みには、あらゆる方向に向って静かに歩く歩行の練習が推奨されます。ここでは、動詞の進行形、能動態あるいは受動態などに従って、動詞をたくさん歩かなければならないアポロン的フォルムがふさわしいでしょう。また五芒星形のように空間のあらゆる方向に向かう幾何学形のフォルムも、側弯症の練習に適しています。

脊椎の上下間における障害では、重力と浮力の間に均衡をつくるように試みなければなりません。重さに負荷がかかると、直立姿勢において疲労しやすくなり、容易に脊柱に軽い痛みや椎間板の変化が生じます。脊柱に軽快で自由な動きをもたらす遊びは、大きな可動性を可能にする椎間板によって与えられています。椎間板障害の原因の一つは、負荷となる重力を浮力へと変容させる自我機構が充分に強くないことです。それゆえ自我を強める I のエクササイズは、椎間板の障害の予防に適しています。しかしすでに重い障害がある場合は、I を他の練習と組み合わせて行う必要があります。腰椎の椎間板の障害には、I を子音の C と D とともに行うとよいでしょう。また胸椎の障害の場合は、I を L と M とともに行うと効果的です。脊柱の自由な動きを可能にする遊びは、重さと軽さの間では C と D により捉えられ、そして前と後の間では L と M により捉えられます。

＊　＊　＊

すべての I の練習は自ら喜んで行われなければなりません。このことは他の語音の場合には当てはまらない、I のみに該当する条件です。私たちは I を通

して個性、あるいは自己の表現の領域に介入するため、Iを強制的に行ってはならないのです。各々が自ら喜んでそれをしたいと望まなければなりません。それゆえ、Iを病気の際に練習させなければならない場合は、とくに創意が必要です。たとえばIそのものに取り組む前に、対極の均衡を取ることで自我を強める他の練習からはじめることもあります。一定のリズムやフォルムを変化させるエクササイズ、〈共感と反感〉、〈肯定と否定〉、集中と拡散、音楽オイリュトミーの長調と短調の練習などは、一つの極から他の極への移行を通して自我の活動を強めるエクササイズです。子どもに対しては、与えることと受けとることのリズムを学ぶボール遊びなどが適しています。輪を投げて、伸ばした両手でそれを受けとる輪投げの練習もよいでしょう。音楽オイリュトミーにおける音の高低、音の強弱、また拍子をとるなどの練習は、身体の上下、左右、前後を調和させるように作用します。てんかんの項で述べたダンベルを用いた平衡感覚を養うバランス練習もこれらに属します。

＊　＊　＊

有機体におけるすべての非対称性の根底には自我の欠如があります。したがってこの場合も、Iのエクササイズが用いられます。目の非対称は斜視です。内斜視の場合は手と足でIを行いますが、このとき手と足の小指を強調して行います。指はしっかりとよく伸ばさなければなりません。足の小指に関しては、きちんと伸ばせるようになるまで長いトレーニングが必要です。すべての目のエクササイズにおいて、目は指の動きを追わないように注意します。また眼鏡は外します。外斜視では、Iを行う際、手の人指し指と足の親指を強調して行います。手術や眼鏡で目の矯正がすでに行われている場合でも、そのことで四つの構成要素間の不均衡が解消されたわけではないので、Iのエクササイズは重要です。また当然のことながら、目の症状全体を理解することが必要です。なぜなら斜視の場合は、しばしば遠視や近視、あるいは乱視も見られるからです。目の患者においては、彼らの足もよく観察すべきです。足の指によるIのエクササイズと並んで、かかとや土踏まず

などの足全体、さらには歩行全般に留意して練習すると、目によりよい効果が期待できます。

右利きは、健康な状態における生理学的な非対称性です。身体の右側を使うと左脳に言語中枢が形成されますが、逆も同様です。このことはいかに運動が脳の形成に作用しているかを如実に示しています。ルドルフ・シュタイナーはシュタイナー学校の職員会議で繰り返し左利きと両利きについて話をしています。たとえばシュトゥットガルトの学校の職員会議では次のように述べています。「私たちはその両利きの女の子に右手だけで文字を書かせるようにしなければなりません。また、左足を高く上げ、右足で軽くジャンプする練習をさせるとよいでしょう。この女の子は両利きですが、非常に左利きの強い子どもの場合には、決心が必要です。左利きの子どもの左手は右手のように見えますが、そのように子どもが左利きかどうかは観察によっても見極めることができます。子どもの左利きを、両目でしっかりと焦点を合わせて右腕を見る練習で克服することができます。まず右腕の上から下まで視線を這わせ、次に右腕の下から上まで視線を這わせます。その後右腕をしっかりと伸ばします。これを３回繰り返します」★38。

左利きを克服するためのシュタイナーのもう一つの指示は次のようです。右腕を外側上方に向けて放り投げるように振り上げます。そして右脚も前方上方に同じく放り投げるように振り上げます。それと同時に左足で跳ねます。それは、「手足の自由な動きを妨害しているアストラル体を外に追いやる」ためです。また左利きを克服するために、右足を強調して頭韻を踏むエクササイズも与えられています。左利きはなるべく年齢の若いうちに右利きに変え、慣れさせるべきでしょう。それは次の理由からです。「左利きの現象は紛れもなくカルマ的な問題です。さらに言えば、カルマ的な虚弱さに起因する問題です。例を挙げると次のようです。ある人は前世で働きすぎたのですが、その人は肉体的にではなく、知性的、情緒的に無理をしていました。そのことによって、その人は次の人生で大いに虚弱さをもつに至ります。死から新たな誕生までの間の人生に由来する部分は（誕生後の人生で）下部人間のなかに凝集し、前世における人生は今世で頭部に凝集するのですが、彼は下部人間

66

においてそのようなカルマ的な虚弱さを克服することができないのです。そのことで、本来力強く形成される筈の部分が弱まり、その代わりに左足と左手が主に使われるようになります。

左手が優勢だと、左脳の代わりに右脳の脳回が言語中枢に利用されるようになります。その状況のままでいると、虚弱さがさらにその次の人生にまで残ります。しかしその状況を克服すれば、虚弱さは解消されます」★39。ただし、左利きから右利きへの変更によって何らかの障害がもたらされる場合は、それを行うべきではありません。ただ、懸念されるようなことが起こるのは稀です。左利きから右利きに変えようとしている間に、観念奔逸的な症状が現れ、状況によっては、「思考が速すぎるために、常に思考においてつまずきが生じる」★43、といったことも起こり得るでしょう。その場合は、それらのことを注意深く観察し、右利きへの変更を続けるか否かを決める必要があるでしょう。9歳以降は右利きへの変更を開始すべきではありません。

今日の学校改革運動において広まっている見解、つまり子どもたちに両手を器用に使いこなせるようにさせる動きに対して、一言述べたいと思います。ルドルフ・シュタイナーはそのことについて警鐘を鳴らしていました。というのは、両利きは人間を後年ある種の知的障害へと導き得るからです。それは人間のある器官については左右対称には形成されていない、ということと関係しています。私たちの霊的・魂的なものが身体の器官に固定されてしまっている現代の物質文明では、両利きへの訓練は重度の知的障害を生み出すという、内的な変革をもたらし得るのです。このことは特に理解や知性をもって行われるべきことに当てはまります。ところで、これはフォルメン線描には当てはまりません。フォルメン線描においては問題なく両手を使って自由に描いてよいのです ★37。

将来人間がもう肉体とは強く結びついていない時代になれば、人間が両側を同じように使いこなすということがもはや危険ではなくなるでしょう。個性が霊的な存在として、物質体である肉体に至るまで自らの身体を熱の力で統治するとき、はじめ

てそれは可能となるでしょう。このことを理解するために、ここでシュタイナーの文章を引用します。「なぜなら、皆さん、今日ファントムは通常の科学においてはまだ人間として扱われていますが、そのような、人間があたかも鉱物的なもので構成されているかのような偽りのイメージは、実際はその辺りを歩いている人間には当てはまりません。人間は、固体におけるのと同様に液体においても、そして気体においても組織化されており、さらには熱においてはとくに組織化されている存在です。そして熱において、皆さんは霊的・魂的なものへ移行していきます。なぜなら熱において、私たちはすでに空間的なものから時間的なものへと移行していくからです。そして魂的なものは時間的なものへと流れていきます。そのように私たちは熱を介して空間的な領域から時間的な領域へ移っていくのです。そして今申し上げたような回り道を通って、物質的なもののなかに道徳的なものを見出す可能性を得るのです」★21：1920/5/16講演。

身体における個性の開花にとって、すべての変形や奇形は最も大きな障害となります。このことは思考や知性の発達に当てはまるだけでなく、道徳観の発達にとっても障害となります。今日では脳造影法により、脳の形成異常がどれほど道徳観の障害の根底に存在するかが明らかになってきています。ルドルフ・シュタイナーは、アーレスハイムの「臨床と治療のための施設」で残酷な傾向をもつ少年に出会いました。シュタイナーは、「この傾向の根底には、脳の後頭葉の形成不全があり、後頭葉が正しく形成されず、そこに結節があり、後頭葉が小脳を覆っていません」と示唆しました。この少年には協調運動のエクササイズと対称形のフォルメン線描が処方されました。シュタイナーは続けて、「頭部においてアストラル体の働きが退き、小脳にかぶさっている後頭葉が委縮し、同時にそこに結節が形成されています。後頭葉は物質的にのみ形成され、脳回の発達が充分ではありません」と述べました。この子どもにはオイリュトミー療法と対称形のフォルメン線描が中心的な療法として処方されました。対称形のフォルメン線描の例は次頁の通りです。

オイリュトミー療法でも床の上でこれらのフォルムを歩き、またいくつかのオイリュトミーの語音も同時に行われました。語音は手と足に、まず片方の側

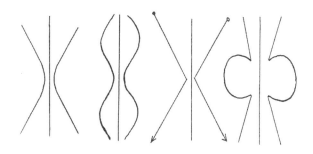

で行われ、その後反対側で行われました。

この指示はこの少年のケースにのみ当てはまる指示ではありません。私たちはその
なかに、青少年犯罪に対処するための重要な手段を見出すことができます。この少
年の霊的な事実内容を確認した後、ルドルフ・シュタイナーはさらに次のように述
べました。「そこが残酷な衝動を阻止し得る脳の部位です。人間は自分の内にあら
ゆる衝動や欲求をもっています。しかし同時にそれらを抑制、制止しようとする働
きもあります。そしてそれらには、その働きに相当する脳における部位があるので
す」。さらに、1916年の講演では次のような助言を与えています。「すべての犯罪
傾向には、後脳の形成不全が見られます。そのような人々に対しては可能な限り早
期にエーテル的後頭部を形成することが重要です。そのことで青少年の時期に、犯
罪的素因を変容させることが可能となります。それどころかより高く力強い道徳的
意識へと変容させる機会を与えることができるのです」★30 と述べています。

前述の協調運動の練習も自我のエクササイズとみなされており、しばしばＩの語音
と一緒に行われます。ルドルフ・シュタイナーはシュタイナー学校で、この協調運
動のエクササイズを多くの子どもたちに、特に頭の小さい子どもたちに与えました。
そして多くの成果を得ることができました。たとえ肉体レベルでの脳形成に完全な
回復が見られなくても、エーテル脳に対称性と治癒がもたらされたのです。

この対称形のフォルメン線描の練習は治療教育の現場で数多く行われてきました。
とくにヘプシスアウの施設では、ヘルマン・キルヒナーによる長年の実践を通して

これを高度に発展させ、その結果、道徳的に問題のある子どもたちに明らかな治療的意義が見出されるに至りました。

　　麻痺の患者にとっても、協調運動のエクササイズは同様に重要です。Ｉの動きを、もしくは、他の母音の場合も同様ですが、それらをまず健康な側で行い、次に麻痺のある側でその動きを補完するように行います。麻痺の側で手足を動かすことができない場合は、最初のうちはイメージでその動きをさせることもできます。健康な側の動きによってエーテル体が活性化されるため、長期間の練習の後、障害のある側も動かせるようになるケースも多々あります。協調運動についての詳細は、エリザベート・バウマン氏の『オイリュトミー療法への寄稿』★46 に記載されています。

＊　＊　＊

　　私たちは、はじまることができず、そして終わることができないプロセスに対し、自我の作用をもって働きかけます。たとえば月経が遅れてきて、そして長く続く場合などです。ここではＩは、ＭやＳとともに行われますが、それらは月経の開始時期の調節にも適切な期間での終了にも作用します。排泄リズムの障害、無意識的な排尿、夜尿症などの場合も、同じ理由からＩを行います。この場合は、Ｆもしくは他の語音と組み合せて行います。

糖尿病にもＩは適用されます。糖尿病とは代謝における自我の働きの脆弱さに起因する疾患であり、そこでは糖の実質が充分に克服されません。それゆえ膵臓と胆汁の消化を強化するために、ＩとともにＤとＴが行われます。またＦも効果的です。本書の第4章《Ｕ》の項では、どのように自我機構が自らの霊的・魂的な刻印を骨格のなかに残したか、そしてどのようにその骨格の動きが自我機構によって導かれているか、について詳しく述べます。

以下において、自我のもう一つの卓越した作用領域について考察しなければなりません。それは血液です。血液のなかで、自我は熱の働きを通して直接的な活動を展開しています。自我は血液のなかで、頭部領域の感覚器官を通して外界から人間のなかへ入り込んでくる影響と、体のなかのさまざまな臓器から上昇する内側の印象とに、均衡を与える働きをしています。自我はすべての領域における場合と同様に、ここでも「霊的、心的、有機的ならびに鉱物的な作用として」、対極の働きに均衡を生み出しています。不均衡な状態から均衡を生み出す力は、物質的には燐と結びついています。自我の赤血球への打ち寄せるような働きかけを通して、燐が解放されます。血清のなかに浮いていながら、鉄の含有量により重さの領域に組み込まれている赤血球の総体は、自我が突き当たる鉱物の境界壁とみなすことができます。

「自我は自らを血球に勢いよく打ちつけるように働きかけます。それらの血球はいわゆる小球ではなく、運動を均衡状態へともたらすように準備されているもので、まさにその形体にそのことが示されています。自我の働きかけは、人間有機体の運動能力のなかへ、たとえば内的な熱・運動性のなかへ介入します。この自我の働きかけは、まさに血球において境界に達し、そこで留められます。そして人間の自我と有機体全体の間で、最も親密な相互作用がそこで行われるのです」★5:1921/4/15講演。

液体・エーテル的なもののなかで、Ｉは末梢と中心の間に適切な血液還流が生じるように働きかけます。気体有機体においては、Ｉは、吸気から呼気への転換を遂行する際の中心に位置しています。これらのことをオイリュトミー的に表現すると、Ａ‐Ｅ‐Ｉで、外側から内側へ入り（吸気）、Ｉにおいて転換が生じ、そしてＩからＯとＵを経て再び外側へ出ていきます（呼気）。Ｉは私たちの内側の血液と器官領域で生じていることを、呼吸を通して周辺領域と結びつけます。Ｉのなかには水銀的な調和をとる働きが存在します。そして呼吸における吸気と呼気の転換が、つまり外界と内界との調和が生じることによって、また肺（呼吸）と心臓（脈拍）のリズムが出会うことによって、水銀の働きは肺という器官を形成したのです。この出会いが障害を受けると、Ｉは調和をもたらすように作用します。吃音のための

エクササイズの根底にもこの観点が存在しています。

Ⅰのもつ原像に、またはじめに挙げた「Ⅰは人間を個性をもった存在として開示する」というシュタイナーの言葉に、より深く入っていけばいくほど、Ⅰを用いる機会をより多く見出すことができるでしょう。シュタイナーのこの言葉からも理解できるように、Ⅰは最も幅広い適用範囲をもつ語音です。

《 O 》

O は人間を魂として開示する」★1。

O は、その効用において E と対極をなしています。A と U は上と下の関係性において対極を示し、縦方向への成長に影響を及ぼします。E と O はオイリュトミーの動きにおいて左右対称であり、拒食症と肥満症への傾向に作用します。E においては左右を交差させ、自己の知覚を得ます。O においては左右の腕で調和的な円を形成します。O は包み込むようなしぐさであり、外界を愛情深く感じとります。オイリュトミー療法における O では、両腕が均等に調和的に形成されることが大切であり、動きはじめの時点から腕のどの部分においても丸さを感じることが重要です。子どもたちの動きには、片方の腕が下がっている、あるいはしっかりと前に伸びていない、などの左右の不均衡がしばしば見受けられます。そのような場合は、精神的な偏りの素因がないかどうかを注意する必要があります。私たちはしばしばそのようなケースを目にしてきました。病気につながるような素因のある子どもは、両腕で均等な丸い円をつくる、両腕を同じ高さに保つ、あるいは両手の指先を前方できちんと合わせる、といったことが非常に困難です。そのような子どもたちにとって、O の練習でそれらの課題を克服することができるならば、多くを成し遂げたことになるでしょう。

O は太る傾向が見られるとき、療法的に適用されます。O を太った人間に行わせると、次のことがわかります。それは体のなかで強く働きすぎる**丸さ**への

傾向を、つまり**太る**傾向を、O を両腕で意識的に形づくり別の次元へともたらすことで、体の丸さに対抗するということです。これは練習のやり方により強化されます。患者は O の練習を行うとき、誰かに胸骨に沿って擦られたかのように感じる、つまり患者はその胸骨を、自らを後方に向かって閉じる**前にある柱**（Vorgrat）と感じる、というイメージをもたなければなりません。また脚でも O を形づくり、O - ジャンプを腕の O に加えて行います。これを頻繁に繰り返し行わなければならず、非常な努力を要します。しかし汗をかくまで行ってはいけません。

太ることの生理学的な基盤については、E の項で述べました。上部（光エーテルと熱エーテル）と下部（化学エーテルと生命エーテル）のエーテル諸力の適切な協働においてのみ、正常な人間の形姿は保たれます。栄養不良においては、頭部からの諸力が強く下部人間に浸透しすぎ、栄養過多においては、代謝人間において処理されなければならない働きが頭部にまで強く押し寄せます。つまり、化学作用と生命作用が上部人間に多く流れ込み過ぎるのです。これは一般的には形態を解消させ、軟化させる働きをもちます。霊と魂は人間の下部と上部においてそれぞれ異なる機能をもちます。下部の物質の領域へ入り込むと、霊と魂は代謝、成長、構築作用として働き、魂の作用としては、意志の力として現れます。他方、物質の領域から引き上げられると、霊と魂は上部人間の働きにより形成および造形活動に従事します。それらは頭部の形に相応するように、各器官を頭部のような球形を得るように形成します。たとえば関節頭や臓器の表面などです。魂の働きとしては、思考に形を与えます。そこでは上部と下部の間の絶え間ないリズミカルな交替が、吸気と呼気の作用を通じて行われなければなりません。

O は、魂が物質の領域から引き上げられるように働きかけます。そのことで魂の形成力が物質から解放され、体に対して形成し構造化するように作用します。

太る際、実質として脂肪が蓄積されます。脂肪は本来内部の熱のために利用され、たんぱく質のように私たちの内部の構造の構築には寄与しません。脂肪は組織体が活動し、運動するのに必要な熱を提供するために存在するのです。脂肪が蓄積して

もただ体のなかの空間を埋めることにしかなりません。脂肪が蓄積されると、運動性が妨げられ、心身ともに不活発になります。というのは、脂肪の蓄積は人間の形体を変えるため、魂的にもこの形体に対して大きな無関心が生じるからです。それは感受する領域に粘液質的な作用をもたらします。シュタイナーは、「もし、その人独自の感性に少し粘液質的なものが加わる場合は、それらは肉体の覆いにおける**脂肪物質の体験**からくるものです」と述べています★31：1913/3/21講演。

有機体が脂肪を熱の生成のためにではなく蓄積のために用いると、肉体的には有機体全体の統御からはずれたいくつもの熱の火元が形成され、それにより炎症傾向が生じます。

脂肪を蓄えるように導く力の働きは、動物的・アストラル的な諸力です。その上、この諸力は臓器に脂肪が多く蓄積しすぎることによりさらに力を増し、それによって食物摂取への欲求を増大させます。私たちが自我の力でＯを練習すると、魂は本来の光の領域へと上昇し、動物的・アストラル的な諸力を克服することができます。患者は程なくして形成力が増してきたことを感じ、体重の減少が確認される以前に、自分の臓器に対してより大きな支配力を獲得しつつあることを感じるでしょう。

魂の力が有機体から本当に引き上げられるために、Ｏは正しく形成されなければなりません。肋骨の形成とその脊柱へのつながりは私たちにそのための手本を示しています。言い換えれば、Ｏは身体的に肋骨のなかにすでに形成されているのです。肋骨は脊柱とともに、肋骨の脊柱へのつながりが肋骨のすばらしい湾曲と肋骨の上下の運動を可能にしている、ということを表現しています。肋骨が前方に向かって湾曲を開始する前に、肋骨頭と肋骨頸は前から後ろに向かってまず一つの平面で椎体と椎弓につながっています。同様に肋骨もカーブを描くとき、まず後方に向かって一度屈曲してから、前方に湾曲します。ですからＯを行う際も、腕をまず上方・後方に向けて動かし、その後Ｏの形に腕を閉じるために前方へ向かう動きを行ないます。

太っている、あるいは痩せているといった体質的な事柄は、前世からの影響によるものが大きいため、それに作用を及ぼすことは容易ではありません。これはオイリュトミー療法における経験からも言えることです。体質は、人間が前世でどのような思考を形成したかということによっています。すべての物事を外側から眺める表層的な思考傾向は、今世においては太る傾向へと導かれます。それゆえ早期に子どもの体質的な素因を見つけ、後に肥満や拒食の傾向に陥らない対策を講じることが重要です。

この困難な課題に対し、ルドルフ・シュタイナーの示唆は一つの方向性を示しています。彼は次のように述べています。「後年痩せる傾向にある人は、子どもの頃体が硬く、与えられた精神的な能力を引き出すことが難しいのです。他方、水の要素が強く肉体が柔らかすぎる子どもの場合は、後年太る傾向が支配しています。彼らはより早熟であり、霊的・魂的なものがその独自性とともに前面に現れています」。

太る傾向にある子どもはすべてを素早く理解しますが、表層に留まる傾向があり、深い理解へと至り、課題を克服して自分のものとすることが困難です。これを器質のレベルで見ると、霊的・魂的な力が一見精彩を放つ表層の部分で浪費されてしまい、器官にまで深く浸透することができません。そのような子どもは呼気よりも吸気が強く、また彼らには、鼓腸や消化不良などの気体有機体における障害や幼年期の肝臓の機能障害なども見られます。

他の母音同様、Oも呼気に作用しますが、Oは特別な範囲で呼気と吸気を調整するように働きかけます。その働きは〈床の上のO〉のエクササイズによって強化されます。この練習は2人で行います。2人は部屋の中央に前後に並びます。まず後方の人が床の上で半円を描きながら前方に進み、その際腕でOを形づくります。後方の人が前の人の所に到着すると、前の人は後ろの人の動きを受けて、同じくOを形づくりながら後方に向かって半円を描き、円を完成させます。動きはいつも後方の人から開始されます。一人がはじめ、そしてもう一人が動きを受け継ぎます。2人で一つの円形を床の上に形づくるのです。動きはゆっくりとはじめ，次第

に速くしていきます。そして最後はまたゆっくりと行います。これは難しい練習です。楕円形になったり角が生じたりします。ここでは、速く動きながらも美しい円をつくるまで練習するという、いわば芸術的な心構えが必要です。また〈床の上のE〉のエクササイズ同様、一つの形を2人でともにつくるなかで互いを配慮することが必要になってきます。このエクササイズは〈オイリュトミー療法のためのOのエクササイズ〉の効用をさらに強める練習として、太った人のために行われることもあります。この練習は横隔膜を強化し、横隔膜の痙攣（吃逆）、喘息傾向、深い呼吸ができないなどの症状に対して適用されます。

このようなOの呼吸への作用は、Oの気体有機体への関わりを示します。鼓腸のための練習であるLMOやSとOを組み合わせた練習では、Oを通して気体有機体に働きかけます。

EIOUの音配列において、AからEを経由してIへと至る道は、外から内へと至る道です。Iにおいて、内から外へ向けての転換が行われます。Oを形成するためには、有機体においてすでにIの力が作用していなければなりません。自らの内に自我の力であるIの力をもっているという前提があってはじめて、魂は器官と結びついた状態から引き上げられるのです。人間はEにおいては自分自身を体験し、Oにおいては他者と外界の事物を体験します。AとEは魂を受肉へと導き、Oでは、魂の離肉の過程がはじまります。「Oは、世界が人間を通して何かを体験するしぐさ」なのです★2：1924/6/26講演。

《U》

U は人間を人間として開示する」★1。
Uは人間が正しく立つことができないときに用いられます。大地に立つ直立した形姿は、人間としての人間、種としての人間を開示します。私たちはそのことにより人間を世界の他のすべての存在から区別します。

Uの形は両腕の平行な動きによりつくられます。〈オイリュトミー療法のためのUのエクササイズ〉は、手の甲あるいは掌をしっかりと合わせ、両足・両脚を閉じてぴったりと寄せ、いわゆる直立不動のような姿勢をとることで強められます。そしてその動きを充分に感じとります。両腕をまっすぐ上に平行に伸ばすUの動きには、「私は霊へと、そして私へと向かう途上にある」という表現も含まれています。それは霊的な起源と深く結びつきたいという憧憬の現れです。

両脚のUは、私たちに確固とした体験をもたらします。両足は大地に静かに立ち、足の指球とかかとには同程度の体重が掛けられ、脚から腰まで平行性が柔軟に感じとられます。形姿全体は統一性が保たれ、平行性は人間の形態において両肩と腰部を介してそれぞれ上肢と下肢によって実現されています。

この人間の直立した形姿の原像は、Uを通して私たちのなかに生きています。この認識からUのさらなる適用範囲が示されます。今日、正しく立つということはなんと困難なことでしょう。両腕と両脚を動かさずに静かに立つ、疲れを感じることもなく、めまいや気を失うこともなく長く立つ、あるいはつま先やかかとの上に立つ、そして、まっすぐに立ちながら集中して耳を傾け、さらには精神的な内容さえも受けとることができる、それらすべての所作が、「正しく立つ」ということに属しています。

人間の直立姿勢の異常や困難さは近年驚くほど増える傾向にあります。下半身においてはX脚、O脚、開張足、外反足、扁平足、また上半身においては猫背や左右への傾き、また前屈傾向などが見られますが、すべてが生来の身体の平行性からの逸脱です。たとえ直接障害として現れなかったとしても、これらの傾向をもつ子どもたちにとって静かに立つことはますます困難になっています。彼らは常に体の位置を動かしたり、落ち着きがなかったり、また腰をずらしたりします。

Uの練習は、すべての姿勢の異常、X脚、O脚、偏平足、開張足などを矯正するように作用する、ということが多くの経験から明らかになっています。幼少期の子ど

もたちにおいては、しばしば短期間でこれらが矯正されることもあります。シュトゥットガルトのシュタイナー学校では、他校と比較して、創設から数年の間にこれらの障害がいかに少なかったかということが報告されています。子どもたちの姿勢を繰り返し注意することがいかに不毛な努力であり、また多くの怒りを呼び起こすものであるということを、私たちはよく知っています。また単なる体操が常に助けとなるわけではなく、靴の中敷きやサポーターによる矯正もさらに成長する足にとって満足のいく解決策ではありません。

Uの動きを通してある**現実的な力**が繰り返し子どもたちにもたらされる、ということを想像してみて下さい。その力とは、人間を与えられた形体のなかで保持する力です。このUのもたらす力は一体どこから来るのでしょうか。ここでシュタイナーの言葉に戻ってみましょう。「Uは人間を人間として開示する」。人間の形姿のほとんどは骨格系により決定されています。そしてこの硬い鉱物的な骨は、私たちに地上でしっかりと立つ可能性を与えてくれます。しかし胎児期と乳幼児期には、硬い骨はまだ形成されていません。硬い骨格はその後次第に形成されていくのです。骨の形成においては、自我機構が働いています。硬い骨を形成するためには、有機体を構築するその他の素材、特にタンパク質に石灰、ケイ素、燐など鉱物的な素材が組み込まれていなければなりません。鉱物的なものの蓄積は自我機構により行われます。自我は熱のなかで活動しますが、熱プロセスには冷却する、冷たくするプロセスも属しており、この熱の減少により鉱物素材が蓄積し、骨実質が生成されます。骨格とは、自我の活動によりつくられ、そしてそれは自我機構の肉体的な模像なのです。そのように骨格は、自我機構が地上の動きを遂行することに寄与しています。これは自我の内側からの把握ではなく、外側からの把握により生じることです。

今述べたことにより、『見える言葉としてのオイリュトミー』★2 でルドルフ・シュタイナーがUについて述べていることが明らかになります。「Uは、魂的・内的に、冷えること、硬化すること、そして凝固することとして感じられます。それらがUの内的な体験であり、そのとき人は凍える体験をもちます」。つまりUと

78

は、冷やし、硬化させ、凝固させる働きであり、それが自我機構が硬い骨を形成し、維持するために必要な体験なのです。この固める力が充分ではないと、くる病などの奇形が生じます。また X 脚や O 脚なども生じます。

アストラル体は、臓器が鉱物的なものを受け入れる準備をします。しかしそれが正しく蓄積するためには、自我の力が必要であり、自我が介入できるように鉱物的なものがまず熱の状態にまでもたらされていなければなりません。自我機構の働きが弱いとこの蓄積は正しく行われず、すでに述べたように、くる病をはじめとしたあらゆる種類の骨の軟化が生じます。また自我機構の統治が弱いと、アストラル体の活動が自我の活動を引き受けるということも起こります。これは老人などに見られることです。そこでは、自我が臓器における作用から早く後退してしまうにもかかわらず、アストラル体は自我と一緒には離れないため、崩壊作用がアストラル体に強く移行しすぎてしまうのです。すると鉱物的なものは間違った箇所に現れ、その結果、動脈硬化などが生じるに至ります。このことは私たちに、老人性硬化症には U を使うとよい、ということを教えてくれます。しかし私たちは注意深くあらねばなりません。なぜなら、自我はすでに弱められており、アストラル体が自我の統治を離れて独立して崩壊活動を行っているため、まず自我を強め、アストラル体を再び自我に従わせる練習からはじめなければならないからです。後ろ向きの歩行、〈自我のライン〉、I の練習など、自我を強化するすべてのことを、〈畏敬の念の A〉、M、L M 、そして R などと一緒に行います。その際、定めた期間内に U の練習を開始する、という目標を忘れてはいけません。また、めまいや記憶力の低下などの動脈硬化の初期症状も、U の必要性を示しています。

骨格系は人間の形姿の基礎として必要不可欠です。しかしそれは単に基礎にすぎません。眠っているとき、また死んだ後は、骨格は地上で直立姿勢を保つための独自の力を失います。霊こそが、骨格を自らの模像として形づくり、それを直立と歩行のための道具として利用するのです。

人間が自らを人間として開示するためには、意識の力が必要です。自我機構が立ちそして歩くために鉱物的な骨格を基盤として必要とするように、自我機構は地上の意識を展開させるために、すべての器官において鉱物的なものの素材を必要としています。たとえば、松果体における鉱物的封入物を脳砂と呼んでいますが、子どもが脳砂を形成することができないと、子どもは精神発達遅滞となります。ナトリウム、カリウム、カルシウムは血液やさまざまな器官の鉱物的なものの成分として、正しい地上の意識を獲得するために必要とされています。

意識は体内にこれらの鉱物的なものの基礎をもつときにのみ、正しい形で霊性と結びつくことができます。ここにUのもう一つの側面が明らかにされます。それは霊的、精神的なものへの憧憬、霊性へと向かう熱い衝動です。人間は正しい形で身体に受肉していると、集中した霊的活動のなかで自らを昇華させることができます。Uには生命をもたない骨の形成が可能となる硬く冷たい状態から、最も熱をもった霊的内面性、親密性に至るまでの非常に広い熱のニュアンスの幅があります。病人の場合は、この2つの極がしばしば離れ離れになっています。下肢は充分に自我の働きに貫かれておらず、重さの負荷がかかり、疲れやすくなります。また静脈瘤や浮腫などが形成され、偏平足や下腹部の内臓や胃腸管などの下垂が現れます。下部人間が重さに負けてしまうのです。身体の活動は不活発であり、精神的な活動も充分ではありません。その結果、客観的な霊性との結びつきが阻害され、空想や奇想などが生じます。重さの諸力に従属することは、霊的生活、精神生活が活力を失うことを意味します。

Uのエクササイズでは2つの側面が離れ離れにならないようにします。また、X脚、O脚などの形体の変形に対してUを行うときは、Uの固める力のみが作用しないように注意する必要があります。固める力のみが作用すると、間違ったやり方で固定することになります。姿勢の矯正を行おうとする場合は、療法全体が霊的親密性によって導かれなければなりません。その際、特に足に注意深く視線を向ける必要があります。皆さんはいかに多くの足の奇形や変形があるかに驚かれることでしょう。かかとは丸太のようであり、足は分化しておらず、一つひとつの足の

関節は硬く動きがなく、つま先は形が整っておらず、また足のアーチには柔軟性がありません。老人においても、脚部はもはや立つことの役に立っていない、ということが起こります。足は角質化し、木のようになります。それは柔軟性の衰えの徴候です。そこでは、脚・足は U について先に記述した意味において、つまり「U は人間を人間として開示する」という意味において、もはや人間性に貫かれてはいません。有機体全体における足のもつ意味と一般の人たちの健康における事態の深刻さは、この項の最後に付記する、トムソン教授の論文★50 のなかに明確に描写されています。

思考力や記憶力の低下、めまい、近視、乱視などの視力障害においても、形成力を強める足の練習は非常に重要です。ここでは、「足を使った練習は上部人間を援助するように働きかけ、逆もまた同様である」という対極の作用が働いています。このような対極の作用を、私たちはチックのための U のエクササイズを行うときにも利用します。チックとは不随意でコントロールの利かない反射運動であり、まぶた、口角、あるいは手足など、さまざまな部位で起こり得ます。これらは自我の統御を離れたアストラル体による動きであり、これに対して 2 つの練習があります。

一つ目は、〈両脚をしっかりと合わせて立つ U の練習〉で、12 数えながらかかとを上げ、そしてゆっくりと下に降ろします。二つ目は、〈目標を定める U の練習〉で、U の腕を目標を定めて上方から肩の高さまで勢いよく振り下ろします。あるいは U の腕を下方から鼻の高さまで振り上げます。もしくは、「窓まで」、「扉まで」といったように、空間において目標を定め、U の腕の動きとともに目的地まで走っていきます。どの動きも非常に素早く行うことが重要です。

ゆっくりとかかとを上げたり下げたりするエクササイズでは、脚の筋肉を緊張させ意識をそこに集中させることが求められます。それによって、自我は力強く四肢の動きを捉えることができます。目標を定める練習でも自我は強く働きかけられ、その自我の強化を通して反射運動が克服されます。

チックに悩む患者との練習では、足にある種の力が欠如しているのが見てとれます。たとえば、歩き方がぎこちなかったり、時には力のない歩き方だったり、また両脚が硬くこわばっていたりします。それらのケースでは、しばしば足が冷えていて柔軟性に欠けるため、（固める作用をもつ）Uの練習からはじめることが困難となります。その場合は、別の練習から、たとえばAの練習からはじめることもあります。そしてAをある程度の期間行った後に、Uの練習を行います。

Uが必要な子どもたちには、銅の棒を床の上におき、その上をバランス歩行させたり、銅のボールを使って遊ばせたりします。さらには、飛び跳ねたり、野原で足の指で花を摘みとったりする遊びを通して、子どもたちの足を暖め、また柔軟にし、足の緊張をほぐしていきます。その後Uで足の正しい形成を強化できるようにします。また長くかかとやつま先の上に立ったり、足のすべての指でIを行ったりする練習も常に行うとよいでしょう。これらは大人にとっても役に立つ練習です。Uの冷たく鉱物化させる傾向は、Uのもつ**根源**への強く熱い思いが動きのなかに流れ込むときにのみ、正しく作用します。それにより体に若々しい柔軟性が与えられ、また人生においてまっすぐに立つ力が得られるように魂が鼓舞されます。「直立した人間」とは、自らの内的な目標に忠実である人間を意味します。そのような人たちは人生の困難や障害によって、自分の人生を投げ出したりすることはないでしょう。

物質における自我活動と最も高い霊性における自我活動との結合は、私たちのなかに一つの器官を生み出します。それは脾臓です。脾臓は土星の力の働きから形成されます。また、Uの音も同じ土星領域から響き渡ります。脾臓は生命に必要不可欠な臓器と認識されてはいません。なぜなら脾臓を手術で取り除いても、生命の危険が生じることはないからです。脾臓は、手術で摘出されると、いくつかの小さな組織が新しく形成されます。これは脾臓が非常に生命力や再生力に溢れている臓器であることを示しています。脾臓は肝臓や胆のうのように代謝の流れのなかに組み込まれていますが、しかし物質の代謝にも、また代謝プロセス全体にもあまり寄与しません。そうではなく、脾臓は本来特定のリズムを調整する臓器なのです。たとえば食物とともに受け入れる不規則性を、血液循環で必要とされる規則性

へと変換します。不規則性がリズムへと変換されるのです。というのは、もし食物として不規則に摂取されるものが同様に不規則に血液循環のなかに流れ込むならば、有機体は一体どのように存在し得るのでしょうか。

私たちの生命活動は呼吸に対して特定の関係性をもつ血液の規則的なリズムに依存しています。『オカルト生理学』★10 において、ルドルフ・シュタイナーは脾臓について多くのことを語っています。そこから、一つの臓器をただ物質的に理解するだけであるならば、いかに臓器本来の理解から遠ざかってしまうかが想像できます。脾臓として私たちの左上腹部に小さく目立たなく存在している、この「宇宙のアストラル性」の一部分は、光に満ちて霊化された臓器であり、いわばリズム器官の切り替えスイッチなのです。脾臓によって、宇宙のリズムが地上的な有機体のリズムに変換されるのです。このリズムは私たちの意識に上るところまでは作用しません。私たちはそれらをまだ認識できていません。「それは私たちが気づくことのできる他のリズムとはまったく異なっているのです」。脾臓は、「自然なままの代謝と、より霊化され魂化された状態で人間のなかで生じるすべてのものの間」を調整する働きをもっています。つまり、脾臓は代謝における感覚器官であり、また代謝のなかの不規則なリズムのもつ有害な影響に関する知覚を霊的な人間に伝える臓器である、との理解をもつことができます。

加えて脾臓にはさらに重要な働きがあります。脾臓には食物の価値、すなわち食物の質や有用性を見極める本能的な働きがあるのです。それは意識下の深いところで行われています。私たちはここに、最も高い霊性が臓器の奥深くに潜みつつ作用しているのを垣間見ることができます。脾臓はすでに述べたように、土星の作用領域に属しています。古土星紀において、肉体の形成が開始されました。本能は、私たちにとって神からの大切な恩恵であり、そしてそれは肉体に固有のものです。動物界においては、本能は目的に適った棲み処づくりに至るまでその作用を及ぼしています。ビーバーはどのように巣をつくるかを習得する必要はありません。ビーバーは肉体に備わる働きから巣を本能的につくることができるのです。しかし人間は、意識の発達によりこの本能の生き生きとした力を失いました。本能は、意識の境域から閉ざされた内面の奥深くで、脾臓において実質の価値を見極めるとい

う重要な役割を果たしています。そしてリズムを秩序づけ、実質の価値を熟知する脾臓は、門番のようにそこに立っています。食物の価値に対する本能は、今日特に大きく失われてしまいました。それによりさまざまな栄養法による無秩序な混乱がますます広がっています。自然の食材を添加物や保存により「より良くしようとする」試みは、しっかりとした食物に対する本能があったなら、これほど盛んになることはなかったでしょう。このことから脾臓の活動を活性化し、その本能を強化することがどれほど重要であるかがわかります。ルドルフ・シュタイナーはそのために脾臓のマッサージを勧めました。このマッサージは特に注意深く行われなければなりません。なぜなら、それは逆の作用も呼び起こし得るからです。

私たちは、健康的・療法的な手法であるＵのエクササイズを規則的に行うことができます。それは、〈魂のための練習〉として知られている〈希望のＵ〉というエクササイズです。この練習においては、まず、願いや希望といった魂の気分をオイリュトミーのしぐさとして表現します。このとき私たちは下半身を願いや希望といった魂の器として感じとります。両脚は平行におき、足の指は軽く床から離し、かかとにしっかりと体重を乗せます。そして両腕を横に広げ、シャーレ（深皿）のように何かを受けとめるしぐさを形づくります。これが〈希望〉のしぐさです。このしぐさがＵの動きへと移行していきます。Ｕの後、短く間をおき、ふたたび希望のしぐさとそれに続くＵの動きを行います。「この練習には呼吸器系を暖める作用があります」と、『オイリュトミー療法講義』で述べられています。今日の治療に関する考えにとっては理解が困難なこの練習の意図は、リズムを切り替える脾臓の働き、すなわち代謝の熱を血液循環と呼吸へと正しく移行させる働きを見るとき、理解が可能となるのです。

また、その原因が代謝活動の障害にある睡眠障害にもＵが行われますが、このこともそれによって理解が可能となります。

付　記
健康な足 - 健康な人間

W. トムソン教授は、1960年12月の『治療週間』で、このテーマについて興味深い論述をしています★50。

彼は、靴が足だけでなく、私たちの有機体全体にとっていかに重要であるかを説明しようとしています。今日の整形外科医は、静脈瘤の症状複合体の根本原因が、多くの点で不適切な履物に起因していることに同意するでしょう。このように、この50年間足の研究は盛んに行われ、目覚ましい成果を上げてきました。とりわけ外反足、偏平足、開張足が増大傾向にあることから、足と歩行具一般、そして有機体全体との間に存在する重要で多様な生物学的関連性を研究する必要が出てきました。筆者は、足のケアの放置や足の変形が呼吸器や循環器に影響を与えることを確信しています。「足のケアの放置や足の変形は、心臓発作に直結する生物学的なつながりがあるのです」。

現在、足の変形は後天性のものが非常に多いのに対して、先天性のものはごくわずかしかありません。特に危険なのは、このような足の変形などは、幼少期にはほとんど痛みを感じないことが多いということです。そのため、矯正の可能性がほとんどない段階になってはじめて認識されることが多いのです。今日の整形外科手術でも、回復や完治は望めません。したがって、すべての努力は予防、すなわちそのような最終的な状態を事前に防ぐことに向けられなければなりません。

第5章　母音の音配列

母音のＡＥＩＯＵの配列の構成と生理学的な作用については、さまざまな個所で述べられています。最初の２つの語音であるＡとＥは、魂と霊によって物質的・肉体的なものを把握するプロセス、つまり受肉のプロセスを促進するように作用します。ＡとＥは（音楽的な要素で言えば、内面に向かう）短調の特徴をもっています。それらは長調の特徴をもつＯとＵに対して対極の関係にあります。ＯとＵは、霊的・魂的なものが有機体から抜け出していくこと、つまり離肉のプロセスを強める働きをもちます。Ｉは、ＡとＥ、そして、ＯとＵの真ん中に位置しています。

AEIOU

ＡＥＩＯＵの語音の配列は、**吃音**に対して用いられます。この配列においては、まずＡとＥから、つまり受肉の音からはじめ、その後、特にＩを強調することに留意してください。なぜなら、Ｉは離肉の音であるＯとＵへの転換を担う音だからです。これらの語音を通して、緊張の解けた、そして強められた呼吸が生じます。この母音の並びはヘクサメトロス（長短短格の六歩格）のリズムと組み合わせて行われます。

練習は次のように行われます。まず、Ａ、Ｅ、Ｉのオイリュトミーを行いながら後ろ向きに歩きます。Ｉは左手で行います。そして間をおいて、今度は右手を強調したＩへと変更し、その後、Ｉ、Ｏ、Ｕのオイリュトミーとともに今度は前方に向かって歩きます。すべてがヘクサメトロスのリズムで行われます。Ｕを終えたら前方で一旦立ち止まり、再び転換が行われ、今度は、Ｕ、Ｏ、Ｉ、Ｉ、Ｅ、Ａの順に行います（本書第６章参照）。

この呼吸を調和させる練習と並んで、吃音のための次のような練習も行います。この練習では吃音の種類を聞きとらなければなりません。つまり、どの子音がうまく発音できないかをよく観察する必要があります。たとえば口蓋音の発音に困難を抱える子どもには、ＧＫＡＩという音配列のエクササイズを行います。

さらに、ルドルフ・シュタイナーはその子どもに、吃音がみられる子音を含む文をつくるように、との指示を与えました。その文を歩きながら子どもに語らせます。そしてこの同じ子音をオイリュトミーでも行います。また幼少期の神経性の吃音は多くの場合後年消失するので、あまり気にする必要はないと言っています★37。

脚によるすべての母音

盗癖のある子どもに与えられた処方★9：1924/7/4講演。

このエクササイズの指示は『治療教育講義』から来ています。そこでルドルフ・シュタイナーは盗癖の本質を次のように叙述しています。「、、、子どもの知的な素質が意志の領域にまで滑り落ちると、その結果、盗癖が生じ得るのです」。脚による母音の練習により、「知的なものを意志の領域から追い出し、母音の作用を意志の領域へともたらす」ことが促されます。ここでは、脚による５つの母音をジャンプしながら素早く行わせるとよいでしょう。このエクササイズに適しているのは、ユーモアのある言葉です。

12歳の盗癖をもつ少年に対しては、シュタイナーは次のような指示を与えました。「彼のためにはオイリュトミー療法を行わせるとよいでしょう。靴下留めで両脚をひざ下でしっかりと縛ります。子どもは両膝を寄せた状態でジャンプしながら、つま先でＡの形に足を開きます。これが足のＡのエクササイズです。その後、ジャンプしながら今度は同様にＥを行います。これらをしばらくの期間、１日を通して行わせます」★56。

盗癖のための E

あぐらをかいて両脚を交差させて座りながら、両腕も交差させ、そして両手で反対側の足先を掴みます。この姿勢を10分から15分ほど保ちます★42。

シュタイナーの言葉を文字通り引用すると、「罰として子どもをその状態で15分間座らせ、そして自らの足を両手で掴ませます」。このエクササイズを3カ月間継続させなければなりません。そしてさらに、「イメージを逆さまにたどることで記憶力を強めます。たとえば、『父は本を読む － 読む・本を・父は』というように。文章だけでなく数字も逆さまにたどることができます。たとえば、『 3、4、2、6 － 6、2、4、3 』。また硬さのスケールを逆に暗唱したり、発声練習の言葉なども後ろから逆に読ませたりします」★42。

記憶をたどる練習は、盗癖の傾向のある子どもにとってどれも重要です。シュタイナーの指示は以下の通りです。「盗癖傾向のある子どもたちに、幼少期に体験したことを思い出させます。出来事を数年遡って思い出させ、思い描かせるのです。そうした試みが行われない場合、後に病的な盗癖症となって現れることもあります」。

子どもの本性を強めるためには、母音がその効果を最大限発揮できるように努めなければなりません。ルドルフ・シュタイナーはそのことについて次のように述べています。「盗癖が見られるところでは、本来次のようなことが起こっています。人間は相反する対極の有機体機構をもっています。頭部機構はすべてを自分のものにしようとします。すべてを自分のものにしてしまわなければならないのです。他方、もう一つの極である代謝機構は、倫理的な感受力や特性を担っています。頭部機構は所有権ということを理解しません。頭部機構は自らの領域に来るものをすべて無条件に自分で所有してしまうのです。それに対し、もう一つの代謝機構の極は倫理的な特質を理解します。しかし頭部の極がそのまま下部に滑り落ちていき、もう一つの代謝・意志機構の極に入っていく、ということが生じます。するとこのとき、盗癖症が生じるのです。この病気の根底には、本来頭部機構に属する要素を意志機構が担っている、という状況があります。盗みを働くときに意識の欠如という形で

現れる盗癖症の素質は、通常の盗みとはまったく異なっています。彼らはむしろ盗むべき対象物の視線に捕われるかのように物を盗ります。ある意味、対象物は誘惑者なのです。対象物を得るために手の込んだ細工はなされません。… 中略 …　盗癖症の病像ははっきりと限定されています」★41。ここで「まったく異なる」という表現は、盗癖症のあり方がその他の盗みとまったく逆であることを示しています。

ＡとＥ

てんかんに対して与えられたエクササイズ。

この２つの母音はてんかんのための主要なエクササイズであり、本書の第４章で詳細に述べられています。

脚によるすべての母音

29歳から**発作**を発症していた43歳の**てんかん**患者に処方された指示。

この患者の発作では、主に上半身と顔に痙攣が現れていました。ルドルフ・シュタイナーは次のように述べました。「ここでは非常に弱いアストラル体が問題となっています。彼のエーテル体は上部へ、そして末梢へと向かいます。するとエーテル体が体から抜け出してしまうのではないか、という内的な心配が生まれ、そのことによって上述の症状が起こります」。

脚による母音

46歳の女性の**てんかん**患者に与えられた指示。

Ｉ 〈オイリュトミー療法のためのＩのエクササイズ〉
Ｅ 〈オイリュトミー療法のためのＥのエクササイズ〉
母音

これらのエクササイズは18歳の**てんかん**患者に与えられました。彼は７歳から手に

痙攣性の震えが見られ、その後11歳のときに最初のてんかん発作が現れました。彼はオイリュトミー療法に効果があると感じたので、療法を一旦中止した後も体調がよくないときには再び来院しました。毎回、〈オイリュトミー療法のための E のエクササイズ〉を行い、その後 5 つの母音、そして〈オイリュトミー療法のための I のエクササイズ〉を行いました。

＊　＊　＊

脚による母音

耳硬化症に対しての指示。

この疾患においては、内耳の骨迷路の骨変化による病巣形成が問題となります。多孔性で本来血液に満ちた骨が硬くなり、前庭窓の骨化へと至り、あぶみ骨が固定されます。これと並行して聴覚神経と平衡感覚神経の変性プロセスが現れます。この疾患は多くの場合20歳から30歳の間に発症し、男性より女性に多く現れます。また妊娠時にしばしば悪化します。

頭部において過剰に作用するこれらの硬化諸力は、母音を通して活動性と意識を四肢へもたらすことで、緩めることができます。この疾患の患者は練習をすばやく理解し、脚を使った練習も非常に器用に上手に行うことができます。またリズムに沿って歩く練習も容易に行います。しかし彼らには、すべてを表象から行うという傾向があります。この傾向に対して、たとえば、さまざまなリズムが交互に現れる詩などをオイリュトミーで行わせるとよいでしょう。また時々新しい詩に変えるとよいでしょう。

今日ではこの病気は手術で治療することができます。しかし手術によって体質まで変化させることはできません。それゆえ、手術後もこのエクササイズが患者に必要である、ということを理解しなければなりません。

全般的な母音

全般的な母音は『オイリュトミー療法講義』のなかで、さまざまな障害や疾患に対して適用例が示されています。また本書の第4章「母音」においてもその一部が記述されています。これらの母音は、とりわけ**不規則な呼吸**に対して多く用いられます。というのは、母音は特にリズム系に強く働きかけるからです。

全般的な母音

話すときに一つひとつの**子音、特に口唇音と舌音が滑らかに話せないケース**に対して与えられました。これらの症状をもつ子どもたちに対しては、気持ちを落ち着けて母音のオイリュトミーを行うことが、困難を克服する大きな助けとなります。

全般的な母音

慢性的な頭痛、偏頭痛、頭がはっきりしないとき、あるいは**ぼんやり**していたり、**消化が不活発**であったりといった症状がある子どもや大人に対しての指示。

母音のオイリュトミー療法

ルドルフ・シュタイナーが45歳の**神経的虚脱症状**の男性患者に与えた処方。

この男性は神経的虚脱症状に陥り、その結果不眠となり、また自分で考えをコントロールできなくなりました。彼の症状は、「頭が勝手に自動的に考えてしまう」というものでした。その後、手足の震えや痙攣も現れました。彼はスギナの風呂に入った後、**丸一時間**母音のオイリュトミー療法をするように指示されました。入浴によって得られた作用が、「オイリュトミー療法を通して保持される」ためです。ここでは、オイリュトミー療法がいかに集中的に行われ得るか、そして疲労に至るまで行うことが許されるか、ということがわかります★7：1924/1/2講演。

全般的な母音

*統合失調症初期*の患者に対して与えられた指示。

ここで母音が用いられることはよく理解できます。なぜなら、母音は人間を確かな存在にし、自我、アストラル体、エーテル体、肉体の四つの構成要素に調和をもたらすからです。そして、人を人間として自己に回帰させるからです。

全般的な母音

「*(湧き上がる) 自らの表象やイメージに苦しめられている*」ファンタジー豊かな子どものために処方されました★32：1921/6/5講演。そのような子どもには、走ったり歩いたりして全身を動かしながら母音を行わせると、特に効果的に作用します。そのことを通して有機体から頭部に表象が上ってくる症状を鎮めることができます。それに対して、ファンタジーの乏しい子どもには、立ったままで子音のオイリュトミーを行わせます。

曜日ごとの特別な練習

月曜日	：	I	のみをオイリュトミーで行う。
火曜日	：	E	同上
水曜日	：	O	同上
木曜日	：	U	同上
金曜日	：	A	同上
土曜日	：	すべての言葉をオイリュトミーで行う。	
		その際、その言葉（イェホヴァ）は、発音しない。	

このエクササイズは毎回10分から15分ほど行います。

この練習を、ロリー・マイヤー・スミッツ氏はすでに1916年にルドルフ・シュタイナーから受けとっていました。当時はまだオイリュトミー療法は存在していませんでしたが、夢見がちで学習に遅れがみられ、ぼんやりしている９歳の女児にこの

エクササイズは与えられました。スミッツ氏の厚意により、この女児の練習は誰でも使うことができるようになりました。

IAO

シュタイナーが与えた〈5つの母音の練習〉以外の母音の配列で、最も重要なのがIAOです。

Iでは、上半身をゆっくりと起こします。次にジャンプをしながら両脚を開き、Aを形づくります。最後に両腕で心臓の高さでOを形成します。そしてIAOの3つの母音をそのまま保ちます。その後、今度はO、次にA、そして最後にIの動きを解きながら、元の位置に戻ります。そしてまたはじめから同じ動作を繰り返します。3つの音が一つひとつ順番にではなく同時に形成され、そして同時に解かれるまで動きを次第に速めていきます。そして次第に再びゆっくりとしたテンポに戻ります。

IAO

これは人間の三分節構造、つまり頭部系、リズム系、そして代謝・四肢系に対し、それらを調和するように働きかけます。また、健康オイリュトミーへの橋渡しのエクササイズとして見ることができます。

IAOの組み合わせはとても意味深いものです。古（いにしえ）の時代、この3つの音は、IOAの配列で秘儀参入の学徒に向かって響いていました。それは彼らの視線を誕生以前に向けるためでした。エフェソスの秘儀では、人はダイアナ神の秘儀への参入において次のことを体験しました。それは、個性がこの地に降りてくる際にIが響き、個性としての霊が魂をまとうときにOが響き、そしてエーテル的なものが凝縮する際にAが響く、というものでした★22:1924/4/22講演。しかし今日では、IOAの並びではなく、IAOの配列となっています。これは現代の意識に相応するものです。人間の霊界から物質世界への降下はすでに行われました。人間の霊と魂

の存在は肉体を貫きました。そして、今はむしろ逆にそれらが肉体と強く結びつきすぎるという危険が生じています。それゆえ、魂的なものが再び肉体から解き放たれ、周辺と結びつくことが重要になったのです。最も地上的な深い地点から再び霊的な世界への上昇が開始されなければなりません。

このことを、私たちは霊的に〈Ｉ〉自らを肉体のなかに体験し〈Ａ〉、そして魂的なものを自らの個性に基づいて再び霊的世界に向けて開示する〈Ｏ〉ことで示すのです。かつて隠された秘儀のなかでＩＯＡの響きを通して知られていたことが、今日ではすべての人が行うことのできる練習となったのです。しかしルドルフ・シュタイナーは、この練習は授業のなかで子どもたち全員に行わせるべきものではないと示唆しています。これは、特に人間本質の三分節がうまくかみ合っていないことが明らかな子どもたちを、いくつかのクラスから集めて一緒に行わせるとよい練習だ、と述べています。この非常に重要な練習が健康的・療法的な練習として多くの人に習得されていくことは非常に大切なことです。ＩＡＯのさまざまな練習の仕方については、エリザベート・バウマン氏の『オイリュトミー療法講義への寄稿』のなかで詳細に述べられています★46。

TIAOAIT

Ｏを中心に鏡像として組み立てられたこのエクササイズには、秩序のない混乱した思考を秩序づける効果があり、人々に健康をもたらすという意味合いがあります。

AOUM

古インド紀のＡＯＵＭの音節は、かつて意識的な人類の導きがはじまった時代に、効果的な修練法として若者たちに授けられました。これは、彼らを「身体的に全人として、また同時に謙虚な人間として教育するために」★1 与えられたものでした。Ｍという音で意味深く締めくくられているこの母音と子音の配列は、特に呼気を促しながら呼吸全体を調整するように作用します。

LAOUM

この語音の配列は、**喘息と緑内障**の練習として実践においても非常に高く評価されています。双方の疾患においては、呼気が主に促進されなければなりませんが、まずLを通して吸気が深められ、そのことを通して呼気の作用がさらに強化されます。

AEI-IEA

模倣力が育たない子どもに対して与えられた練習です。模倣力とは人間が霊的な世界から携えてきた高度な贈り物です。霊的世界においては、人間は深い帰依の精神を伴う模倣状態で崇高な存在者たちに向き合っていました。この能力の欠如は子どもの発達全般に大きな困難をもたらします。私たちはこの能力の欠如を、特に「歩く、話す、考える」に障害をもつ発達の遅れた子どもたちにしばしば見ることができます。この「歩く、話す、考える」という人間がもつ3つの能力は生後数年の間に発達するべきものです。模倣力が育たない子どもたちは、肉体を正しく捉えることができません。「彼らは肉体の静止への渇望を克服することが困難です」★9：1924/7/6講演。これらの子どもたちには、内側の動きを刺激するために、まず音楽オイリュトミーからはじめるとよいでしょう。その後、言葉のオイリュトミーのエクササイズと言語練習を、はじめに通常の順序で行わせ、次にそれを逆向きにゆっくりと行わせます。この練習には、ＡＥＩ－ＩＥＡのエクササイズが適しています。9歳頃に向けて、模倣力は次第に減少していきます。この減少が充分に生じないと、子どもは逆に模倣の状態に留まり続けてしまいます。そのため、Ｉの練習で自我を強める必要があります。

EUÖ

心身の発達に遅れが見られる子どものために。

このケースでも一つの文章を頭から読み、次に文末から逆に読むという言語練習を行います。それによりエーテル体とアストラル体の関係性が調整されます。加えて、「子どもが自分自身の肉体機構を感じとるように、オイリュトミー療法のエクササ

イズが行われます。ここでは特にEが適しています。なぜならEでは肉体機構において自分自身に触れるからです。UとÖにおいても同様です。Öは調整のために行われます」。これは無秩序な代謝作用をもつ、間もなく7歳になる子どものケースで、貪欲な食欲、下痢の傾向と鼓腸が見られました。『オイリュトミー療法講義』の第7講では神経性の下痢に対してUが処方されていますが、ここでもUが適用されるのが理解できます。

I-U-E

シュトゥットガルトのシュタイナー学校の女児に、**身体の感受性を目覚めさせる**ように処方されました。この女児はメルヘンや詩にまったく耳を傾けようとせず、また彼女には道徳性が欠けていました。シュタイナーの指示は次のようでした。「全身でIを行い、両手の人差し指を両耳につけてUを行い、そして髪の毛でEを行う」。そして3つの語音すべてを「充分な感受性とともに」★40 行う、というものでした。

U-O-I

軽度のリットル氏病[12]の15歳女児に与えられた指示。

彼女は両足が尖足でした。3歳のとき歩行を習得しましたが、つま先で歩き、うまくバランスを取ることができませんでした。アキレス腱の手術の後も歩行は改善されませんでした。ルドルフ・シュタイナーは、彼女のケースではオイリュトミー療法を最も重視し、オイリュトミー的な歩行である〈三分節歩行〉を前方へ、そして特に後方に向かって行うように指示しました。そのとき、腕を肘から曲げて上腕を強く体に押し当て、そして拳をしっかり握るように指示しました。その後、〈オイリュトミー療法のためのUのエクササイズ〉、同じく〈Oのエクササイズ〉、そして〈Iのエクササイズ〉が行われました。〈オイリュトミー療法のためのIのエクササイズ〉においては、左脚もしくは右脚で交互に立ち、左脚で立つときは右足で弧を描くようにIを行い、右脚で立つときは左足で弧を描くようにIを行いました。

I E Ei

ルドルフ・シュタイナーは*膵肺炎*の危険性がある子どものためにこの語音の配列を与えました。残念ながら、短期間のみの治療であったため、この練習の効果については述べることができません。

第6章　健康オイリュトミーのための
基本練習

こ の章では、厳密にはオイリュトミー療法ではありませんが、オイリュトミー療法を補ったり、また援助したりするさまざまな練習について述べます。

いわゆる〈健康オイリュトミー〉や、職場における怪我や体調不良、またコミュニケーション不足などさまざまな問題を軽減するために、工場施設などで行われる〈職場でのオイリュトミー〉があります。これから述べる練習は、オイリュトミーが本来療法としては行われないような場所でも用いることができる練習です。ヴェーグマン医師はとくに健康オイリュトミーに注目していました。彼女はしばしば話し合いの席で、「文明人の身体はますます硬くなり、霊に対してもはや敵対的にすらなっています」と述べています。それゆえ人々の身体に霊が再び浸透できるように、健康オイリュトミーが発展していくことを願っていました。ウェーグマン医師は、とくに欧米諸国においてその発展が重要であると考えていました。

職場におけるさまざまな問題に対して、ルドルフ・シュタイナーは、「毎日15分間オイリュトミーを行うだけで充分であり、その際、工場施設などで全員一緒に行うとよい」と述べています。これはいくつかのアントロポゾフィーの企業で現在すでに行われています。

こ こで個々のエクササイズについて詳しく述べます。基本練習として第一に挙げたいのは、〈三分節歩行〉と呼ばれる練習で、これは、足をゆっくりと「上げる、運ぶ、置く」という3つの段階からなっています。患者が歩ける場合は、オイリュトミー療法のセッションでは常に行われる練習です。オイリュトミー療法士にとって歩行の様子から患者の症状を診断することは大切なことであり、さらにこの〈三分節歩行〉においては、その人間の個性がより明らかに見てとれます。

この〈三分節歩行〉の最初の「足を上げる」動きは、意志の動きです。ここでは高次の構成要素、つまり自我とアストラル体が肉体とエーテル体に入り込み、そして重さを克服しながら、「足を上げる」という動作を行います。次に、「足を運ぶ」という動きが続きます。重力から引き上げられた状態で、足を一歩踏み出そうとする決意を促した考えが、運ぶという動作と結びつきます。そして3番目の「足を置く」という動作においては、心をこめて新たな気持ちで大地を捉えます。このとき、自我とアストラル体は自らを一旦解放します。それは、次の足を上げるという行為のなかに再びしっかりと入り込むためです。この足を上げる、運ぶ、置くという3つの動きの静かで調和的な流れは、そのなかにまったく治癒的な作用を担っています。このとき、胸の真ん中で均衡を保つためのバランス点を体験し、頭を解放し、そして静かで確かな前や後ろへの動きを行うことが求められます。しかし、多くの場合それは困難です。

また、〈三分節歩行〉においては病気がしばしば目に見える形となります。たとえばうつ病の人の場合は、はじめの足を上げる段階ですでに躊躇が見られ、いかにも嫌々ながら足を上げます。また不安症の人は、地面から足を離して運ぶ2番目の段階を、できるだけ短くしようとします。あるいは無関心、無意識に足を置くようなケースは、その人が全存在をもって大地と結びつくことがいかに難しいかを示しています。この足を置く段階で動きが粗雑になる傾向は、観念奔逸と結びついている麻痺などの病気においても見られます。あらゆる方向に向かう唐突な動きが、足でしっかりと大地に触れることを妨げ、非常に不安定な状態をもたらします。これらのことは、すべての人間において、歩行という非常に個人的なプロセスを注意深く観察しながら、それに精通することがいかに大切か、ということを示唆するほんのいくつかの例にすぎません。

療法においては、足を上げる、運ぶ、置く、という3つの段階のうち一つを強調することが必要となる場合があります。しかし最後には、3つすべてが調和した状態でエクササイズを締めくくることが大切です。

次に、前方へ進み、そして同じ道を後方へと戻る〈自我のライン〉と呼ばれる練習について述べます。このエクササイズでは自我の働きが強められます。なぜなら自我のなかには、「自分自身に戻って自己と関連づけること、あるいは、自分自身を自らに関連づける表象」が生きているからです。★46 この〈自我のライン〉の特徴は、後方に向かってラインを戻るとき、前方に向かって歩いたときに触れた地点と同じ地点に再び触れるということです。

この〈自我のライン〉の練習にはいくつかのバリエーションがあります。たとえば、最初に前に２歩、後ろに２歩進み、その後３歩、４歩、５歩、６歩と、７歩まで歩数を増やしていき、そして今度は６歩、５歩、４歩、３歩、２歩と歩数を減らしていきます。このとき、歩数を増やすとともにテンポを速くし、歩数を減らすとともに、テンポを遅くして、往復に要する時間が常に同じになるようにします。

歩行練習をさらに次のように発展させることもできます。同じテンポで３歩前に進みます。そのとき３歩目を、足を踏み出す代わりに、突然上半身を止める動きにおき変えます。次の３歩では、２歩目に上半身の動きを止め、次の３歩では、１歩目に上半身を止めます。そしてまた新しく一からはじめます。この練習によって自らをコントロールできるようになります。つまりアストラル的なものが自我の力によって抑制されるのです。同様の原理でいくつものバリエーションを工夫することができます。

これまでは単に前後に進む動きについて見てきましたが、次に空間においてフォルムを動く練習について見ていきましょう。次に挙げるのは、簡単で大変効果のある練習です。「私は何かを為したい」と考えながら力強く後ろに向かって歩きます。その後、力のない足取りで、「私はできない」という思いで同じライン

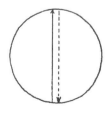

を前に進みます。その後、「でも私はしなければならない」という思いとともに直線を囲む円を廻ります。丸い円を廻るとき、意志が正しい形で呼び起こされます。

円を廻るとき、その前に歩いた直線の2つの両極に偏った動きが調和されると感じます。また、円は私たちを周辺の力へと結びつけます。

病気の人たちに、動きをそれ自体として体験してもらうために空間のフォルムを歩かせることは、しばしば必要なことです。このとき、〈外側が克った〉、そして〈内側が克った〉という単純な対極のフォルムを動くことは、とてもよい練習になります。

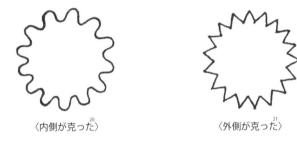

〈内側が克った〉[20]   〈外側が克った〉[21]

三角形、五角形、六角形、円などの幾何学的に秩序づけられた空間の把握は、手足に意識をもたらし、私たちのなかに明晰さや調和を生み出します。

人間のエーテル体を再現する五芒星形は、5つの母音と一緒に行うか、あるいはハレルヤと一緒に行うとよいでしょう。ハレルヤはオイリュトミー療法的にはエーテル的形姿の強化と安定に作用します。このことは、「私は神へと向ける視線を遮るすべてのものから私を浄化する」というハレルヤの言葉のもつ意味からも、充分理解することができます。

調和を与えるLMとともに行われるレムニスケートや調和の八の字のフォルムは、たとえばがん患者などの運動感覚と運動能力が活性化されなければならないケースにおいて、しばしば用いられます。

形の異なるいくつかのフォルムが直接組み合わさると、エーテル体が強められ、また柔軟になります。たとえば、次の図に示されるようなレムニスケートとその中心軸の〈自我のライン〉のフォルムなどです。

そのようなフォルムをそれぞれ異なる対極のリズムで動くと、さらに作用が強められます。たとえば五芒星形とそれを囲む円を動くとき、五芒星形を短短長格のアナペストの韻律で動き、円を長短短格のダクテュロスの韻律で廻ります。

母音や子音が空間のフォルムとともに行われる場合には、ディオニソス的ならびにアポロン的フォルムのすべてが考慮されます。それらのフォルムは、ルドルフ・シュタイナーが芸術オイリュトミーのために創作した新しい芸術フォルムとは何の関係もありません。ディオニソス的フォルムの背後にある基本的な考えとは、魂の諸力である思考・感情・意志がその根本的な相違において区別され、そしてそれぞれに相当する動きを通して体験されるということです。そしてそれは、魂が硬直した状態に対して、あるいは思考・感情・意志が強く結びつきすぎているか、離れ離れになろうとしているか、の状態に対して、それらを調和させ生き生きとさせるように作用します。

正確な**文法**を基本要素として構成されているアポロン的フォルムは、神経衰弱的な人のようにとても内向きの傾向をもつ人や、あるいは体内に物質が沈着する傾向の

疾患をもつ人に適用されます。ここではそのフォルムのなかで、文法的な秩序を、運動的なものへと移行させながら体験することが目的です。

フォルムを動くオイリュトミー療法の練習として、内に向かう渦巻と外に向かう渦巻があります。内に向かう渦巻のフォルムは貧血気味の子どもたちの自我を器質的に強め、造血を活性化するものとしてシュタイナーによって与えられました。これは自己意識を強めるためにも行われます。ここでは、〈お前の内に目を向けよ〉という言葉とともに行われるオイリュトミーのしぐさか、あるいは、A から E へと移行するオイリュトミーのしぐさが行われます。他方、外へ向かう渦巻は気性の激しい血気さかんな子どもたちに対して用いられます。彼らは自己中心的であり、突発的に怒りを爆発させたりします。ここでは、〈お前の周囲に目を向けよ〉という言葉のオイリュトミーとともに、外へ向かう渦巻のフォルムを廻ります。あるいは、E からはじめて A へ、さらには U へと移行するオイリュトミーが行われます。

魂的なものが体のなかによりよく入り込み、またよりよく体から離れていくために、内へ向かう渦巻を直接外へ向かう渦巻へと移行させます。あるいは、〈お前の内に目を向けよ－お前の周囲に目を向けよ〉という言葉のための、次のフォルムを動きます。

さてここで、身体におけるポジションと関わるエクササイズについて述べます。はじめにオイリュトミー的瞑想の練習である〈私は言葉を考える〉を挙げま

す。これはオイリュトミーを行うにふさわしく自らを準備するための練習で、それ
ゆえオイリュトミーの時間のはじめか終わりによく行われます。この練習の真の価
値をここで詳述することはできませんが、ルドルフ・シュタイナーの言葉を以下に
引用します。

「ここに示された6つのポジションを順次行うこの練習は、魂を調和させるように作
用するオイリュトミー療法のエクササイズです。人間が魂において内的にばらばら
になってしまい、それが肉体に現れてさまざまな代謝系の疾患として現れてしまっ
た場合には、どんな状況であっても、この練習は卓越した効果をもたらします」
★2：1924/7/12講演。また、この練習はそこで生じる熱の極の偏移を軽くするために、
更年期の症状に際しても非常に有効です。

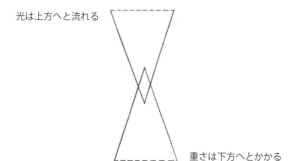

ローゼンクロイツについての講演★23：1924/1/12講演 でルドルフ・シュタイナーは、
〈光は上方へと流れる、重さは下方へとかかる〉という練習を与えました。この練
習では両腕で上部の三角形をつくります。そのとき片方の手からもう片方の手へ横
のつながりを感じとります。同様に脚で下部の三角形をつくりますが、このときは
片方の足からもう片方の足へのつながりを感じとります。このエクササイズは、魂
の光の力が有機体に強く結びつきすぎている場合に、それを緩めるために用いられ
ます。このとき上下の2つの三角形が重なり合う太陽神経叢のあたりが強く意識さ
れますが、その自律神経系の中心の強化と鎮静のためにもこの練習は重要です。

これらの練習では、全身を使ってそれぞれのポジションが示されますが、頭あるいは足のみを使って行われる練習もあります。ルドルフ・シュタイナーが芸術オイリュトミーで指示した〈頭のポジション〉の練習は、オイリュトミー療法においてもよく用いられています。私たちも知っているように、頭の動きはさまざまな仕方で下部人間に作用を及ぼしています。たとえば、オイリュトミー療法のエクササイズの〈頭を振る動きとともに行う M〉などはよく知られています。それゆえ、下部人間に働きかけるときは、この〈頭を振る動きとともに行う M〉を行うこともできます。同様に、両目を内斜視のように内側に向けて両目で E を行う練習も、下半身を調和させる練習として与えられています。

これと反対に、上部人間に働きかけたいときには、足を使ってポジションを示す練習を行います。〈肯定と否定〉と〈共感と反感〉という足を使った 2 つのエクササイズが、オイリュトミー療法の練習としてよく知られています。この 2 つの練習については『オイリュトミー療法講義』で詳細に述べられています。

さて、次にリズムの領域について見ていきましょう。リズムは長格と短格の交替のなかに現れます。オイリュトミー的には手・腕でリズムをとるか、あるいは足・脚でリズムを歩きます。患者が手でリズムをとることしかできない場合でも、軽く掌を丸めて暗くなるようなイメージの動きで短格を現し、指を伸ばして明るい感じで長格を表すことで、胸部領域の血液循環と呼吸のリズムにまでその作用が現れます。人間の本来の**治療者**は、この血液と呼吸が出会う胸部のリズム領域に存在しています。ここにおいて、人間は本来の人間なのです。

ルドルフ・シュタイナーを通して私たちは、「人間の原言語は、リズムの要素をもたない散文のなかにではなく、リズミカルな韻律のなかにある」ということを知っています。宇宙的・リズム的な生命から人間の生命は生まれ、そして人間の生命のなかに、リズムの秘密が脈拍や呼吸、代謝のリズム的プロセス、そして脳脊髄液の上下の循環といった形をとって、密かにその営みを継続しているのです。

地球の進化の歴史において、自由のなかで自我を誕生させるために、人間はこの宇宙的・リズム的なプロセスに組み込まれている状態から自らを次第に解放してきました。しかしそれによって今日、非リズム的、さらには反リズム的なカオスがさまざまな形でリズムを圧倒しています。

「しかし大事なのは、人間がリズムなしに生きていけるなどとは思わないことです。人間は外から自らを内面化してきたように、自らを内側から再びリズム的に構築していかなければなりません。それが重要なことなのです。リズムは内側に浸透し、内側を貫かなければなりません。リズムが宇宙を構築したように、人間が新しい宇宙の構築に関わりたいと望むのであれば、自らを新しいリズムで再び貫かなければなりません。私たちの時代は、ちょうど古いリズム、つまり外側からのリズムが失われ、新しい内側のリズムはまだ獲得されていない、という状況に特徴づけられています。もし霊の外的な表現を自然と呼ぶのであれば、人間はその自然から生まれ出て、しかし、霊自体のなかにはまだ生まれ出ていないのです。人間は今日自然と霊の間を右往左往している状態です。このことがまさに私たちの時代の特徴と言えるでしょう。この自然と霊の間を右往左往している状態が、19世紀の３分の２を過ぎたあたりで頂点に達しました。それゆえその頃、時代の徴候を知っている霊的存在者たちは自らに問わなければなりませんでした。人間がいかなるリズムからも外れることなく、内側のリズムを自らのなかに浸透させていくためには、何がなされるべきなのかと」★24：1909/1/12講演。ルドルフ・シュタイナーは「人間本性におけるリズム」についての講演で、そのように人々に強く訴えかけています。

これらの言葉から、内側のリズムのなかで生きることを学ぶことで何が起こるのかを、はっきりと認識することができます。それはもちろんオイリュトミー療法の領域におけるリズムの考察を遥かに超えたテーマです。しかし人間が、まさにそこから新しい宇宙を創造するという最も深淵で最も包括的なリズムについて、思考を巡らせるということは素晴らしいことです。それによって私たちはこの真の思考から、正しいやり方で人間にリズムの治癒的な要素が浸透するように、オイリュトミー療法士として自らを鼓舞することができるのです。

さて、ここでリズムの本質について考えてみましょう。すでに述べたように、リズムの本質は長格と短格の交替のなかに見出されます。調和的な人間とリズムの存在していた古代世界のギリシャ語には、長格のみからなるリズムも存在していました。試しにこのリズムのなかに入り込んでみると、頭部から呼気が活性化されるのを体験します。しかしそれは私たちを硬化へと導き得るものです。同時に短格のみからなるリズムもありました。このリズムを追体験すると、静かな形成プロセスには決して至り得ない、ただ吸気にのみ留まるような、性急で落ち着きのない感覚に捕らわれます。双方のリズムはその一面的な偏りを通して、多くのことを私たちに伝えますが、しかし非治癒的であり、オイリュトミー療法において用いられることはほとんどありません。治癒の力は、長格と短格のリズムの交替のなかに存在しているのです。

そこには一方では、短格からはじまり長格へと流れ込むイアンボスの韻律のすべてのバリエーションがあります。それは意志を鼓舞し、血液のリズムを速めるように作用します。血液循環や加えて代謝も緩慢な場合、このイアンボス的なリズムのなかから一つを選択することができます。その際、短長格のイアンボスはそれ自体としてアナペストより、より意志の領域に作用し、短短長格のアナペストはより内的な魂の領域を穏やかに鼓舞するように働きかけます。

長短格のトロカイオスのいくつかのグループは、呼吸を深め、鎮静させるように作用します。神経質で性急な大都市の人々はこのトロカイオスのリズムを必要としています。ここでは、長短格のトロカイオスはそれ自体としては頭部から思考の作用を通して鎮静化するように作用し、長短短格のダクテュロスは内的な魂の領域により働きかけ、そこで神経質な落ち着きのなさを静かな深い呼吸へともたらします。しかし気をつけなければならないのは、人間の偏った傾向を反対の方向へと変容させる前に、それを類似性をもって捉えることが必要な場合もあるということです。たとえば、神経質で落ち着きのない人間にトロカイオスのリズムに浸らせる前に、イアンボスのリズムからまずはじめるのです。というのは、状況によってはトロカイオスのリズムは彼らにとってまったく異質なものなので、はじめは耐えられない

からです。

　この「類似のものは類似のものに働きかける」という治癒の原理は、ルドルフ・
　　シュタイナーによって〈オイリュトミー療法的なイアンボスとトロカイオス〉
という２つのリズムのエクササイズによって実践されています。

〈オイリュトミー療法的な短長格のイアンボス〉は、常に左側から大きな一歩で動
きを開始します。続いて右側で落ち着いて締めくくるように長のリズムを行います。
そして休みが入ります。このとき両腕を休息の位置に戻します。ここには３つの要
素がその根底にあります。一つ目は、左足の大きな力強い踏み出しと半分の A を形
づくる左腕の動きであり、二つ目は長のリズムで右足を左脚に揃える動きと左腕の
A を補う右腕の動作、そして三つ目は休息の動作です。そこに存在する障害、すな
わち落ち着きのなさという観点からみると、このイアンボスを変容させたオイリュ
トミー療法の練習がよく理解できます。落ち着きのない子どもはエネルギッシュに
ありとあらゆることをはじめようとします。しかしすぐにそれをそのままにし、何
か新しいことに目を向けます。そのエネルギーに対し、力強い最初の一歩が対抗し
ます。その後、落ち着きのなさを鎮めて全体を締めくくる、右側の動きが限りなく
治癒的に続きます。そして、休息の動作がきます。落ち着きのない子どもにとって、
はじめたことを最後まで行えるように誰かがそっと手を差し伸べてくれることは、
とても心地よいものです。この心構えは私たちのオイリュトミー療法の練習に必要
なものです。

粘液質の子どもにはオイリュトミー療法的なトロカイオスのリズムが用いられま
す。ここでは右脚の一歩と右腕で半分の A をゆっくり形づくることからはじめます。
そして第２段階として、目覚めさせ刺激を与える左側の短格の動きが続きます。こ
のエクササイズにおいては、A の他にも子どもにとって必要だと思われるすべての
母音が用いられます。この２つの練習は実際に病気に使うことができるオイリュト
ミー療法のエクササイズです。その他にも、短長長短格のアンティスパストという
韻律がありますが、これは痙攣を緩和する E を援助するものとして有効なエクササ

イズです。というのはこの練習は、その名前（Anti-spast）が示す通り、痙攣や痙縮を緩めるように作用するからです。

粘液質や多血質の子どもとの仕事においては、ルドルフ・シュタイナーの次の指示も非常に役立つでしょう。

「粘液質の子どもを何とかできるのは、動きによってのみです。そのとき、彼らに難しい子音を動きと一緒に行わせます。多血質の子どもの場合には、より簡単な子音を行わせます。粘液質の子どもにはＲとＳを、多血質の子どもには動きの始まりを示す、ＤとＴを行わせるとよいでしょう」★37。

　こでヘクサメトロス（六歩格）のリズムについて述べます。このリズムでは、脈拍と呼吸のリズムと同じ４：１がその根底におかれています。ヘクサメトロスの韻律は、「長短短 - 長短短 - 長短短 -（中間休止）- 長短短 - 長短短 - 長短短」です。ここで特徴的なのは、長短短の後の中間休止です。私たちはこのリズムを吃音に対して用います。吃音においては吸気が痙攣します。吸気から呼気への移行は自我が集中的に関与する非常に重要な瞬間ですが、吃音ではこの移行がうまくいかないのです。ヘクサメトロスをオイリュトミー療法的に行うときは、多くの場合ＡＥＩＯＵの母音の配列で５つの母音を一緒に行います。この語音の配列には次の関連性が存在しています。「内界へ向かう短調としての体験をもつＡとＥ、外界と結びつこうとする長調の体験であるＯとＵ、そして、その間に存在し、内界から外界への転換点となるＩ」という３つの関連性が、この練習の根底にはあるのです（本書第5章参照）。さらに、短調の体験のなかで後ろに向かって動き、そしてＩの後に、長調の体験とともに前に向かって進むときに、同じ音の並びを音楽オイリュトミーの短調と長調の身振りと一緒に行うことも可能です。この練習は呼吸の障害全般において症状を大きく緩和する作用があるため、患者が動いて歩ける場合は常に行うとよいでしょう。また〈リズムのＲ〉もしばしばリラックスした状態を得るのに重要なエクササイズです。そしてもちろんリズム的・音楽的な練習はすべて有効に働きかけます。

最後に銅の棒を使った練習について述べます。全般的にこの練習は身体を鍛え、また要求されることをよりよく行うための身体の順応性を養います。この銅の棒の練習は、「姿勢における行儀の悪さを修正する」ために、ルドルフ・シュタイナーによって与えられました。これは体操とのちょうど境目にある練習です。しかし肉体の能力を高めるという意味の体操とは一線を画しています。以下に主要なエクササイズについて個別にその練習の意図を説明します。

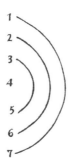

まず、〈七分節〉という練習があります。このエクササイズについては、次に描写するように、その鏡像的な構築が見てとれます。この練習では、銅の棒を「下、上、右、左」の方向にもっていきますが、「左」の方向がこの練習の中心です。「下、上、右、左」と、まるで上げ潮のように「左」の頂点に向かって動きが行われます。その後、「右、上、下」の方向に棒を動かしますが、あたかも引き潮のように動きが鎮まっていきます。ここでは音楽的なクレッシェンドとデクレッシェンドが表現されています。この練習の基礎を成しているさまざまな空間方向に質的に習熟するために、『アントロポゾフィー（人智学）、サイコゾフィー（心智学）、プノイマトゾフィー（霊智学）』★25：1909/10/26講演 の講演におけるルドルフ・シュタイナーの言葉を記します。ここではこの講演の概要のみを紹介します。

左から右へ向けて	:	肉体の流れ
右から左へ向けて	:	エーテル体の流れ
前から後ろへ向けて	:	感受体の流れ
後ろから前へ向けて	:	感受魂の流れ
上から下へ向けて	:	自我の流れ
下から上へ向けて	:	アストラル体の流れ

〈七分節〉の練習は「下」に向かう動きからはじまります。このとき、動きが「下」に向かうだけではないことは強調されるべきです。つまりここでは、その動きによって垂直方向に下に向かって流れる自我に、意識が向けられます。自我は下に向かうなかで意志の力をもって重力と対峙し、それを克服します。「血液を通して意志が、すなわち霊的なものが流れるときのみ、水平のラインは垂直へと移行し、そして直立の姿勢が現れるのです。それを通して集団魂は個性を担う魂へと昇華します」と、前述の講演では述べられています。次に、「下」から「上」へと向かいます。つまり自我の方向からアストラル体の方向へと上っていきます。その後、「右」へ向かって、肉体の流れが流れます。身体の右側には肝臓がありますが、肝臓は最も実質が豊富で、最も大きな臓器であり、思考が意志へ転換する際に、強力に関与している臓器です。銅の棒の練習における、この「上」から「右」方向への道程はよく感じとられなければなりません。そして「左」への動きが続きます。「右」から「左」への流れには、浮力や軽さのなかに生きるエーテル体が流れています。そして身体の左側には胃や脾臓などのより軽い臓器があります。この〈七分節〉の銅の棒の練習はとくに異なる空間の方向性に働きかけるため、人間の肉体に作用が及びます。

〈十二分節〉のエクササイズは非常にリズム的に構築された練習であり、そのため、よりエーテル体への関係性が見られます。ここには4：1の脈拍と呼吸のリズムが隠されています。また、12まで数えるとき、1、4、7、10の数が強調されます。これらは〈十二分節〉のなかの4つの強調点です。

渦巻はアストラル体の原運動であり、それゆえ、この〈渦巻〉のエクササイズは特にアストラル体に作用します。宇宙のアストラル性と接する植物の花の部分には、渦巻状に開きまた閉じる様子が観察されます。蔓の植物は渦巻状に支柱に巻きつきます。人間のアストラル体は就寝時、渦巻状に肉体とエーテル体から離れ、そして目覚めるときも同じく渦巻状に肉体とエーテル体のなかに入り込みます。これらはアストラル的なものと渦巻の動きの関係性を示すほんのいくつかの例に過ぎません。

〈滝〉のエクササイズは銅の棒の練習における自我本来のエクササイズです。というのは、勇気をもって棒を下に落とす決意は自我によって行われなければならないからです。

これらの示唆から、必要に応じて、銅の棒の練習については、いつ、何の練習を行うべきかがわかるでしょう。

指と手の活性化と制御のためには〈クヴィクヴィ〉と言う練習と〈その通りである〉という練習がありますが、これらについて詳しく説明する必要はないでしょう。その他にもたくさんの銅の棒のエクササイズが実践で行われています。そして器用さと正確さを養う肉体の修練のためによりよい役割を果たしています。棒を使った練習では、常に新しい練習をつくり出すことができるという楽しさがあります。そしてすでに非常にたくさんの練習が生み出されています。そのなかでも、目の疾患や姿勢の異常のための特別な棒の練習が数多くあるということを伝えておきます。しかしながら、ここではルドルフ・シュタイナー自身により与えられた主要な練習について述べるに留めました。

第7章　母音の宇宙的観点

オイリュトミー療法はアントロポゾフィーの人間認識に基づいてのみ、その全き意味が理解され得ます。この人間観は人間を孤立した存在としてではなく、宇宙と自然界に対する位置づけのなかで考察します。ここでも、以前すでに古代の秘儀の叡知において響いていた次の言葉が当てはまります。「人間はマクロコスモスのなかのミクロコスモスであり、ミクロコスモスのなかのマクロコスモスである」。古代の秘儀においてはエレウシスとエフェソスの秘儀まで、人はまだ宇宙的な人間に眼差しを向けていました。その宇宙的人間は原言語から創造され、その原言語にはすべての被造物が含まれていました。星々とその領域は宇宙的人間の臓器であり、自然界は宇宙的な人間とともに生じました。今日でも宇宙全体とつながっているという伝統は私たちの周囲に生きています。中世から19世紀まで続く古い書物のなかには、星々が自然界の形態や人間の各臓器と呼応していることに関する記述が見出せます。その星々とは、そこにすべてが由来する7つの大惑星、すなわち、太陽、月、水星、金星、火星、木星、土星です。これらの惑星は、7つの主要な金属である、金、銀、水銀、銅、鉄、錫、鉛の発生に関わるものとして見られています。それらは植物のグループや、人間における7つの重要な臓器である、心臓、生殖器、肺、腎臓、胆のう（胆汁）、肝臓、脾臓とも関係しています。さらには曜日も、その呼称を通してこれらの惑星に由来していることが示されます。日曜日 = 太陽、月曜日 = 月、火曜日 = 火星、水曜日 = 水星、木曜日 = 木星、金曜日 = 金星、土曜日 = 土星。

伝承されている古い書物をひもとくと、それらは私たちに多くの興味深い示唆を与えてくれます。しかし実際のところ、それらによって私たちと周囲の世界との関係に変化が生じることはなく、また、私たちの臓器がいかに星々から形成されたのか、そして星々が臓器を通していかに私たちの生命プロセスやさまざまな意識の状態に作用しているのか、ということを私たちが体験することはありません。

そのように星々の諸力についての伝統的な知識は、日常生活にとっては何の意味も もたないままです。

　ルドルフ・シュタイナーは新しいやり方で宇宙的人間の研究を行いました。彼 はさまざまな星々の領域の実像を与えてくれています。それは星々の領域の 霊的存在者たちの働きと、それらの領域における人間の体験です。そこでは、人間 の生命は誕生と死の境界を越えて広がっています。死後の世界では、私たちの霊的・ 魂的本性は過去の地上生活を変容させながら、星々の領域から星々の領域へと巡り ます。そして誕生前、再びその道を戻り、誕生前までの体験から次の地上生活を準 備します。それらの星々の領域を通過する途上で、人間は前世の果実に応じて自身 の内臓の萌芽を形成します。「皆さんが一つひとつの内臓とともに人間を図式的に 描くとすれば、その内部には死と新しい誕生の間に体験したすべての結果が示され ます。もちろんそれは受精や出産によってはじめて現れる肉体としてのものではな く、その形体や内的な仕組みに応じて現れるものです。　… 中略 …　ですから、 皆さんの心臓や肺、肝臓は、皆さんが死と新しい誕生の間に体験したことの結果な のです」★26：1921/10/22講演。

誕生前に異なる星々の領域で生じ、そして内臓の形成へと導かれる諸経過について、 シュタイナーは具体的かつ詳細に記述しています。たとえば、人間が太陽存在の領 域に滞在している間には、肉体の心臓の原基が形成されます。「太陽領域で人間は、 再び自らをいわば個体として閉じはじめます。次のような感情が、静かに、そして 次第に明らかになります。『お前は宇宙から分離していく』。それは心臓の原基が人 間に組み込まれることと結びついています。その後、人間はさらに地上への道を戻 り、再び**金星**、そして**水星**の領域を巡ります。それらの領域で、さらに霊的な萌芽 として臓器にもたらされるべきものが、原基に組み込まれます。人間が太陽の領域 を２度目に通過するとき以降、つまり、私たちが外側の宇宙において人間の心臓の 霊的萌芽を獲得するとき以降、心臓は次のような状態にあります。物質的な心臓の 形は、ただそれだけでそこにあるわけではなく、それまでの地上生活を通じてその 人間が受けとるに値するようになったすべてのものに囲まれていて、またそれらと

結びついています。　… 中略 …　そして心臓の原基がこれから生まれる人間の身体としての胎児の原基と結びつくまでは、心臓は宇宙において、人間の霊的・倫理的・魂的な本性なのです。そして、人間はその霊的・倫理的・魂的本性を　… 中略 …胎児の原基と結びつけるのです」★27：1923/11/17講演。

太陽存在の領域において人間の心臓の原基が形成されるように、それぞれの星の領域において、以下に示すように私たちの内臓の萌芽が形成されます。

土星　　：　脾臓

木星　　：　肝臓

火星　　：　胆のう（胆汁）

太陽　　：　心臓

金星　　：　腎臓

水星　　：　肺

月　　　：　脳と生殖器

すでにこの章のはじめに挙げた七つの金属は、星々の領域の作用が凝縮して生じた実質とみなすことができます。また、創造的な言葉の力として、以下のように各惑星領域に帰属する母音が挙げられます。

太陽　　：　Au

金星　　：　A

水星　　：　I

月　　　：　Ei

火星　　：　E

木星　　：　O

土星　　：　U

★2：1924/7/8講演

肺や腎臓や脾臓などの臓器は互いに非常に異なる構造を示しています。細胞は各臓

器に特異的であり、同じ血液によって栄養が与えられているにもかかわらず、全人生を通じてその特異性は変わることがありません。病気の場合のみ、臓器は自身に特有な構造を失うか、あるいは異質の組織がそこで増殖します。その特異的な形体を保証するために、秘密に満ちた生体の設計図がすべての臓器の根底に存在します。それは、惑星領域に由来する原像です。

＊　＊　＊

さて、ここで腎臓と脾臓を例にとって、臓器の繊細な形態形成のプロセスのなかに、どのように母音のしぐさが認識され得るのかを見ていきます。

腎臓は対の臓器として背骨の両側に位置しています。横断面を見てみます。腎盂から排泄管と血管が放射線状に外へと広がっていく様子には感嘆の念を禁じ得ません。尿管は膀胱から、角状に腎臓に向かって上行しています。尿管は胎生期には排泄腔から形成されます。そして上からこちらに向かってやってくる腎臓の原基と結びつくために、下から上に移動します。尿管は腎盂から放射線状に多方向に広がりながら、腎臓の周辺まで分かれていきます。腎臓を顕微鏡で見てみると、髄質と皮質の間にはっきりとした区別が見られます。髄質においては、私たちはその放射線状の構造のなかに、オイリュトミーのＡのしぐさを認識することができます。この放射線状の要素には、外側から堰き止める力が対峙します。その力は腎皮質において糸球体と呼ばれる血管の塊のなかに、そして曲がりくねった尿細管のなかに現われます。糸球体はボーマン嚢に包まれています。排出する尿細管には、上昇と下降を繰り返す直線状の管における放射線状の要素と、曲がりくねっている管における堰き止める要素が見てとれます。腎門部から皮質の領域にまで作用しているＡの放射線状の力は、包み込むようなＢのしぐさとはっきりと対峙しています。腎臓を顕微鏡で見ると、それは糸球体によってまるで満開のバラの生垣のような生き生きとした印象を与えます。

この腎臓のあり様を脾臓と比較すると、非常に印象深いです。脾臓は、がっしりとした丈夫な繊維質の結合組織の小柱と柔軟な繊維質の細かい網目状の組織からなるスポンジのような臓器です。しっかりした被膜は柔らかい臓器を包み込み、結合組織の間には、柔らかい髄質の多量の血液があり、それらによってスポンジ状の組織ができています。脾臓の血管に特有なことは、血管が末端においてもはや枝分かれせず、平行に走行していることです。長く伸びているこの分枝の末端は筆毛動脈と呼ばれる束のなかに集まります。血管が開放性に終わる少し前に、比較的厚い莢（さや）によってもう一度集められます。それらは莢動脈と呼ばれます。それらは広い空間へと、つまり閉じられた血路が終わる、いわゆる脾臓の静脈洞へと流れ込みます。ここで血液は死にます。胎生期と特定の病気においてのみここで赤血球もつくられます。腎臓と比べてなんと異なる像でしょう。腎臓では生命が開花するプロセスが見られ、ここ脾臓では死のプロセスへと導かれます。古い血液が集められ死にゆく脾臓の静脈洞は、私たちにそのような印象を与えます。束のなかで不思議な収縮を示す筆毛動脈では、収縮性と並行性の力をもつ U のしぐさを認識することができます。

＊　＊　＊

私たちは臓器のエーテル的・肉体的なものの内に、最終段階に至った「凍った」しぐさを見ます。肺、肝臓、胆汁、心臓においても、特にその血液の供給の力動性において、肺＝I、肝臓＝O、胆汁＝E、心臓＝Au といった、相当する母音のしぐさ、（つまり、凍ったしぐさ）を見出します。それぞれの臓器において異なる様相で作用している個々の母音の形成力は、宇宙的な本性です。私たちはこの母音の形成力を、呼吸する空気を通して受け入れます。なぜなら、私たちが呼吸する空気はいつもその宇宙的な形態形成力に貫かれているからです。もし臓器の一つに不具合が見られる場合は、私たちはこれらの母音を練習することで臓器の健康な形態形成力を強めることができます。そして呼吸を介して血液循環に働きかけ、臓

器の構造に至るまで作用を及ぼすことができます。母音は常にリズム系を介して作用します。『オイリュトミー療法講義』において、私たちは次の言葉を見出します。「そのように言ってよければ、リズム系の不具合を通して現れるものは、客観的なインスピレーションの欠陥と関係しています。このリズム系の不具合は、とくに内へ向かう客観的なインスピレーションが正しいやり方で血液循環に対峙していないことを通して示されます。母音のオイリュトミーを行うことで、これを正常な状態に戻すことができます」[1]。

すべての〈オイリュトミー療法のための母音のエクササイズ〉は、その構成を通して、つまりはじめに声を響かせ、次に手足を動かし、そして内的な静けさのなかで響きの余韻を感じる、という構成を通して、次のことを私たちに示します。それは、「母音はインスピレーションに向かうなかで、その効果を示す」ということです（本書第3章参照）。

リズム系の不具合に対して母音を通して働きかけることを確認するのは重要です。臓器あるいは関節に重度の不具合がある場合は、まず子音を用います。

人間は言葉において、自らの最も内奥の本質と体験を、母音を通して表現します。オイリュトミー療法的にも、肉体、エーテル体、アストラル体という覆いのなかの自我を強めたいときは、常に母音を与えます。熱と気体の状態に対して、母音を通してさまざまに働きかけることができます。自我とアストラル体はそれらの要素のなかで活動を展開します。これは母音の作用の一つの側面を示しています。「造形の途上にあるものすべてに対して、（自我とアストラル体による）熱の状態と気体の状態の分配と細分化は大きな役割を果たしています」[1]。

母音の作用は、吸気と血液循環を介して求心的に個々の臓器に至るまで流れ込みます。個々の臓器については、私たちは星々の領域と臓器と母音との対応関係を通して学んできました。母音の作用は各臓器から人間全体へと放射し、そして頭部から反射されます。そして反射のなかで、造形する形態形成力を展開してい

きます。そのとき各母音は異なる生命の層に対して働きかけます。たとえば、U は硬化傾向あるいは「死に向かう生命」に対して、また A は構築し「活気づける生命」に対して作用します。母音の練習を通して自分を取り戻したいとき、私たちはこの頭部からの反射の力を活性化します。母音のオイリュトミー療法のための 2 番目の指針ともいえる言葉のなかで、次のことが表現されています。母音のオイリュトミーにおいては、「精神的な活動をする場合が常にそうであるように、人間においてその人固有のオーラがいわば収縮し自らの内で凝縮します。そしてそのことによって、自分自身を取り戻すように内部の臓器が活性化されます」★1。

人間が母音の影響を自らの内に強くもちすぎている場合、つまり自分の内側であまりに自分自身を強く体験しすぎて外界に充分に入っていけない場合は、その人は臓器のレベルでエゴイストです。臓器は自らを失い、流れるような、そして湧き出るような成長力を失い、硬い結晶化へと傾きます。そこでは、「胃と肝臓と肺葉は、楔のような形になる危険性にさらされています」★1。そうしたケースのときは母音のオイリュトミーは行われるべきではなく、子音を用いるべきです。母音的な要素は、人間が臓器的に流れ出てしまうときに用います。

骨、筋肉、軟骨、神経などの特有な組織の構造の形成に対して働きかけたいときは、頭部からの母音の反射の力に訴えかけます。子音の考察のところで、私たちの超感覚的な**形体**がどのように黄道十二宮の諸力によって形成されているかを見ていきますが（本書第10章参照）、その形態が、人がこの地上で立って、歩いて、そして知覚できるための**実質**で満たされているのは、惑星の力に依っているのです。どのように A、O、U が私たちの骨、軟骨、そして筋肉の形成に作用しているかについては、ユリア・ボルトの『人間の血液循環における A O U M 』の論文に詳しく述べられています★47：88頁参照。

人間が宇宙に由来することについての認識は、原啓示として人間に授けられました。その認識は外からやってきました。そしてゴルゴタの秘蹟以降、ある転換が起こりました。その転換は、今はじめて人類に対して、「原叡智を失って

ならない」という全き要請を突きつけます。今、一人ひとりの人間が、内側から自らの宇宙的な起源の力へ向かう道を見出さなければなりません。そして可視的で感覚的・物質的な事実において、霊的な背景への拡張を探求しなければなりません。

医学的、療法的な事柄にとって、星々の世界への道は内臓の認識からはじまります。1924年にイングランド南西部のトーキーで行われた『秘儀参入の意識』という連続講演のなかで、ルドルフ・シュタイナーは意義深いことを明らかにしました。そこでは、自然科学的研究におけるやり方と同様の、臓器についての正確な解剖学的、生理学的、そして病理学的な知識から出発した研究の道が示されています。しかしそれは、臓器の霊的・原像的な認識にまで足を踏み入れるという目的をもっています。人が諸臓器に習熟して、直観的な意識を像的、イマジネーション的な臓器の把握にまで上昇させると、その認識は宇宙的な領域にまで再び広がっていくことができます。たとえば肝臓をイマジネーション的に認識すると、その認識は木星の領域にまで広がっていきます。「これらの臓器が霊的なもののなかで自らを開示するとき、そこに立っているのは、もはや単なる地上的な人間ではなく、宇宙をも包括する人間なのです」★19：1924/8/21講演。

それはルドルフ・シュタイナーが歩んだ、未来を指し示す研究の道です。またそこから、『霊学的認識による医術拡張の基礎』★3 がイタ・ウェーグマンとの協働により誕生しました。

し かし、いかにこの道を見出したらよいのでしょうか。私たちはそこで、物質的身体の誕生という原初へ、つまり地球の土星紀へ戻らなければなりません。土星紀の熱は今日に至るまで血液の熱のなかに働いています。私たちは人間を熱の空間として語ることができます。というのは、人間の熱の体は一つの閉じられた実体であり、特定の日内変動をもちつつも、外界に対して独自の体温を恒常的に保っているからです。しかしながら個々の臓器においては、より暖かい部分とより冷たい部分があり、さまざまに異なった熱の状態が存在しています。たとえば肝臓は通常40度であり、血液の温度は通常37度です。

この細分化された熱有機体に精通することを通して私たちは、かつて身体的、物質的な臓器が生まれた霊的な領域への道を歩み進めます。ルドルフ・シュタイナーは修行をはじめるにあたって、次の言葉でその道を示しました。「あなたは至るところで土星を探し求めなければなりません。　…　中略　…　人は土星の諸力がすべての臓器に特別なやり方で作用していることに気がつくでしょう。土星の諸力はたとえば肝臓において最も強く、肺のなかでは比較的弱く、そして頭部においては最も少なく作用しています。そのように人間は臓器のなかに霊的・神的存在の模像を内的に担っているのです。宇宙全体は、原初は土星領域において、大きな人間でした。そして人間全体が神々の諸世代の総体、つまり神々の諸世代の内的・有機的な共同作業として現れることによって、その人間全体は巨大な宇宙的存在として明らかになります」★19：1924/8/21講演。

第 2 部

第8章　母音と子音

芸術オイリュトミーの表現では、語られた言葉に耳を傾け、オイリュトミーのしぐさによって可視的となった言葉とその意味の関連性に目を向けます。母音と子音は互いに作用し合い、どちらのエレメントが支配的であるかに従って、言葉と表現にその特徴が付与されます。たとえば、それが外界の事象の解釈に関わるのであれば、つまり、かなり造形的に外界の事物を目に見える形にすべきであるならば、子音が支配的になるでしょう。叙情的で音楽的な詩であれば、より母音の要素によって担われるでしょう。母音は内的な体験を表現し、それを通じてたとえばLast（負担）、List（悪巧み）、Lust（快楽）などに見られるような子音の構成が同じ言葉に、まったく異なる感情の色合いを与えます。芸術的なオイリュトミーの表現では、子音と母音の違いを目に見えるようにすることに常に力が注がれます。

オイリュトミー療法では、特定の疾患に対ししばしば母音のみあるいは子音のみを用います。これは療法における必要な一面性です。それゆえ母音と子音の生理学的な作用に関する知識が、オイリュトミー療法の基盤をなすのです。ルドルフ・シュタイナーはこの母音と子音の生理学的、治療的な違いをさまざまな観点から私たちに示しました。

オイリュトミー療法講義』の研究と日々の実践を通して、子音の重要な適用領域の一つに栄養物の消化、吸収、排泄があることがわかります。消化酵素が特定の領域に現れるのと同様に、どの子音にも、たとえばHは胃に、Tは小腸に作用するといった具合に、それぞれ特有の働きがあります。子音はその動きのしぐさを通して外界を模倣します。子音は造形家であり、私たちは子音を介して固まった世界の背後で作用している造形的な構築力（plastische Bildekraefte）を見るのです。**人間**のなかでは、子音は食物として外界から摂取するものを分解します。子音は、「ま

ず人間の有機体内で外界の実質の固有の力動性に由来するもの」★1 と、「その外界
の存在の固有の生命力を、人間の有機体内で克服するなかで生まれるもの」におい
て作用します。栄養物質は吸収され、そして腎臓・肝胆系によって処理され、有機
体全体に放射されます。そしてそれは、丸く形づくる力として頭部機構と皮膚機構
から発する別の諸力と出会います。これは非常に興味深い相互作用であり、いわば
人間の有機体の最も深い内奥に通じるものです。従って、有機体の形態とは、腎臓・
肝臓系の側から放射が行われ、それらに頭部系の造形的な形成力（Formkraefte）
が出会うことで形づくられる、ということがイメージできます。「肝臓・腎臓系か
らそのような放射が行われます。もちろんそれは身体の上部に向かうだけではなく、
すべての方向に向かって放射されます。この放射は放射状に作用する傾向がありま
すが、頭部系から発してそれらと出会う造形的な形成力によって至るところで中和
されます。それゆえ、たとえば**肺の形体**も、腎臓・肝臓系からの造形的に構築する
要素に、頭部からの丸く形づくる要素が出会うことで生じると理解されます。

つまり人間の造り全体は、私たちが次のように考えることにより生じるのです。『肝
臓・腎臓系から放射状の形態がつくられ、その放射状の形態は頭部から丸く造形さ
れる』」★6：1922/10/27講演。これはルドルフ・シュタイナーがシュトゥットガルトで
行った『オイリュトミー療法講義』の前日に医師たちに話した内容であり、この考
察の仕方は翌日行われた『オイリュトミー療法講義』で再び重要な役割を果たすこ
とになります。この考察方法は、有機体全体とすべての臓器における子音と母音の
相互作用に関する見方を、私たちがどのように獲得するかを示唆しています。とい
うのは、肝臓・腎臓系から臓器を内的に造形的に細部にわたって形づくる（plastisch
ausgestalten）諸力において働いているのは子音であり、それに対し、母音の
オイリュトミーは、頭部系から発する造形し（plastizieren）、丸く形づくる要素に
おいて作用しているからです。それらの例として、Ｌ‐Ａ、Ｌ‐Ｏ の練習が知られて
います。

　子音と母音の相互作用についての叙述のなかで、ルドルフ・シュタイナーは、
　　オイリュトミー療法士は動きの衝動から人間の有機体についての精妙な知識

に精通できるような、芸術的な魂の気分を習得すべきだと繰り返し呼び掛けています。彼は次のように述べています。「このことから、すべては私たちが次のことを理解することにかかっている、ということがおわかりいただけるでしょう。つまり、一つひとつの人間の器官において、どのようにある種の遠心的な力動性（子音/原書編集者）が存在し、そしてそれが、人間の器官へと働きかけながら外から内に向かって作用する力動性、つまり完全に求心的ではないが求心的と呼び得るものに似た力動性（母音/原書編集者）を通して、どのように造形的に丸くされるか、ということを理解することが重要なのです」★1。

　　の遠心的ならびに求心的な力動性は、人間の有機体内における造形力（Bildekraefte）の対極性としてギュンター・ヴァクスムート博士によって次のように述べられています★53：第8章参照。「この人間の造形力体(Bildekraefteleib)の作用領域における両極性から、求心的で集中し凝縮する造形力は基本構造においては主に頭部極に集中する、ということが内的な力動性に生じる。これは二重の作用をもたらす。第一に、求心的な造形力の優位により人間は頭部において最も強く周囲の世界から自らを閉じる、ということであり、それによって頭部に独自の内界の中心、つまり意識の中心が形づくられる、ということである。そしてさらに、求心的な諸力の力動性は、素材の構造のなかにまでもその作用を及ぼす。というのは、同時に頭部では、最も強力な骨実質形成、つまり最も集中した鉱物化、そして下部の人間有機体の代謝極で営まれる純粋な生命プロセスの最も強い排除が見られるからである」★53：358/359頁参照。「人間の頭部においては自己完結した領域の求心的な構造原則が支配的であり、四肢系では放射する遠心的な傾向が支配的である」★53：359頁下段参照。

「頭蓋骨の形成においては、物質的な素材性は凝縮し、集中し、そして鉱物化する。下部人間においては、緩み、柔軟になり、活性化する。そのように骨化プロセスは、求心的で凝縮する造形力が優勢な頭部から発しており、生命化プロセスは、遠心的で緩め放射する造形力が優位な下部人間から発している」★53：360頁参照。

この双方のプロセスは臓器の内部の活動に至るまで継続されています。そして、遠心的な分泌期と求心的な同化期の交替が臓器の1日のリズムのなかに示されています★53：380頁参照。

この記述のなかに、母音と子音の作用として知られている多くのことが見出せます。その際考慮しなければならないのは、ヴァクスムート博士により、求心力と遠心力の両極が造形力体自体のなかに示されているということであり、その造形力体が分化することにより、その両極から熱エーテル、光エーテル、化学エーテル、生命エーテルが生まれるということです。生命エーテルと化学エーテルは求心的な極の意味において作用し、熱エーテルと光エーテルは遠心的な極の意味において作用しています。

母音と子音の作用においては、高次の構成要素（自我とアストラル体）の活動を考慮に入れなければなりません。そのことで求心的な力動性のなかで作用している母音が、熱と空気を介して作用しているという問題がおそらく明らかになるでしょう。『オイリュトミー療法講義』では、母音の作用にとっては、臓器における熱と空気の分化が特に重要であると述べられています。また母音は、頭部から直接的に働きかけているのではなく、リズム人間を介して作用し、そして頭部からの反射のなかではじめて完全に求心的な作用を得るのです。なぜなら母音の作用に関しては、「それは外から内に向かって作用する力動性、つまり**完全に**求心的ではないが、求心的と呼び得るものに**似た**力動性によって造形的に丸く形づくられている」と、シュタイナーが述べているからです。

私たちは母音のオイリュトミーを通して、自らの人間性、内的な本質、そして自我を魂的な関連と同様に生理学的な関連においても強めます。これは2つの結果を伴います。魂的な領域においては、自己の拠りどころを失ったような傾向が克服され、臓器の領域においては、形態を形成する力が強められ、また器質的に実質が流れ出てしまう傾向に対して働きかけられます。あまりに内に向かって閉じた自己存在には、これらの特性が極度に強く見られることがあり、その場合、魂的にはエゴイス

ティックになり、諸器官は過度に形成され、結晶化し、楔のような形となります。

私たちはこの傾向に対して、遠心的で体を柔軟にし、また活性化する力動性をもつ子音を用います。子音のオイリュトミーを通して人間は外界のなかへと身をおき、それによって自らを外界の存在に組み込みます。

こ れまで述べたことを要約すると、次のようになります。

《**子音**の適用領域》

 — すべての生命プロセスを活気づける。有機体を弛緩させ、柔軟にする。
   固める傾向を緩め、頑固さに対して魂的にも器質的にも働きかける。
 — すでに述べた方法で、消化プロセスを各臓器に特有のやり方で援助する。
 — すでに生じている形成不全を解消し、再び造形的なプロセスに導く。
   これが行われてはじめて母音を適用することが可能となり、それによって
   正しい形成作用を及ぼすことができる。そうでなければ、母音によって形
   成不全を強める可能性がある。

《**母音**の適用領域》

 — 形成力を強める。   例：臓器の初期の形成不全。
 — 鉱物化プロセスを促進する。例：歯牙形成のためのＡとＯ。
                     より良い骨形成のためのＵ。
 — 個の独自性を魂的、器質的に力強くする。

              例：人間をより良く自分自身へと戻すためのＩ。

＊　＊　＊

これらに付け加えるべきこととして、呼吸領域において吸気は子音によって活発になり、呼気は母音によって活発になる、ということが挙げられます。呼吸において両極の諸力の均衡が計られます。吸気を通しては代謝極が、呼気を通しては頭部極が作用します。このように呼吸において肺の領域のプロセスのみならず、人間全体が関与していることがわかります。

吸気の障害、たとえば腎疾患にしばしばみられる息切れなどは、子音のオイリュトミー療法によって代謝領域から調整します。気管支喘息のような呼気の障害の場合は、母音のオイリュトミー療法によって援助するように試みます。個々の子音のなかには、たとえば強力に吸気を促進する L から、子音でありながら呼気にも影響を及ぼす M や F まで、同じ吸気に対してもさまざまに異なる一連の作用段階があります。同様に母音の場合も、A は吸気にも作用し、また U は最も強く呼気を促進します。これらについては、それぞれの語音の項でより詳細に説明します。

私たちに与えられた母音と子音の呼吸への作用に関する知識は、人間全体を包括しており、その組み合わせに応じて非常に多くの呼吸調整のためのエクササイズが可能です。もちろん芸術オイリュトミーにおいて母音と子音が自然な形で交互に行われることが人間全体に調和的に作用し、人間をより良い「呼吸する存在」にするのは自明のことです。

＊　＊　＊

母音と子音の作用について 2 つのさらなる観点を簡単に述べます。ウェールズのペンマインマウルで行われた講演で、ルドルフ・シュタイナーは治療薬としてのアンチモンについて詳述し、アルブミン化する諸力に対してアンチモン化する諸力を対極として対峙させています。彼は最後にこう述べています。「母音の動きは、先ほど私が人間におけるアルブミン化する諸力と名づけた力を援助するよう

に用いられ、他方、子音のオイリュトミーによっては、アンチモン化する諸力がさまざまな形で援助されます」★33。そのように子音と母音のオイリュトミー療法の相互作用によっても、これらの両方の諸力に均衡がもたらされます。

ルドルフ・シュタイナーは1924年の『医師のためのクリスマス講義』で、人間にとっての宇宙的な諸力の意味について、次のように述べています。「オイリュトミー療法のもつ治癒的な要素とは、その根本において、まったく特別に宇宙的な諸力に依っている、ということです。皆さんが子音のオイリュトミー療法の練習をするとき、皆さんは月の諸力のなかにいます。皆さんが母音のオイリュトミー療法の力を展開させるとき、皆さんは土星の諸力のなかにいます。そのように人間はオイリュトミー療法を行うとき、2種類の力を通して直接宇宙のなかに存在しているように感じます。ところで、医学において本質的なことは当然のことながら治療ですが、しかし絶対的に有用な診断がなければ、治療は存在しません。ここで次のように考えてみましょう。人間があまりにも頑強な形態、たとえばその人間が自らの内に克服できない程の塩あるいは炭水化物からなる形態をもっている、彼のなかには外界の素材による過剰な形態形成があると確認できる、とします。それらの徴候は本当にわずかな徴候としてしか現れ得ませんが、有機体へのそれらの精妙な作用が厳密に観察されたならば、そこでは形成された形態（Gestalteten）に対抗して作用する母音のオイリュトミー療法が非常に有効である、ということがわかるでしょう。あるいは、小児にわずかに吃音の傾向があるとします。私は吃音についてあれこれと素人のように言うつもりはまったくありません。またそこにはもちろんさまざまな障害があり得るでしょう。しかしどのようなケースにおいても、それらの障害には支配的な形態形成の力が存在しています。まさにそれゆえに、吃音の場合、母音のオイリュトミー療法を行うのです。母音的なものにより人間のなかで自然に正しい人間の顕現がもたらされるような語音の配列で、母音のオイリュトミーを行うのです。実際に子どもに吃音の素因がある場合は、必要な忍耐力と愛情があるならば、ＡＥＩＯＵの母音の配列をオイリュトミー療法で行うことによって非常に多くのことが得られるでしょう」★8：1924/1/9講演。

＊　＊　＊

子音と母音の作用をこのように理論的に組み合わせると、一面的な見方が避けられない場合も生じます。患者と仕事をするときは、患者への眼差しのすべてを常に生き生きとした流れのなかに保たなければなりません。

子音に関しては、ここまで代謝と代謝からはじまる血液循環と呼吸における作用について述べてきました。これに加えて、子音を黄道十二宮に由来する宇宙的観点から見るならば、いかに子音が人間の形態の構築に関与しているかがわかるでしょう。頭部の形から足の発生に至るまで、私たちの形態は黄道十二宮の諸力によって形造られて（gebildet）います（本書第10章参照）。これらの諸力は一生を通じて、人間を一つにまとめている層、つまりオーラのように人間の周りを取り囲んでいます。これらの諸力が弱まると、外界の中に自己を見失う傾向が過度に強く生じます。形態の変化や麻痺、そして形成不全はその結果です。私たちは実践と個々の症例におけるシュタイナーの多くの示唆から、そのような場合には子音のオイリュトミーが適していることを知っています。そして『オイリュトミー療法講義』には、次の指示があります。「子音のオイリュトミーをする人は、自分の周囲にある種のオーラを呼び起こす傾向をもちます。そのオーラは自分自身に再び作用し、自分を失い世界とともに流れ出してしまう状態から自分自身を引き戻します」。

すでに本書のなかで言及されていますが、最後にもう一度、母音と子音の適用について指標となる言葉を『オイリュトミー療法講義』から以下にまとめます。

《**母音**の適用領域》
　　「造形的であるものすべてにとって重要な役割を演じるのは、人間の有機体内の熱の分布と分化、そして気体を組織化することです」。

134

「母音のオイリュトミーを行う場合は、精神的な活動を行う場合が常にそうであるように、その人固有のオーラは収縮し、**自らの内へと**凝縮します。そしてそのことによって、自分自身を取り戻すように内部の臓器が活性化されます」。

《**子音**の適用領域》

「遠心的なもの、放射するものすべてに対して重要な役割を演じるのは、まず人間の有機体内で外界の実質の固有の力動性に由来するものと、その外界の存在の固有の生命力を人間の有機体内で克服することを通して生まれるものです」。

「子音のオイリュトミーをする人は、自分の周囲にある種のオーラを呼び起こす傾向をもちます。そのオーラは自分自身に再び作用し、自分を失い世界とともに流れ出してしまう状態から自分自身を引き戻します」。

第9章　子音

こ の章では、個々の子音の適用領域について述べます。

《 L 》

言 葉のオイリュトミー講義、『見える言葉としてのオイリュトミー』では、L について次のように述べられています。「L は物質を克服する形成力(Formkraft)です」★2：1924/6/25講演。私たちは、L はエーテル体のなかで造形し、形態を付与する創造的な力である、とイメージすることができます。エーテル体は人体における液体的なものすべてに浸透するため、L も液体的なものから形づくられる有機体のあらゆるところに作用します。人間の有機体の大部分は液体から構成されています。固体の構成要素はこの液体部分に受け入れられ、溶解し、そして再び濃縮します。この固体要素は重力という物質の法則性に支配されています。エーテル体はこの物質の法則性には組み込まれていません。エーテル体は異なる法則性をもつエーテル界に属しています。物質の法則性が地球から流れ出て、重力の方向に従って作用するのに対し、エーテル的諸力は宇宙のあらゆる方向から、宇宙の周辺から、地球に流れ込んで来ます。それは浮揚する力であり、重力と対峙し、互いに作用を及ぼし合っています。もし、周辺からの諸力が重力に対抗して植物を重力から引き上げることがなければ、そして液体の流れを重力に逆らって上に向かわせることがなければ、植物はどのように成長することができるのでしょうか。これらの2つの諸力の協働において、生命のある形態が生まれるのです。

植物へと形を変えた水滴は、下方へ向けて大地すなわち固体と結びつき、そして地上の領域に適合し重力の法則に従っている根へと変容します。その根から、重力に

対抗して茎が葉とともに上方へ向かいます。重さと軽さの間で調和を図りつつ、出会いを達成しつつ、その葉は、周辺へと触手を伸ばすようにして生育します。上方へ向けて、植物は光に向かって開花し、色彩と芳香のなかに溶け込みます。Lのしぐさはこれらの出来事を一緒に感じとっています。Lの動きを行うと、周辺から流れ込んで自然の至るところで作用している諸力に組み込まれるのを感じます。Lのもつ浮揚力に浸透されて、私たちの腕は重力に意識的に浸り、そして周辺から流れ込む造形的な形成力によって重力との間に均衡を保ちます。そして自らを解放するしぐさのなかで重力を上へと引き上げるのです。このときの腕のしぐさは常に丸さを保ち、すべての変容において常に水滴の形に向かおうとする水のエレメントに留まります。

この対極的な2つの諸力の相互作用のなかで、地上の素材の実質はエーテル的作用を通して形を変えていきます。この地上の素材は、物質的な作用領域から引き離され、エーテル的造形力によって形態とフォルムが与えられます。物質は形成力により克服され、そこに生き生きとした生命の営みが見られます。

形成する生命は、生命のない素材を捉えます。するとこれらの素材は新しい形態を受け入れ、そして生命のある流れから、再び生命のないものとして排出されます。私たちはそこに生成と衰退の世界、常に変容し形を変えていく世界を目にします。植物の形態はそのことを通して自然のなかで生成し、人間のなかでは、たとえば腺組織のように植物的な特徴をもつ器官が生じます。

この液体的・エーテル的領域と物質的・固体的領域の間で、Lは主にその活動を展開します。Lは周辺諸力を強め、そして、常に重力に従おうとする有機体の活動がエーテル機構によって捉えられるように導くことができます。Lはまた物質的・エーテル的プロセスがアストラル的なものを受け入れるところまで、つまり呼吸まで導きます。これは上へ向かって開かれるLのしぐさのなかに現れています。このことからLのさらなる適用領域が示されます。

『オイリュトミー療法講義』においては、Lの動きは特に「蠕動に、つまり腸の動き自体に」強く作用を及ぼす、と述べられています。そして、その動きは四肢・代謝有機体から血液循環と呼吸を調整するように作用する、と言及されています。

この適用例においては、Lの動きをX脚の形に保って、前方と後方へそれぞれ小さくジャンプしながら練習が行われます。Lの動きは可能な限り同じ位置に留まらず、前方、後方へと進みながら行うことが大切です。

多くの子音のエクササイズはシュタイナーによって便秘に対して指示されたものであり、腸の動きに作用を及ぼしています。そのため、私たちは特にLの練習がどのように作用するかについて問うてみなければなりません。食物には口腔から腸に至るまでの全消化過程において、多くの水分が加えられます。粥状の内容物には絶えず新たに消化液が注がれます。腸の内容物のリズミカルな振盪からなる、いわゆる振幅運動により、内容物は撹拌され、消化液によって浸透されていきます。そして物質が溶解し、食物が消化液の酵素の働きによってますます食物本来の特異性を失っていくにつれて、腸壁からの吸収が可能になっていきます。このことは同時に、食物が物質の領域からプロセス的・エーテル的な領域へと次第に引き上げられ、人間のエーテル体へと受け入れられる準備がなされることを意味しています。私たちはそこに物質がポテンタイズ¹³されるのと同様のプロセスを目にします。またこのとき、リズミカルな希釈と振盪により物質に内包されていた諸力が徐々に解き放たれ、効力を発揮するようになります。

Lの指示は、明らかに今まで述べた作用領域へと私たちを導きます。Lの練習を通して私たちは、

1. 消化液の分泌自体に働きかけます。多くの人の場合、何か美味しい食物を思い浮かべると口のなかに唾液が流れますが、唾液の分泌がまったく見られず、口や舌が乾いたままの人もまた多くいます。これは消化液の分泌が不足していることを示す徴候であり、そのような場合、多くは消化過程全

体に障害が見られます。

2．蠕動を活性化して、食物の正しい消化を助けます。

3．食物がエーテル的なものに正しく受け入れられるように充分準備し、食べ物がより有効に活用されるようにします。

便秘においてはこれらのプロセスの多くが停滞するので、すべてを再び流動的な状態へともたらすLの適切な効果がよく理解できます。

このように食物の消化経過において、食物がエーテル化される時点までLが作用を及ぼしていることがわかります。超感覚的な作用機構としてのエーテル体は、物質的に作用するために酸素を必要とします。エーテル化された食物が**地上的に生き生きとしたもの**となるためには、酸素が必要不可欠なのです。そのように、食物の流れは酸素を受けとるために血流を介して呼吸の領域へと押し入っていきます。この経過はLにより援助されます。Lによる吸気のプロセスの活性化については、さらにお話しする必要があります。

人間のエーテル体は一つの統一体です。それはしなやかで、一人ひとりの人間にとって個別的な有機体です。エーテル体は人体の造形者であり、人間が生きている間、再生力、成長力そして形態形成力をもって有機体に浸透しています。液体人間のすべてはこのエーテル的作用の担い手です。この液体人間には、第一に血液が属します。血液は秩序づけられたリズミカルな流れのなかで心臓から末梢へ、そしてまた末梢から中心へと向かいながら体内を貫いています。これに組織液、リンパ液、乳び、そして脳と脊髄の周りにある明るく澄んだ透明な脳脊髄液が加わります。

組織液、リンパ液などの液体的なものがまだ秩序づけられておらず、リズミカルな拍動の動きが見られないところではどこでも、生命をもつものと生命をもたないものとの間の相互作用を見出すことができます。そこには多くの障害が現れ得ます。物質が早い時点で生命ある流れから抜け落ちてしまうこともあります。つまり無機

物の沈着が生じるのです。それは生命の作用に貫かれてはいますが、呼吸を伴わない組織液であり、停滞や浮腫をもたらします。

生き生きと活性化された浮力が欠如している場合は、血液循環に至るまで重さが支配的となり、疲労やだるさ、緩慢な血液循環といった症状が現れます。

長年にわたる経験から、このような症状に際しては、繰り返し行われるLの練習がいかに効果的であるかが示されています。しかしその際、Lのもつ解放し生き生きとさせる作用によって**重力**が充分に捉えられるように注意しなければなりません。軽さがあり、強く上方に向かって形づくられたLは、指先や上腕の部分が充分に捉えられていないと、重大な事態を引き起こすことがあります。そこでは、重力と浮揚力のバランスが崩れる事態も起り得ます。Lの動きを常にX脚で行う必要はありませんが、シュタイナーが言葉のオイリュトミー講義で次に指示するように、膝と体を常に一緒に動かすように行うと、それは大きな助けとなります。「波の音であるLを行うときは、体の動きを前後にリズミカルに躍動感をもって揺り動かすと、肉体までLの働きがしっかりと浸透していきます」★2：1924/7/2講演。可能であれば、ほとんど倒れるくらいまで前後に体を強く揺り動かし、しかしもちろん倒れることなく、バランスをしっかり取るようにするとよいでしょう。膝の柔軟な動きを非常に要求されるこの動きは、血液循環を強めます。このとき膝に不安定さや痛みを感じる場合は、初期の循環障害を示すことがよくあります。

同時に、エーテル的なものが呼吸によって正しく浸透されるように、Lの動きを上に向かって開き、そして解き放ちながら行うことも、入念に学ばなければなりません。

このことが特に重要なのは、口蓋扁桃炎や咽頭扁桃炎の過形成、カタルの傾向を伴う滲出性体質の場合です。多くのそしてさまざまに異なるタイプの子どもたちが、この体質異常の傾向を示しています。ここでは、リンパ領域の障害が目立ちます。エーテル的なものが呼吸に対して充分に解放されていないのです。鼻咽腔にアデノ

イドの増殖をもつ子どもの特徴的な顔の表情はよく知られています。呼吸や言語の障害は、この増殖の結果として現れてきます。MやNの発音がぼやけていたり、P，T，Kの音が非常に不明瞭にしか発音されなかったりします。開いた口は、いかに彼らにとって呼吸が難しいかを示しています。これらの子どもたちに対して私たちはLを非常に多く用います。その場合、Lだけを行ったり、またはLMSUの音の配列で行ったりします。あるいは、呼吸を強めるためにLMのみの場合もあります。学校で働くオイリュトミー療法士からは、いかにそうした子どもたちが学校に多く、そしていかにこの練習が子どもたちにとって効果的であるかが報告されています。

呼吸の障害、息切れ、喘息、アデノイドの増殖といった症状においては、ほとんどの場合、Lの練習から始めます。呼気の方に強く作用するMと組み合わせてLMの語音の配列で行うと、呼吸を深め、調和させるエクササイズとして非常に効果的に作用します。

＊　＊　＊

しかし硬直した心と身体を緩め、麻痺した四肢に徐々に動きをもたらすような、全身を心地よく弛緩させるような作用をもつLの効果の多様さについて、一体どのように描写すればよいでしょうか。

Lはエーテル体に属します。そしてエーテル体は人間における治療者です。すべての治療において、私たちはエーテル体の再生力に働きかけます。それゆえ、私たちがほとんどの患者に他の語音と並んでLも練習させることは驚くにあたりません。先ほど話した注意点を遵守すれば、すなわち、重さの方向と解放する方向にLのしぐさを正しく形成すれば、まったく危険はありません。現代は、エーテル的なものにおいて柔軟性がなく硬化へと向かう傾向にあるため、Lによるエーテル体の弛緩と活性化を通して、治療薬や他の治療法の効用を援助することができるのです。

理解が困難なのは、Lが時には造形する働きとして、また可塑性のある物質そのものとして、語られることです。自然界では、このLのように造形的な作用と可塑性が一つになっている粘土のような、珪酸塩を含んだ泥質土などの土が見られます。粘土はそのまま陶磁器用の土として使用されます。この粘土はさまざまな形を造り易く、また形体をしっかり保つ能力をもっています。このことが、粘土が彫塑や陶芸に用いられる所以です。粘土は土が湿っている状態では造形や彫塑を施し易く、乾いた状態では造られた形体を保持します。また粘土は優れた土壌を提供し、植物は豊かに繁茂します。植物の中央の部分である葉は大きく力強く成長し、活気のあるエーテル的な生命がこの土壌で展開することができるのです。

『見える言葉としてのオイリュトミー』の次の文章を読むと、この豊かな実りをもたらす土壌について何かを感じとることができるかもしれません。「そのように人は、固くもなく、軟らかで舌の上でとろけるほど美味しいダンプリング（団子）を心から満足して味わうように、Lという音を何か**現実的**なものとして感じることができるのです」★2：1924/6/25講演。

人間における生命のあるふんだんな実質は、造形的な材料です。すべての生命あるもののなかで作用している造形力は、この造形的な材料に臓器の像を刻印します。エーテル体のなかで造形力として働いている作用とはどのようなものでしょうか。私たちはその答えを『治療教育講議』の第2講に見出すことができます。

「私たちは物質界に囲まれています。しかしエーテル界にも囲まれているのです。地上に受肉する以前に、私たちのエーテル体は直接このエーテル界から取ってこられました。人間のエーテル体は、あらゆるところに遍在している普遍的な宇宙エーテルから取ってこられました。皆さん、この宇宙エーテルは実のところ思考の担い手なのです。すべての人が共有しているこの宇宙エーテルは、思考の担い手であり、思考はそこに存在しています。まさにそこに私がアントロポゾフィーの講演でいつもお話ししている、あの生きた思考は存在しているのです。地上に生まれてくる以前、人間は前世でそのような思考に関わっていました。そもそも、そのような思考

に存在しているすべては、その生命ある状態においてはこの宇宙エーテルのなかにあるのです。そして誕生から死にいたるまでの間に、それがこの宇宙エーテルから引き出されることは決してないのです。人間が生きた思考の蓄えにおいてもっているすべては、人間が霊的世界から降り、独自の生き生きとした思考のエレメントから離れるときに、つまり地上に降り、自分のエーテル体を形成するそのときに、受けとります。人間が自らを形成し組織するなかに、生き生きとした思考はまだ存在しています」★9：1924/6/26講演。

　私たちは、生後数年間、エーテル体は造形し体を構造化する活動に集中している、ということを知っています。これらの諸力は特定の時期に、つまり7歳、14歳、21歳の各時期に、もはや全体としては器官形成に関与せず、器官から解放されていきます。そして各年代に沿って人間の思考形成を可能にしていきます。この経過はシュタイナー教育に関する文献でさまざまに記述されており、教育学、治療教育学の発展のための重要な基礎認識となっています。

そこには、学習が困難であったり、自分の考えを組み立てたりすることが難しい子どもたちには、オイリュトミー療法のRLSIの音の配列で彼らを援助するように、とのシュタイナーの助言があります（本書第7章参照）。

普遍的な宇宙エーテルから地上の人生に足を踏み入れるとき、人間は深く息を吸い込みます。人間がエーテル的諸力として地上にもち込んだものは、人生を通してのいわば生命の蓄えです。これらのエーテル体の諸力はしなやかで活動的であり、樹木のように堅くならず、硬直せず、宇宙エーテルとのつながりのなかに留まっています。それゆえ、さまざまな側面からの働きかけを受けとることができます。

私たちがエーテル体をより良く知れば知るほど、Lの音の治癒力は私たちにとって益々生き生きとしたものになるでしょう。

《 R 》

オ『イリュトミー療法講義』★1 では、R の練習のための適応症として次の 2 つが
挙げられています。

1. R は「排泄リズムが正常でないとき、それを調整するもの」である。
   その場合、1 回につき短く数分間の練習を 1 日に何回も行う必要がある。
2. （腕の動きとともに）体幹も前に屈めたり後ろに伸ばしたりして力強く動
   かしながら行う R（リズムの R）の場合は、「リズム系全体に、特に呼吸器・
   循環器系のリズムに非常に効果的に作用する」。

R はリズム人間のなかでその作用を展開させる語音です。すでに本書の第 1 章で、
どのようにリズムがアストラル体の陥入する諸力と関係しているかについて述べら
れています。陥入する諸力を通して内側と外側が生じることによって、その 2 つの
間にリズミカルな相互関係がつくり出されます。このリズム的な動きは、アストラ
ル体の担い手である気体有機体において最も盛んにその働きを示します。呼気と吸
気の過程において、どのように体内の空気が絶え間なく素早く外気と交換され、そ
してその外気を介して光と熱という大気の影響を受けているかが明らかになりま
す。呼吸のリズムは、内側に向かって血液のリズムと出会い、そして血液のなかへ
と継続しながら人間全体を貫きます。どの器官においても空気交換、つまりガス交
換が行われています。気体人間は鉱物人間や液体人間と同様に一つの現実なのです。

呼吸と循環のリズム的な活動は、代謝・四肢系と神経・感覚系の大きな対極を人間
のなかで結びつけ、そして調和させます。このリズム的な活動は、それによって求
心的なプロセスと遠心的なプロセスの間に均衡をもたらします。求心的な諸力が頭
部に局在していることは明らかに見てとれます。感覚の世界は外側にあり、私たち
を取り巻いています。そして感覚印象は外から流れ込んできて、私たちの内部で知
覚されます。これらのプロセス全体は外界から有機体の内界へと通じています。こ
れに対して遠心的に働くのは、代謝からはじまるプロセスです。体の内側では素材

が消化され、外側に向けては世界における行為や活動へと導く四肢の活動と運動が行われます。ルドルフ・シュタイナーはこれらの遠心的プロセスと求心的プロセスについて、それらが代謝・四肢系と神経・感覚系という大きなプロセスにおいてのみ生じるのではなく、それぞれの器官の微細なプロセスにおいても生じることをよく観察するようにと、オイリュトミー療法士に繰り返し示唆しています。頭部の求心的な諸力からは鉱物化し硬化するプロセスがはじめられ、遠心的な諸力からは生命力と柔軟性を与えるプロセスが開始されます（本書第8章参照）。

これらの対極に均衡がもたらされることが、リズムプロセスとして毎日、毎時、毎分と絶えず生じている場所で、Rは効果を発揮します。この2つの極の間を繊細に行きつ戻りつしながら均衡を生み出す活動を、オイリュトミーのRのしぐさは明確に示しています。

Rは震動音です。Rにおいては内的な興奮、つまり震動が、動きのなかで模倣され形づくられなければなりません。肩から両手、指先に至るまで、繊細な気体人間の震動は動きへと変換されなければなりません。動きは外側の気体要素と出会う場所である指先において、中断されることなく震動しながら自分自身へと戻ってきます。動きが無限へと向うのではなく、リズミカルに自分自身に戻ってくるというのは、すべてのリズム的なプロセスに特徴的なことです。私たちが〈リズムのR〉と呼んでいる、この胴体を前後に屈めて行うRにおいても、Rは震動音の要素を保たなければなりません。しかし患者がこれらを学ぶのは困難です。内的な興奮や繊細さが充分に生き生きと表現されているか、気体人間が震動へともたらされているか、といったことが目に見える形にならなければなりません。患者が行うと、その両手は多くの場合しおれた葉の様になり、その動きは空気と一体になる代わりに、空気の上に乗ってしまうかのようです。人は正しいRに至る方法を探さなければなりません。そして、空気とともに外へ出ていくことと自分自身に戻ることの間で、すなわち帰依と自己主張の間でバランスを保持できるようにします。〈魂のための練習〉の一つとして挙げられているこの〈リズムのR〉は、臓器のレベルで重篤なリズム障害はまだ見られないものの、リズム系のかすかな不規則性はすでにはじま

っているといった魂の不調和が見られる場合に、予防的に用いることができます。

息切れ、気管支喘息、あるいは心臓喘息など、疾患が明らかな場合は、〈肯定と否定〉、L‐M、ＬＡＯＵＭといった練習からはじめます。そして徐々にＲの練習に導いていきます。なぜなら患者に最初からＲをさせるのは難しく、影響を与えすぎてしまう場合もあるからです。

Ｒによって排泄リズムに働きかける場合は、〈大きなＲ〉と呼んでいる全身を使うオイリュトミー療法のＲを行います。これは両脚両腕でＲを行いますが、膝を曲げて、前あるいは後ろに一歩ずつ進みながら行います。Ｒの腕を回転させる動きは全身を捉えなければなりません。回転させた後に上体を再びまっすぐに起こすときは、震動する動きが脊柱全体に沿っても感じとられなければなりません。

すでに述べたように、このエクササイズは一回ごとの練習時間は短いですが、その代わり１日に３〜４回行います。そのように行うと、便秘の傾向がある場合には強力に作用し、また効果も素早く現れます。この練習によって、アストラル体全体に力強い動きがもたらされます。ルドルフ・シュタイナーはＲのエクササイズの説明を脚の動きからはじめており、脚を一歩ずつ前に進め、そしてしっかり曲げて伸ばすことがとても重要だと述べています。私たちが練習において腕の動きを強調するか、あるいは脚の動きを強調するかはどうでも良いことではありません。なぜならアストラル体が介入するときには、両腕と両脚の違いは重要だからです。人間の腕は重力に組み込まれてはいません。私たちは両手と両腕を自由に動かすことができ、それによって自由に何かをつくりだす可能性をもちます。しかし、両脚は重力に完全につながれています。これらのことは、アストラル体の腕と脚との結びつき方の違いにより生じます。アストラル体は腕とはよりゆるやかに結びつき、脚とはずっと密接に結びついています。マッサージにおいては、この事実は大変考慮されています。両腕と両手のマッサージは造血に至るまでの**内側の**代謝に働きかけ、脚と足のマッサージは排便と排泄に関わる代謝に働きかけることが知られています。これはオイリュトミー療法にとっても重要です。〈大きなＲ〉のエクササイズは、脚の

みで行う R でさらに強化されます。この動きは座った状態でも、立った状態でも行うことができ、太った人にも用いられます。この動きによりとくに排泄が促進されます。代謝から循環器への調整をより望むのであれば、R を主に腕で行うようにします。

Rによって代謝における排泄リズムに影響を与えたように、頭部有機体におけるリズムに対しても作用を及ぼすことができるでしょうか。シュタイナーは 3 つのまったく異なる R について、次のように指摘しています★1。

〈唇で発音する R〉 : R の動きを下方に向けて形成することで表現される

〈舌で発音する R〉 : R を水平に行うことで表現される

〈口蓋で発音する R〉 : R をより上方に向けて形成することで表現される

頭部機構におけるリズムの営みに対して、ルドルフ・シュタイナーは以下の重要な説明を行っています。

「私たちの頭部機構にはリズム的な生命活動があります。私たちは感覚知覚に対して、内側から反応する傾向をある時はより多くもち、ある時は少なくしかもちません。これらの状態の交替は 24 時間という時間の範囲で生じています。明るい、あるいは活発な表象力と、鈍くぼんやりとした表象力の交替というまさに頭部の内側の周期に関して、いかに人々がそれぞれ異なっているかを曲線で現し、それを観察するとしたら、大変興味深いことでしょう。というのは、鈍くぼんやりとした表象力は、言わば頭部の内的な夜であり、より明るい表象力は頭部の内的な昼だからです。これは外的な昼と夜の交替とは一致しません。私たちは明るさと暗さの内的な交替を有しているのです。そして、人が明るさと暗さのこの内的な交替のどちらかを、たとえば明るい部分、つまり表象力の明るい経過を感覚知覚と関係づける傾向をより多くもっているか、もしくは暗い部分を感覚知覚と関係づける傾向をより多くもっているかにより、すなわち、どちらの傾向を自らの有機体の機構のなかにより多くもつかによって、外界を観察する可能性や能力が異なってくるのです。ある人は外的な現象を鋭く注視する傾向が強く、また別の人はそれを注視する傾向が少なく、

より内的に熟慮する方に向かっています。このことは、今私が述べた内的な昼と夜の交替の状況に依ります。皆さん、私たちは特に教育者としてこのような観察を習慣づけるべきです。というのは、このような観察は教育と授業において子どもたちとふさわしい方法で接するための重要な示唆を与えてくれるからです」★28：1921/1/8講演。

しかしながら、頭部リズムに影響を与えようと思う場合、R の動きを下方に向かって行うと特別な効果が見られるかどうかについては、充分な症例がありません。

＊　＊　＊

健康な生活にとって重要なのは、眠りと目覚めという 1 日の大きなリズムです。眠りにつくときエーテル体と肉体から離れた自我とアストラル体は、目覚めるときにはエーテル体と肉体のなかへ入り込みます。それは基本的には、エーテル体とアストラル体の間で生じている大きな呼吸です。R は睡眠のための練習としてはそれほど用いられませんが、不充分な入眠や目覚めに伴う随伴症状に対しては、R だけで対処できることがしばしばあります。入眠はアストラル体がエーテル体から容易に離れないとき困難になります。アストラル体が肉体的・エーテル的なものから離れないと、通常は眠りと目覚めのプロセスとは直接関係のないさまざまな症状が現れることがあります。ルドルフ・シュタイナーは、次に挙げるような運動障害の多くは、入眠が不充分であることの随伴症状であると指摘しています。たとえば、目の不随意なまばたき、指の過度の屈折、落ちつきのない動きなどの、本来の内的なプロセスの表現ではない動きです。そこではあらゆるオイリュトミーの動きが助けとなりますが、それはオイリュトミーが人間の内的なプロセスを外側の動きのなかで表現するものだからです。

アストラル的諸力への過度の負荷が職業に起因する神経症を引き起こすとき、大変有効で特別な R があります。これらの神経症の症状の多くは、細かく複雑な仕事に

おいて特定の筋肉群を過度に、また偏って使うことにより生じます。最も良く知られているのは、書痙、音楽家のバイオリン痙攣やチェロ痙攣、歯科医の右手の痙攣などです。治療によってこれらのやっかいな障害に影響を及ぼすのはしばしば困難です。それゆえ、Rで効果的な援助を得ることができるのは喜ばしいことでしょう。

不完全な目覚めに伴う一般的な随伴症状は、より多く知られています。たとえば動きの不活発さ、思考力の停滞、そして意識の混濁にまで至るぼんやりした状態などです。

不充分な入眠と目覚めの双方に対してRはバランスを取りながら、またリズムを調整しながら、働きかけることができます。すべてのリズミカルなプロセスへ入り込み、そしてまた出ていく流れを助けるものとしてこのRを認識したならば、Rのオイリュトミーフィギュアのキャラクター[14]部分が緑色である（本書巻末資料R参照）こともよく理解できるでしょう。一方は赤からそしてもう一方は青からはじまる虹において、緑は転換点として、入り込むものが出ていくものへと移行するちょうど真ん中に位置しています。

オイリュトミー療法のための話し合いのとき、しばしば次のような問いが出されます。それは、オイリュトミー療法において臓器固有のリズムをもっと考慮すべきではないのか、という問いです。近年のリズムに関する研究はそれについての考察基盤を私たちに与えてくれます。ギュンター・ヴァクスムート博士は肝臓、腎臓などのさまざまな臓器のリズム的な機能について、一部は臓器自体の活動に依っており、また一部は地質学的、宇宙的な条件に依っている、と指摘しています。この本★53の研究から、個々の臓器の求心的および遠心的プロセスのリズム的側面について、重要で根本的な洞察が得られるでしょう。

オイリュトミー療法はこの分野ではまだ経験不足です。しかしこの問いを深めていくことは、個々の臓器の概日あるいは週のリズムを細分化して見ていくべきかどうかの論拠を探るためにも、間違いなく必要なことでしょう。

《 S 》

Sの語音に取り組むとき、目の前に浮かんでくる一つの像があります。それはメルクリウスの杖の像で、第一ゲーテアヌムの彫刻が施された柱に見事に表現されています。第4の柱の上のアーキトレーブ[15]には2本の柱と2匹の蛇のメルクリウスの杖が見られますが、第5の柱の柱頭では、2匹の蛇が一本の杖に巻きつきながら調和的に組み合わさっています。この像に視線を向けた瞬間、私たちは力強い静けさに貫かれます。人間の有機体におけるSの効力の多くが、この像を通して明らかになります。この像は、偉大な治癒の力をもつSがさらに効果を発揮するように、Sの本質へ奥深く到達するための力を私たちに与えてくれます。

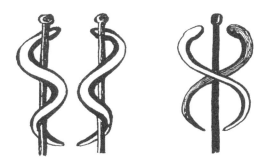

Sの語音とメルクリウスの杖の像の関係性を明らかにする、ルドルフ・シュタイナーの言葉を引用します。「Sの音から得られる体験は、蛇の象徴に対して、あるいは、ある意味においてはメルクリウスの杖の象徴に対しても、人類の進化の原初に人々が抱いていた感覚と関係があります。しかしそれはあくまで**メルクリウスの杖**の象徴に対してであり、本来のメルクリウス神の象徴に対してではありません」★2：1924/6/26講演。

アルファベットの文字でもSは蛇の形をしています。オイリュトミーにおいても、Sのしぐさは蛇のような動きです。ルドルフ・シュタイナーがSについて最初に与えた指示は、「形が生じるように」というものです。手と腕で蛇のような

形を模してつくり、それと同時にSの外的な形成力のなかに自らをおきます。その動きは手や腕から全身へ及びます。Sの音のもつ「外側から形が生じる」ことを示唆するために、私たちはよく銅の棒やベールを使ってSを行います。Sの練習は習得が容易ではないため、最初は左手、そして右手と、片手ずつ交互に行うこともよくあります。しかし最終的には両手で同時に行うようにしなくてはなりません。「統御しつつ方向性を変える、というSの力はまさしく両方の腕の**間**の関係性にあるのです」★2：1924/6/27講演 というルドルフ・シュタイナーの短い言及は、前頁の図において明らかになります。

Sの動きによって「統御しつつ方向性を転換させるべきもの」とは何なのでしょうか。前頁の図には2匹の蛇がいます。蛇はまだ人間に自我が授けられていない時代に、人間に与えられた太古の本能的な知恵の象徴です。かつては、この本能的な知恵は正しく働いていました。動物にはこれが生き続けています。人間は直立能力と、目覚めた思考を可能にする脳の発達を通して、動物性を克服しました。動物では、外側の形態や内臓の形はすべてアストラル体によってつくられますが、人間は、アストラル体による形態形成を押し留めて、内側および外側の形態は人間の自我機構の統治の下に形成されています。しかし下部人間には、今なお動物になろうとする傾向が常にあります。多くの病的な症候は、そのような傾向をもちすぎていることの現れです。つまり、人間が進化の過程で自身から捨て去った動物性を、動物化プロセスとして、自身の臓器のなかにふたたび取り入れているのです。鼓腸、げっぷ、痔の傾向、腐敗した下痢などはすべてこの傾向を示しています。

これらの症状に対するオイリュトミー療法として、私たちはSを用います。「というのも、このSの動きは特に腸のガスの発生を調整するのに有効に作用するからです。この調整機能が正常でないとき、つまり不活発すぎるか、あるいは活発すぎるときには、特にこのSの動きはとてもよく作用します」。動物的な性質、あるいは厳密にいうならば、人間の低次のアストラル的性質は、有機体の下部ではある程度まで働いている必要があります。消化のプロセス、食物の消化に関わるすべてと、とりわけ腸と腎臓による排泄に関わるすべては、アストラル諸力の作用下

におかれています。しかし、アストラル体が他と協働せずにそれだけで強く働きすぎると、排泄がきちんと行われず、代謝領域に動物的な形成力が展開する傾向が生じてしまいます。その特徴的な兆候がガスの発生で、気泡が形をとり、器官になろうとします。鼓腸の発生は、しばしば内部の器官の乱れや動揺と関係しています。代謝における興奮は、思考の乱れからくるものでも、また手足の落ち着きのなさへと至るものでもなく、自律神経系に依存している部位でのアストラル的な乱れによるものです。それは代謝領域から血流を介して心臓に至り、身体や生命を脅かす鈍い不安のように心臓を襲い、動悸や呼吸困難、血圧の上昇など、臓器のレベルで障害に至り得るような恐怖感をもたらします。この器質的な興奮状態は、野生動物の夢や、危険な状況に遭遇する夢となって表われることもあります。

これは消化器系に、これらの乱れを制御し「統御しつつ方向性を転換させる」自我の力が欠けていることによります。この力は S によって強められます。S によりアストラル的な動揺は鎮められ、アストラル体の活動は再び腸の正常な動きへと向けられ、それによって誤った形体形成は無くなります。S は、自我と結びついた形成力を有機体にもたらすのです。それにより悪夢も消え去ります。

実際の診療からも多くの症例を挙げることができます。野生動物の夢で非常に苦しんでいた女性のケースでは、しばらくの間 S を続けたところ、ある変化が生じました。彼女はある晩、小豚の首にひもをつけて散歩をさせている夢を見ました。それを最後に、彼女はこの種の夢に悩まされることはなくなりました。

代謝系の不調に悩むある患者は動物、特に蛇の夢をたびたび見ていました。それは彼を悩ませ、彼は大きな不安に苛まれていました。その患者は長い間 S を練習していましたが、ある夜大蛇が自分に向ってくる夢を見ました。しかしそのとき彼は小さな蛇を手にもっていて、その蛇で大蛇を制圧することができたのです。彼はもう蛇を恐れることはありませんでした。

＊　＊　＊

メルクリウスの杖に戻りましょう。私たちは杖のなかに自我機構の象徴を、そして左右の2匹の蛇のなかに制圧された動物的諸力を見ることができます。ルドルフ・シュタイナーの言葉が生き生きとよみがえってきます。「Sの語音は秘儀の本質にとっても特別に重要であり続けてきました。Sには実際、どこか魔術的な力が存在していました。なぜなら、Sを次のようなものとして感じることができるからです。それは、Sを確信できるやり方で何かを鎮静させるものとして、つまり、Sの衝動とともに一つの存在の最も深い内奥へと入り込んで何かを鎮静させる力として、感じることができるからです」★2：1924/6/27講演。Sのこの鎮める作用は、人間の深い内部のプロセスにまで入り込みます。太古の意識状態から叡智に満ちた象徴が与えられたとき、それとともにエーテル的な流れとして捉えることのできたリアルなプロセスが、人間の内部に現われました。ルドルフ・シュタイナーは、さまざまな金属の放射プロセスとの関連で、このメルクリウスの杖の発生に言及しています。下部人間で作用すべき諸力、腸管から外への排泄に作用する諸力、また性的なプロセスに関連するすべてにおいて作用する諸力は、人間においてメルクリウスの杖と似た経過を辿っているのです★5：1921/4/18講演。

そのように、Sは臓器的なプロセスにおける内的な無意識の本能を鎮めたり、血流からくる乱れを遠ざけたり、あるいは共感と反感に調和をもたらしたりしながら作用しています。Sの鎮める力は常によく知られていました。今日でさえ、部屋が騒がしいときそれを鎮めるために「シーッ！」と言ったりします。落ち着きのない子どもに対しては、Sの内的なしぐさを自分の内側で感じるだけで、彼らを落ち着かせることができます。

＊　＊　＊

Sは吹音です。Sの音を形づくるには私たちの意志の炎の力が必要です。同時に、Sのもつ強力な形成力についても言及しなければなりません。ダイアモンドが

最も硬い石でありながら最も多く火の力を内包するのと同様に、Sのしぐさのなかで形成力と制御された炎の力が一つになって統合されています。Sの形は有機体においてさまざまなあり方で示されています。小腸の蠕動ではその動きの形に、脳の脳回においては固定した形となって、さらには、脊柱の形態に刻印されている骨的なものに至るまで、Sはその形を示しています。Sはその強力な形成力のため、硬化し、骨化する作用も有しているのです。

このことは、ルドルフ・シュタイナーが『オイリュトミー療法講義』で述べていることを私たちに明らかにします。Sは、オイリュトミーフィギュアの灰色、黒色、茶色にも表現されているように（本書巻末資料S参照）、本来アーリマン的な音です。Sにおいて、動きは固定された状態へと移行し、一つの型へといわば鋳造され、そのなかにアーリマン的要素を見てとることができます。しかし、Sはまた自らのなかに内なる炎を抱いているため、固まったものを再び溶解する力ももっています。それゆえ、私たちは胆のうや腎臓の結石に対して、Sを用いることができるのです。そのように療法においては、Sのもつ二重の力をいつも心に留めておく必要があります。

私たちは、下部人間において動物的なプロセスが非常に優勢になると、それがどのように胃の痙攣、疝痛、腐臭のする下痢、痔の傾向、月経痛や月経の停滞などの症候を引き起こすかを見てきました。上部人間においては、それは意識の混濁、朦朧状態や頭痛として映し出されます。下部人間においてそれらの動物的プロセスに対して何も行われず、そしてそれが非常に優勢になれば、上部人間において思考の基礎となる光のプロセスは生じ得ません。

腸においてガスが過度あるいは過少にしか生成されないときに、Sはこれを調整するように作用するというシュタイナーの示唆は、私たちに繰り返しある疑問を呼び起こします。ガスの生成が充分でないということは何を意味しているのでしょうか。周知のように、空気の要素はアストラル的なものと関係しています。有機体のなかで空気が現れるところで、アストラル体は作用します。しかし、アストラル体が地

上の物質を消化する働きに、つまり下部有機体の活動に、充分に関わっていない場合には、ガスがわずかしか生成されないという病的な状態が引き起こされます。消化に際し、エーテル的な活動が少ないと充分な消化液が分泌されないように、アストラル体もその活動が少ないと、空気の要素に充分に関われません。そこではアストラル体による形体形成の傾向も展開しませんし、運動もまったく生じることがありません。腸の蠕動は緩慢になり、やがては停止し、麻痺状態となります。

＊　＊　＊

オイリュトミー療法のＳは、脚でＯの形をつくって前後にジャンプする動きとともに行われます。患者がジャンプすることができない場合は、立つか歩くかして、少なくとも脚でＯの形をつくるように試みる必要があります。

Ｓはシュタイナーが指示した多くの音配列のエクササイズで用いられ、そしてそれについてのコメントもなされています。そこには常にＳの二重の特徴が見られます。それは活性化と鎮静化、すなわち火の力と形成する力で、たとえば、発育不全のためのＳＵＬＡの音配列にその特徴が見てとれます。このエクササイズを最初に与えられた子どもは、小人症の典型である老人のような顔つきをしていました。早すぎる成熟は成長のプロセスを押し留めてしまいます。異常な形成プロセスはＳによってまず変容され、そして解消され、その後、今度はＬＡによって成長が促されます。

大変特徴的なのが、バセドウ病のための練習で用いられるＬＭＳにおけるＳです。この病気は硬化したアストラル体と深く関っています。そこでは代謝の乱れや過剰な代謝活動が前面に現れています。アストラル体の硬化により、自我機構は充分に器質的に活動できません。突出した眼球は、外側から作用する形成力が欠如していることを示しています。

156

Sの語音の研究にとって大変印象的なのは、『治療教育講義』でルドルフ・シュタイナーが挙げた病歴です。それは、鼻咽腔内の増殖により知的発達が妨げられ、またそのために特に記憶の形成が難しい10歳の女児に関するものです。ルドルフ・シュタイナーには、「鼻咽腔における肉体領域の増殖は、膀胱部分での過剰なエーテル領域での増殖の鏡像のようなものである」ということが、霊的事実として明らかでした。そこでは、エーテル体とアストラル体の相互作用が適切に行われず、それによってエーテル体は膀胱部分で増殖し、肉体と適切に結びつくことができませんでした。これにより、子どもは外からの印象を充分に受けとれず、それを記憶として形成し保持することができなかったのです。

「考えてみてください。記憶は肉体とエーテル体の適切な組織化に依っています。アストラル体と自我は、印象を通して記憶に留められるものを（肉体とエーテル体の外に）連れていくことはありません。夢もアストラル体と自我が部分的に肉体とエーテル体に入るときにはじめて現れます。つまり自我とアストラル機構にとっては、本来、入眠から覚醒までの間のすべては忘れ去られるのです。記憶や印象はベッドに残された部分、つまり肉体とエーテル体の部分に保持されています。そして、このベッドに残されている部分が適切に組織化されていないと、それは印象の残滓を自らに統合することができません。そのような場合は、上部機構が下部機構において、つまり自我とアストラル体がエーテル体と肉体の部分において、その効果を力強く発揮できるように、まずは強い印象を呼び起こすことが重要となります」★9:1924/7/6講演。

教育的な配慮としては、印象を受けとる能力を強めるために、リズムエクササイズが試みられました。治療的には、頸部の肉体的な増殖を押さえるためにメギ科[16]のBerberis Vulgaris（ベルベリス・バルガリス）の湿布が巻かれました。

オイリュトミー療法ではLMSUが行われ、それに対しシュタイナーは次のように述べました。「ご覧いただけるように、そこには（Lを通して）形態形成する働き、自身を適合させる作用がアストラル体の運動性のなかに入り込み、そのアストラル

体を M が迎え入れる、という見方が根底にあります。すでに述べたように、M は有機体全体を呼気へと導き入れるものであり、それによってアストラル機構とエーテル機構は出会うようになります。S はアストラル体が力強く生き生きと活動できるようにしますが、それはアストラル体が自らに留まるようにも働きかけるためです。そしてそのために、さらに U が行われます」★9：1924/7/6講演。

《 H と Sch 》

オ イリュトミー療法講義録』によると、H は、「胃から腸へ移行する辺りの腸の活動を調整するために」用いられる、と述べられています。Sch は、「腸有機体のはじまりの部分である胃に」特別な効果がある、と述べられています。「胃（消化力）が弱い」ために「食べ物が胃に滞ってしまう」場合が、Sch の適応症です。さらに胃における酸の状態にも注意が向けられています。

腸 のさまざまな部分において消化の経過は異なります。食物はまず口腔内で機械的に噛み砕かれ、そこで唾液のなかの消化酵素であるプチアリンによって炭水化物の消化がはじまります。たんぱく質の消化および脂肪の消化の一部は胃において開始されますが、脂質の消化の大部分は、小腸においてはじめて行われます。

口腔内では味覚プロセスが意識化されます。すべての意識的な感覚体験の場合のように、ここでも自我機構が活動しています。食物の質を知覚するための純粋な自我活動は、しばしば特定の物質に対しての共感と反感によって覆い隠されていますが、そこにはすでにアストラル体が作用を及ぼしています。

胃の領域では、食物の消化は完全にアストラル体の影響下で行われます。味覚プロセスは消化活動全体を通して継続されます。各臓器は提供された食物のなかから自らが必要とする実質の味を見分けます。したがって、充分であっても偏った栄養や食物摂取の場合は、いくつかの臓器は栄養不足の状態に、また別の臓器は栄養過多

の状態になることがあります。胃においては、すでにこの味覚プロセスは意識によって知覚可能な状態にはなく、それは意識下において継続されます。自我がすることは、今や胃の消化に決定的な役割を果たすアストラル体の活動によって覆われます。このことは胃のなかの生理的、化学的なプロセスを通じて示されます。有機体において酸が生成されるところでは常に、主としてアストラル体が活動しています。胃は遊離酸が現れる唯一の臓器であり、遊離塩酸は酸性の反応においてのみ働くペプシンにとって不可欠です。充分な食事のあと、胃は約 1 ℓ の消化液を分泌します。このとき多量の酸も産生されます。そうすると、有機体の残りの部分においては、この後、酸の減少とアルカリの増加が見られます。酸とアルカリの収支は一つの全体として見ていくべきであり、酸とアルカリの数値の変動において、私たちはアストラル体とエーテル体の相互作用を見ることができます。

アストラル体の活動は、一方では遊離塩酸のなかに現れますが、他方、胃には絶えず気泡が存在し、ここにも胃のアストラル体への密接な関係性が確認できます。最近の研究では、この気泡が胃の動きに影響を及ぼしていることがわかってきました。しかしその作用は横隔膜の圧迫による、純粋に機械的な作用として受け止められています。

私たちは四つの構成要素を、臓器を動かしている起動力として見ることに習熟する必要があります。四つの構成要素は人間の有機体がいかに複雑であるかを示しています。構成要素についてはそれを全身的に知っているだけでは充分ではありません。構成要素は、個々の臓器においてそれぞれ異なる形で関連しあい、また異なる相互関係の下で作用しています。臓器が健康なのは、各臓器において自我、アストラル体、エーテル体、肉体の活動が正しい関係性において相互に作用しているときです。胃の領域においては、アストラル体はリズム系におけるほど自我機構と密接に結びついてはいません。アストラル体は胃ではエーテル体に順応しています。しかし独自の力によってリズミカルに作用しています。H と Sch のオイリュトミー療法のやり方は、このリズミカルな働きに基づいています。双方とも休みを取りながら、ゆっくりと行われます。さらに、Sch は特別なリズムを伴って行われます。

Hはジャンプしながら脚を開き、腕の動きとともに脚でもHのしぐさを行います。ジャンプをはじめるときは、まず両脚を合わせ、前方に跳ねるときに両脚を開き、そして両脚を開いたまま着地します。一回毎のジャンプの後には、5拍か7拍の長い休みを入れます。休みを取っている間、今しがた行った動きの刺激（余韻）が体に作用します。Schは次のようなリズムを伴うジャンプとともに行われます。短-長-短　休、長-短-長　休、短-長-短　休、　など。そしてジャンプを行う度に腕でSchの動きを行います。

話すとき、Hの音はそっと息を吐くように発音されますが、そのとき私たちはHの音とともに外に流れ出ていこうとします。オイリュトミーでHの動きを行うときも、話すと同じ作用が見られます。つまりこのとき私たちは、体から解放されて、光の要素に流れ込みたいと望むのです。動きにおいてこれを得るためには、瞬間的に動きにある強い力を加える必要があります。そのようにしてHのしぐさは、肩の動きからはじめて両腕を放り出すように行う力強い動きなのです。ここで重要なのは、私たちはこの動きを外側から働きかける*子音*として感じることです。空気が呼吸プロセスにおいて私たちに流れてくるとき、私たちはそれに対して自らを開きますが、そのように、Hを子音として、つまり外界から働きかけるしぐさの模倣として感じることが大切です。

Hの語音の人間有機体への作用を理解するために、はじめに〈オイリュトミーの笑い〉という練習に目を向けてみましょう。このエクササイズは、人間が笑うと一体何が起こるのか、ということをより強調した形で示しています。笑うとき、私たちの魂は解放されます。笑いによって人生における痛みを乗り越えることができます。私たちのアストラル体にとって、笑いとは「自らを拡張する」ことであり、より「太る」ことであり、また*弛緩*することでもあります。つまり緊張が解かれるのです。最も困難で悲劇的な状況下でさえ、人は笑い出すことがあります。それは笑うことで緊張から解かれるからです。泣くとき、アストラル体は収縮します。私たちの呼吸にとっては、笑うことと泣くことは呼吸を深めることを意味します。笑いは、皆さんもご存知の通り、吸気に作用します。短い呼気と長い吸気がもたらされます。

「笑いのプロセスでは、アストラル体が緩むということが生じています。これはある部屋からあたかも空気をポンプでくみ出すことと似ています。部屋の空気は薄まります。すると今度は空気がピーッと音を立てて部屋のなかに入り込みます。笑いの影響のもとで長く息を吸うというのは、そのような状態なのです。

　… 中略 …　笑いが生じるたびに、アストラル体が太ってお腹が出るような、そのようなアストラル体の拡張が、自我を介して起こっています」★16：1909/4/27講演。私たちは H の動きによって、これを実際に生じさせているのです。そこでは、拡張と解放が生じています。

光の作用と形成力において吸気と呼気とともに私たちのなかに流れ込んでくるものに対して、自らを開き、そしてそれを受け入れる、という呼吸の作用は、H のもつ 2 つの側面を示しています。この作用は、たとえば同様に呼吸に作用する R の働きとは明らかに一線を画しています。R が自分自身の内側で織りなす呼吸のリズムであるのに対し、H はより大きな対極において作用し、有機体内の活動からアストラル体を引き上げようとします。ルドルフ・シュタイナーは、H の（拡がろうとする）ルチファー的な特徴について述べていますが、この特徴に対してオイリュトミーフィギュアに見られる H は、驚くほど硬い姿を呈しています。そこでは、地面にしっかりとかかとをつけている姿に現れているように、オイリュトミーフィギュアの形全体が、自己を確信する姿を示しています。

H が必要な患者を見ると、胸郭の可動性が少ないことと、呼気と吸気の不規則性が常に目立ちます。彼らは通常は表面的な浅い呼吸ですが、時々深い呼吸をすることがあります。吸気が続くケースに見られるように、胸の前部は硬くこわばっていて胸部は正しく開かれず、結果として呼気が突発的に生じるのです。それに伴って、喉頭炎、神経性咳嗽、嚥下障害などが見られることがあります。アストラル体は弛緩することができないのです。この状態を次のように言い表わすことができるでしょう。「その人は自分をうまく解放できない」。H のしぐさはまさに解放を私たちに示してくれます。そして練習においては、この解放の動きがルチファー的になるのではなく、つまり解放の動きが程度を越えてしまうのではなく、自我によって統御

された適切な動きでなければなりません。前述の〈オイリュトミーの笑い〉という
エクササイズにおいては、H に続いて A の音が形成されますが、H と A は常に下
方に向かって形成されなければなりません。下方への A によって、過度の弛緩も防
がれます。

Sch は H に比べて、より収縮させ、すべてを力強い動きへともたらす力をもっ
ています。これについては、ルドルフ・シュタイナーが言葉のオイリュトミー
講義のなかで、Sch について述べていることを思い出すだけで充分でしょう。ドイ
ツ語でよく、Husch, Husch（「ほらほら！さっさといきなさい！」）と言いますが、
ここでは、Sch は「吹き払う」といった意味で用いられ、前進させ、何かを動きへ
ともたらす音として表されています★2：1924/6/25講演。

＊　＊　＊

H と Sch の胃の領域における効果に話を戻しましょう。胃の領域の障害は、比
較的自由で直接的なアストラル的なものの働きに相応する、胃の可動性や酸
の状態のなかに見出すことができます。双方の場合ともそれぞれ2つの方向に変化
する可能性があります。胃の可動性においては、一つは痙攣状態のなかに、もう一
つは胃の筋肉が徐々に弛緩していくアトニー（弛緩症）傾向のなかに障害が現れま
す。酸の産生においても、過多と過少という2つの方向への振幅が見られます。胃
酸過多症や胃酸欠乏／減少症はよく見られる症候であり、有機体全体によくない影
響を及ぼします。過剰な胃の運動は、塩酸の分泌が多すぎる場合と少なすぎる場合
の両方の分泌障害で認められます。しかもこれらは胃の出口における障害、つまり
幽門痙攣などの機能的、および幽門狭窄などの機械的な要因に起因する障害におい
て生じます。ここでは胃の消耗や疲労が増しますが、それはやがて弛緩へと移行し
ていきます。

また臓器に関係する要因ではなく、神経的な興奮によっても胃の蠕動は刺激されます。胃の活動は主にアストラル体の影響下で起こるので、胃はあらゆる心の揺れに対して敏感な臓器です。予期せぬ興奮やショックが「胃にくる」ことは、よく知られています。心的な体験は、胃の領域においては臓器のレベルに至るまで強く刻印されます。興奮やショックの場合は、アストラル体はエーテル体の介在なしに直接肉体を捉え、痙攣や分泌過多といった症状として現れます。興奮や負担過多の状態に長く晒されると、あるいは心的、精神的な葛藤や諍いの状況におかれると、いわゆる神経的な障害に基づく器質的な胃の疾患へと発展します。アストラル体が恒常的に臓器のプロセスに強く介入しすぎると、最終的には臓器が破壊されるに至ります。胃炎や胃潰瘍が形成され、これらの慢性的な刺激状態の上に最終的には胃がんにまで発展することもあります。そこでは炎症反応が継続的に起こると、粘膜が障害されて、塩酸の産生が不可能となります。アストラル体にとっては、臓器における自らの器質的な活動基盤が失われることになります。アストラル体は分泌の内に存在する自らの生理的な役割がもはや正当に評価されず、関心を失って身を引いてしまいます。その結果、非定型的な上皮、および腺組織の増殖が起こり、その増大によって臓器を破壊します。胃がんが最も発生しやすい部位は幽門の領域です。

興味深いのは、臓器のレベルでの変化なしに、たとえば食物に対する嫌悪感などの純粋に精神的な要因から、一時的に酸の分泌が障害を受け得ることです。アストラル体は後退し、有機体のなかで充分な活動を展開しません。酸の産生不全が長期間続くか、酸の産生がまったくなくなってしまった場合も、消化活動全般に重篤な障害を及ぼし、それは血液形成にまで至ります。「特発性低色素性貧血」として知られる疾患、つまり塩酸の欠乏によって鉄分吸収が障害される鉄欠乏性貧血がそれです。また悪性貧血においても胃酸欠乏症が見られます。しかしそこでは、さらに別の要因が働いています。

オイリュトミー療法にとって本質的なのは、どのようなケースに H や Sch を個別に、もしくは双方を一緒に用いるべきか、ということです。予防医学的に、つまり障害がまだ主に心の領域に存在するうちに、これらの語音を通して胃を解放

させるように、もしくは活性化させるように働きかけられるということは、今まで述べてきた2つの子音の作用機序と病状の進展過程から見ても明白でしょう。

もちろんすでに臓器にまで至った疾患に対しても影響を及ぼすことができます。**観察と直観**、そして患者の動きのしぐさが、私たちを正しい療法の方向へと導いてくれます。

H のしぐさをもう一度ありありと思い起こしてみましょう。するとこのしぐさを通して臓器に強く結びつきすぎたアストラル体が解放され、緊張が緩和され、そしてそのことを通してより良い全身呼吸、およびアストラル体に圧迫されないエーテル的・肉体的なものの強化がもたらされることがわかるでしょう。

胃に障害があるときは、容貌に現れます。胃酸が過多であれば、表情も「酸っぱい（＝不機嫌な）」表情となります。なぜなら、まさに胃の疾患は非常に密接にアストラル体と、つまり魂の生活と結びついているため、魂の身体的なプロセスとの結びつきが他のどの臓器の場合よりもずっと強く、また明確であるからです。胃の患者は充分に消化させずに、すべてを自分の内側に飲み込みます。そして緊張してこわばり、自分を解放することができません。

人生の特定の時期において、他の構成要素へのアストラル体の適切な介入がとくに危機的な形をとることがあります。これはしばしば胃の障害を伴います。子どもの場合この危機は、生後間もなくの幽門痙攣において、嘔吐と生命を脅かす重篤な症状へと至ることもあります。また性的成熟期には、頭痛を伴う胃の痙攣傾向となって現れます。この現象はしばしば9歳ごろからすでにはじまります。妊娠初期の嘔吐の傾向はよく知られている通りです。

胃の蠕動が減少している場合は、その動きのしぐさから Sch の動きが適切です。妊婦の嘔吐に際しては H を行うとよいでしょう。しかし適用にあたっては細心の注意が必要です。妊娠時のオイリュトミー療法の適用については、本書の第3

章を参照してください。胃酸の欠乏傾向が見られるときは、経験から Sch を多く行うべきであり、胃酸過多の場合は常に H が処方されます。恐らく次のように要約することができるでしょう。

- H のエクササイズが必要な状況とは、アストラル体が深く胃の領域に入り込み、胃との自由な結びつきとそこからの解放がまったくうまくいっていないときである。
- それに対して、Sch はアストラル体に、胃で起こっている経過により強い関心を喚起するときに、つまり消化プロセスの強化、酸の産生の活性化、そして腸への食物の移送を促すことが必要なときに用いられる。

オ イリュトミーの笑い〉に類似する練習についても、ここで言及する必要があるでしょう。この練習については A の語音の箇所で詳細に話されています。それは〈畏敬の念の A H〉というエクササイズであり、肩でする H の動きが、A の〈畏敬の念〉のしぐさのなかへと導かれるようにして行われます。私たちは自らを開き、畏敬の念をもってより高次のものを受け入れる準備をします。これは生命力を強めるために効果的な練習です。

すばらしい音の並びからなるオイリュトミーの〈ハレルヤ - Hallelujah〉は、「私は神へと向ける視線を遮るすべてのものから私を浄化する」ということを表現しています。この〈ハレルヤ - Hallelujah〉という言葉のはじめと終わりに H があります。

《 D と T 》

オ イリュトミー療法講義』によれば、T と D は、「便秘になると意識にのぼる、腸の活動を強めるように作用する力」を示しています。D と T を通して、「多くの便秘に働きかける」ことができます。この 2 つの語音の生理的な働きは、「食

物の消化そのもののなかに」あります。

摂取した食物の消化プロセスは、炭水化物とタンパク質においてはすでに口腔内、あるいは胃ではじまっていますが、さらなる消化は胃に続く腸の部分、つまり十二指腸で継続されます。すべての食物は、臓器固有の実質の構成要素になるためには、元々もっている力と組成とを手放さなければなりません。すでに別の箇所で述べたように、このことは食物の分解プロセスを段階的に遂行する消化酵素の作用を通して行われます。脂肪の消化には、この分解プロセスは胆汁と膵臓の消化液の作用を通して十二指腸で生じます。

この十二指腸で、自我機構によってほぼ非有機的・鉱物的なものに至るまで食物の変容が起こります。自我機構は胆汁と膵臓の酵素のなかで作用します。自我機構の領域に達するすべての物質はまず死ななければなりません。それは、言わばこのゼロの状態から、**人間**の実質の構築へと取り込まれることが可能になるためです。小腸においては、自我機構のこの活動はエーテル的領域で行われます。エーテル的なものの優位性は物質のレベルではアルカリ性のなかに現れます。

胃　のなかは酸性環境ですが、すでに H と Sch の箇所で述べたように、それはアストラル体の活動が優位であることを示しています。

胃の消化から小腸の消化への移行は生理学的に特に興味深いです。胃の蠕動運動により酸化された食物は幽門に達します。しかし、この胃と十二指腸の間の幽門は、収縮波のたびに開くのではありません。そうではなく、すでに十二指腸に達している酸性の食物がアルカリ性の消化液によって中和されているときにのみ開くのです。つまり、次に運ばれてくる食物の分量のために幽門が再び開くまでに休息が生じます。ここに左右両側における生理学的な差異が見てとれます。左側は、主としてアストラル体によってコントロールされている酸性の胃の活動、右側はエーテル的・アルカリ的環境で起こっている小腸の活動です。

この領域で作用する治療手段は、生理学的な左右非対称間のバランスをとるような力をもたねばならず、また無機質で死んだものとの境界まで食物分解自体を押し進めなくてはなりません。つまり自我機構を強めなくてはならないということです。オイリュトミー療法では、これはＴの語音によって行われます。

＊　＊　＊

では、まずこのＴの語音の力をイメージしてみましょう。古代の秘儀では人々は、聖なる音節である〈Ｔａｏ〉におけるＴを、父なる神が創造した自然界と結びついている力として感受していました。〈Tat wam asi（＝これぞ汝である）〉という言葉が、あらゆる被創造物から人間に向かって響きわたっていました。「アトランティス人は、〈Ｔａｏ〉のなかに自然界における神性の基本和音を感じとっていたのです」★44。人はこれを頭の知性ではなく、心で受けとっていました。

オイリュトミーのＴのしぐさは、今日でもこれと似たような体験に私たちを導きます。それは上から下へと厳粛に導かれる動きです。「この〈Ｔａｏ〉、すなわちＴは、本来重大であるもの、さらには創造的なもの、そして指し示しながら放射するもの、特に天から地上を指し示しながら放射するものを表しているとイメージできます。それは重大なる放射の輝きです。すなわちＴは、重大で意味深く、上から下へと放射するもの、と言えるでしょう」★2：1924/6/25講演。

Ｔの生理学的な作用について述べるために、アントロポゾフィーにおいて一般的に知られているいくつかの事実について思い起こす必要があります。

私たちの心臓と血液機構はエーテルの流れからしだいに凝縮してきました。このことは地球紀になって起こりました。それは、肉体が自我の住まいとなることができるように変容されたときでした。血液循環の道筋がつくられ、その中心器官として

の心臓が生み出されました。今日私たちはこの凝縮化のプロセスが再び解消しはじめようとしている時代に生きています。最初に器官と器官系に凝縮したエーテル諸力は、ある特定の凝縮点を超えてはなりません。それゆえ、固体からエーテル的なものが再び解放される転換が起こらなくてはならないのです。このことはすべての臓器で同時には起こりません。心臓については、この転換はすでにはじまっています。それが心臓の病気が今日非常に多いことの原因の一つです。

宙の不思議、魂の試練、霊の開示』★13：1911/8/25講演、という連続講演のなかでルドルフ・シュタイナーは、いかに血液は、「言うなれば、心臓において再び希薄になるのか」、いかに血液は、再び「自らの最も繊細な物質の部分で溶けて、エーテル的なフォルムに戻るのか」、と述べています。「 … 中略 … 血液はエーテル化し、そしてエーテルの流れは心臓から絶えず流れ出て、人間の頭部に向かって流れていきます」。もしこのエーテルの流れが心臓から絶えず頭部に流れないとしたら、私たちは自分の内臓器官から昇ってくるもの以外、世界について何も認識できないでしょう。その流れは頭部で、「脳の繊細で重要な器官の周囲を灌流し、満たして」います。その器官とは、いわゆる松果体であり、エーテルの流れはこの松果体と「直接的な類縁性をもって」います。松果体は脳下垂体との関係において重要な機能を負っています。

『オカルト生理学』では次のように語られています。私たちは「肉体有機体のあるまったく特定の場所に、**魂的なものと体的なものとの協働に対する**、外的で**物質的な表現**」をもっているのです。それは「感覚的なものから超感覚的なものへの入口」です。それゆえ私たちは、「この器官についても外的な科学からは充分な情報を得ることができない」のです。松果体と脳下垂体は解剖学的にちょうど向かい合う、いわば２つの極のように並んでいます。その２つの間に第三脳室があります。そこは脳脊髄液が流れ、松果体と脳下垂体の他に、脳の最も重要な部分である間脳の視床や視床下部がその境界を形づくっています。ルドルフ・シュタイナーは脳下垂体と松果体についてさらに次のように述べています。そこには２つのエーテルの流れが「最大の電圧のかかった二極の間の電流のように、最大限の緊張のなかで向かい

合っています。この２つのエーテルの流れの間に均衡が保たれると、表象は記憶像となり、エーテル体に組み込まれる」のです★10：1911/3/23講演。

この皮質下部の領域は、解剖学的・生理学的には私たちの知覚と思考が、松果体と脳下垂体の作用を通して永続する記憶の宝庫へと変容する場所なのです。その知覚と思考は私たちのエーテル体に刻印されます。このことを通して、エーテル体は誕生と死の間の人生において個性の担い手であり得るのです。なぜなら私たちは、一日一日をこの人生で学び体験したことに結びつけることができるときにのみ、連続する個性という性質をもつからです。心臓から頭に向かうエーテルの流れによって「その周囲が灌流し、満たされている」とシュタイナーが述べているのは、この松果体のある脳の部分なのです。

　こでは、互いに出会う２つの流れについて語っています。一つは心臓から出ていくエーテルの流れで、頭にまで上昇し、そこで脳の中間部分を灌流する流れです。もう一つは、感覚世界から獲得された表象が生きている流れです。

Ｔのしぐさを見てみましょう。このときまず、Ｔの背後にある「燃えるような情熱」の気分を放射している、黄道十二宮（12星座）の獅子座のしぐさを内的に体験します。その内的な体験とともに、しし座の身振りを行うために両手を上に上げます。すると心臓から上昇するエーテルの流れが強められます。この流れが、「重大で意味深く上から下へと放射する流れ」と出会うのです。

Ｔのオイリュトミーフィギュアには、この２つの流れがはっきりと見てとれます。一つは心臓から上昇し、頭を器の形へと変容する流れ、もう一つは上から下へ降りてきて、この器に受容される流れです（本書巻末資料 T 参照）。オイリュトミー療法的に Ｔ を行う場合は常に、可能な限り原型に即してこの２つの側面に注意を払うように努めるべきです。そうすることでのみ、Ｔ の完全な生理学的作用を得ることができます。

＊　＊　＊

ルドルフ・シュタイナーが前述の脳の部分のポジティヴな機能として語っていることの、病理学的鏡像を観察できる病像が近年多く見られます。それらは脳炎の後遺症障害で、それが起こるのは主に脳の皮質下部の領域、つまり第三脳室の周辺領域です。私たちの治療教育施設には脳に障害をもった子どもたちがたくさんいますが、そのなかで T の練習が相応しい子どもたちについて描写してみます。それらの子どもたちは非常に落ち着きのない動きで、明らかな人格障害が見られます。たいていの場合、身体はよく形成されていてプロポーションは良いのですが、眼差しは空虚であたかもそこにいない感じです。動きは絶えず落ち着きがなく、意味もリズムもない混乱した動きです。彼らは衝動的な動きを抑制することができません。

この子どもたちとオイリュトミーや絵画の時間に目的をもった意味のある動きをしようとすると、最も大きな抵抗に会います。彼らは自らの臓器によって苦しめられているのです。最もひどい場合は、飢えや渇きにのみ、つまり臓器の側からの欲望を満たすことにのみ方向づけられていて、彼らの多くにとって思考の世界は閉じられています。たとえ外面的な知性が健全であっても、彼らに学校で何かを学ばせることは困難です。彼らは世界についての考えを受けとることができないので、それゆえ記憶像をもつことができません。エーテル体はある意味空っぽのままで、人格も形成されません。「このような障害をもった人々はある意味、現在の瞬間からのみ成り立っていて、多くを学ぶことができる過去も、気を配るべき未来も存在しません。それは人間の中枢の機能を消し去ってしまう、まったく恐ろしい障害なのです」★45。

このような子どもたちはしばしば T のみに反応する、ということが多くのオイリュトミー療法士によって観察されています。

この疾患における人格の広範囲な変化は、今日では脳の中枢や経路の損傷によりその病像が現れるとされています。しかし、実はこれが人間の上部の構成要素におけるプロセスの残留症状にすぎないということに注意を払いません。そのような見解

では予防処置へと至ることはできません。脳に障害のある子どもたちの場合、生じた器官の損傷に関わる問題なので、決定的で、しばしばどうすることもできないと思われがちです。しかしそのような症状は、軽くなったり、あらゆる段階においてさまざまな症状の違いがあったりすることが認められますので、この認識によって私たちはそのような疾患においても援助し、介入することができるのです。

＊　＊　＊

私たちは T において、その動きを通して自我の流れが上から下へと力強く強められ、エーテル的な生命に刻印される様を学びました。

そのことを今までは頭と心臓の領域において見てきました。ここでは、消化過程へのTの作用を明らかにすることができます。オイリュトミー療法のTの練習にはX脚でのジャンプがありますし、Dの練習では脚でもDを形成するようにジャンプします。これらの脚の動きを通して、上から下へと放射する自我の力が、小腸の最初の部分にまでもたらされます。そこは主に消化過程がエーテル的領域で営まれている場所です。

この領域における機能が不充分なことによっておこる便秘は、一般的に頑固な便秘が容易に下痢に移行し、間もなく再び便秘になるというのが特徴です。

Dはそのしぐさにおいて、「指し示すもの」、「放射するもの」を表しています。それは古代インドの学徒がその動きとともに、自らの〈Dada〉を通して教えを授かったしぐさでした。〈Dada〉は注意を喚起しつつ、また自由に解放しつつ、事物を意義深く指し示しました。Dの語音も黄道十二宮の獅子座の領域に由来し、それゆえDにも、オイリュトミーの獅子座の動きである〈燃えるような情熱〉を示すしぐさが属しています。血液プロセスがこのしぐさによって刺激されると、心臓

の熱は血液の動きのなかへ流れ込みます。そして全身を熱で満たしながら、D は私たちを周囲の世界へと導きます。そのように外界を指し示す D のしぐさは、神経質で落ち着かず、ふらつくような動きにはなり得ません。血液と神経は調和のなかで相互に補い合っているのです。T と D に顕れている生理学的プロセスは、『霊学的認識による医術拡張の基礎』★3 の「血液と神経」の章のなかで明らかになります。そこには血液と神経の三重の出会いが記されています。

人間の胸部システムである呼吸器・循環器系においては、アストラル体によって浸透された血液がアストラル体によって浸透された神経と協働しています。このことは、D のしぐさにおいて見ることができます。D において、血液によって脈打たれる動きが、神経プロセスを通して抑制されたしぐさで外界の事物を指し示す動きとなります。血液と神経は、D のなかで均衡が計られるのです。

この動きは人間の中間部にも用いられ、初期の神経症的な疾患に治癒的に作用します。多くの神経症（ノイローゼ）は、人々が仕事やプライベートな生活で充足を見出せないことから起こります。心臓あるいは心にとって大切な要件である外界との関係が失われ、関心は直接自分の人生と関係するものへと狭められていきます。そして他者に対する、そして魂的・霊的な人生の事柄に対する正しい結びつきを見出すことができなくなってしまいます。

D と T は人間の三分節構造のすべての領域で、その働きを展開することが認められます。T は、脳における血液と神経の間のプロセスを私たちの眼前に示します。そこではエーテル化された血液が、自我に浸透された神経・感覚活動と出会います。他方 D は、中間領域における血液と神経の均衡と関わります。そして代謝領域では、T と D の 2 つの語音が食物のより良い消化のために作用しています。そこでは、「内側で主としてエーテル的有機体の作用を受けている神経が、特に自我機構の活動下にある血液実質とともに」働いています★3：第6章参照。

《GとK》

こ れまでの叙述において、私たちは胃においてはHとSchの、十二指腸においてはDとTの、そして小腸においてはL、R、Sの作用領域について見てきました。この章では、大腸に作用し、排便を促す語音であるG、K、Qについて考察します。

ルドルフ・シュタイナーは、『オイリュトミー療法講義』のなかで、G、K、Qは、「腸自体の運動を促進する」[17]動きである、と述べています。その動きは、「腸自体が停滞したとき、蠕動運動や腸の内的なメカニズム」を活性化するように作用します。

ここで「内的なメカニズム」という言葉が使われていますが、メカニズムとは地上の法則性に属するものです。今まで述べてきたさまざまな語音の動きがより純粋に宇宙的な影響下にある一方で、大腸の後半部分である後腸においては、消化活動はふたたび地上の法則に適合しはじめます。このことは大腸の形態にも示されています。小腸は自由に動き、最初の部分である十二指腸と、ふたたび大腸へと移行する部分においてのみ固定されています。それ以外の部分では小腸は位置を変えつつ、蛇行しながら動いています。それに対して、大腸はそれぞれの位置に固定されています。大腸には上行結腸、横行結腸、下行結腸がありますが、上行結腸と下行結腸の平行した形態では、私たちの手足にも作用している重力に組み込まれている様が見られます。

大腸のはじまりの部分ではまだ粥状、液状である腸の内容物は、さらなる経過においてより固くなり、水分は腸の粘膜から部分的に再吸収されます。そして排出されるべき繊維状のかすが残ります。大腸の可動性に障害がある場合、それはたいてい痙攣性と弛緩性の状態が組み合わさっているのですが、そこでは排便のプロセスが停滞します。繊維状のかすが腸に長く留まりすぎると、大腸の粘膜の水分を吸収する特性により、そのかすが過剰に濃縮します。腸におけるこの繊維状のかすの長期の停滞により、そしてそのことに起因する毒素の再吸収により、有機体のその他の

部分への毒素の逆行作用が生じます。その逆行作用は頭痛、やる気のなさ、緩慢な思考となって現れます。この大腸の運動の促進に対しては、GとKが効果的に用いられます。数十年にわたる経験が示すように、この2つの語音の正しい適用によって、重症の便秘のケースでさえも下剤を中止することができます。そして長期間力強くこのエクササイズを続けるならば、改善が見られないということは稀です。

　　　たこの場合、語音のしぐさからその作用を読みとることは難しくありません。
ま　Gの動きは、「押しやること」、「外的なものを寄せつけず自らを防御すること」を示しています。私たちは、Gの動きを肩から力強く開始し、動きが上腕、前腕、手指を通って流れるようにします。Gは衝突音であり、すべての衝突音がそうであるように、外側に対して内側が主張するように動きを行います。そして最後に、少しの間、両腕を広げた最終の形に動きを留めおきます。形姿は引き締まり、後頭部と背骨はぴんと張りつめた姿勢となります。上部人間の力が下部人間の力に打ち克つのです。このことを私たちはGのしぐさに感じとります。上部人間にとっては自由と解放を意味します。また、"Genug Gierigen Geniessens（貪欲な快楽はもうたくさんだ）"といった言葉も、上部人間が下部人間を押さえ込む様を示しています。下部人間の克服がさらに強められるのが、Kのしぐさです。ルドルフ・シュタイナーが言うように、Kにおいては、「霊から物質を支配すること」が見てとれます★2：1924/6/27講演。Kに本来備わっている力は、動きを肩甲帯から力強く行い、特に上腕に筋肉の柔らかな緊張を感じるときにのみ、正しく発揮されます。GにおいてもKにおいても、押しやる動きを上腕からはじめることが大切です。末梢に向けて動きを手先からはじめると、作用は弱まってしまいます。オイリュトミー療法の動きとしては、GはX脚のジャンプとともに行い、Kは「鋭角に開かれた脚」で前方へジャンプしながら行います。

　　　とKには、便秘のために用いる以外にも多くの適用の可能性があります。Gに
G　ついてルドルフ・シュタイナーが『見える言葉としてのオイリュトミー』講義で述べていることを通して、さらに考察を深めていきます。以下にシュタイナーの言葉を引用します。

「Gは、それを語音として形づくるとき、本来**強固になる**ことを私たちに示します。強固になるということは、魂の諸力の観点からも強固になる、つまり自らが強まることを意味しています。また、人間のなかで**自然**に拡がっているものすべてが、自らの内で強まることも示しています。言うなれば、Gは人間存在を、つまりある意味で内部が自然で満たされている人間存在を、一つにまとめる音です。それがGなのです。 … 中略 … すなわち、すべての外的なものをはねのけ、内側のものを一つにまとめる力をGの身振りは与えてくれるのです」★2：1924/7/12講演。

シュタイナーのこの言葉は何を意味しているのでしょうか。「人間のなかで自然に拡がっているもの」とは何なのでしょうか。人間存在を「ある意味で満たしている自然」とは何を意味しているのでしょうか。ここで一つの問題に注意を向けます★3：第5章参照。それは食物のエーテル化に関すること、そして人間有機体のなかで三重の実質の流れに関することです。私たちを内的に満たしている自然とは、液体的、気体的なものを経て、熱エーテル的なものにまで変容した食物のことです。その食物は自我の力によってふたたび濃縮され、そして固体の実質として有機体のなかに分泌され、組み込まれます。「人間の形態のなかにふたたび現れるものは、まったく一時的にまず熱エーテル的な形に変化しなければなりません。その後、人間有機体における生き生きとした形態のなかに現れるものへと、また変容するのです」。この熱エーテルは、「宇宙の彼方から諸力として放射し流れ込んでくるものを、自らのなかに受け入れるという大変際立った性質をもっています」。「熱エーテル化した地上の物質」は、それらの諸力によってまったく霊化され、「人間の内側のすべての領域に流れ込みます。そしてそれがふたたび固くなることで、人間のなかに個々の臓器の素材的な基盤を形づくります。 … 中略 … 霊的・宇宙的な助けによって、熱エーテルにまで変容した無機的なものは、ふたたび地上的なものへと硬化します」★17：1923/11/10講演。

臓器において実質が形成される過程において、食物が昇華されていく熱エーテル的な領域から、物質的・身体的な領域への「排泄プロセス」が生じます。そのようにして、**人間の臓器の実質が構築されていくのです。ここに、「内排泄」

とも呼び得る「内側への排泄」が見られます。

大腸で生じるプロセスとして、物質レベルの生理的な排泄だけが障害されるのではありません。有機体のなかで固さが充分に形成されず、「個々の臓器の物質的基盤」が不足しているということが患者に見られるとき、それは「内側の排泄プロセス」の障害に、不充分な内排泄に、関係しているのです。そしてGとKは、腸の排泄が機能しないことに現れるような物質的領域の停滞のみに作用するのではなく、この物質形成の流れの停滞も克服し、それをふたたび流れるようにすることができます。エーテル的なものからふたたび物質的実質が分離します。Gによって「外的なものをはね退け、内側のものを一つにまとめる」ということは、分解、解体する力を適度に抑え、内側の構築に集中するということです。筋ジストロフィー、臓器の形成障害、形姿の変化は、この語音の拡張された適用領域です。

歯の形成が不充分な場合にも、GとKは用いられます。人間のなかでもっとも鉱物化されているのは歯です。子どもは7歳ごろから永久歯が生えはじめます。それとともに、子どもたちは子どもらしいみずみずしい丸みのある状態から抜け出していくことがわかります。それは液体的なものから固いものへの急激な変化です。それは子どもの形態形成全体にとって意味をもつものです。このプロセスとともに子どもの形態は輪郭をもち、思考の力は自由になります。それが正しく行われないと、それは不充分な歯牙形成となって現れます。その場合は矯正による介入が行われなければなりません。しかしその際、ただ歯の調整のみに目を向けるのではなく、とりわけ障害された鉱物化プロセスに影響を及ぼさなければなりません。GとKの押し出す諸力は、自我にふさわしく固体を内側へ向けて排泄する有機体の働きをも援助します。

見える言葉としてのオイリュトミー』のなかで示されたGとKの性格づけを通して、GとKのいわば「古典的な」適用である便秘に際しての使用を補う試みをすることができました。私たちは皆さんに、GやKを腸の領域における適用に限定せずに、この大切な語音とさらに多く取り組んでいただきたいと思います。Gについてのルドルフ・シュタイナーの個人的な見解が、私たちに助言を与えてくれるでしょう。Gは「上方の世界の諸力をもって統治し、下方世界の諸力はGに奉仕するのです」。

《 B と P 》

Bの身振りの手本を見出そうとするとき、システィーナのマドンナの素晴らしい像が私たちの心の目の前に現れます。少し浮いているような、しかし雲の上をしっかりとした足取りで歩いているマドンナ像。彼女は上方から天使の子どもを受けとり、その子どもは彼女の腕に座しています。子どもは愛情深く護られるように青い布に包まれ、私たちはそこに覆い包むことの原型を見ることができます。そのように魂の力はすべての人間に存在する霊的な子どもを覆い包んでいます。神的な言葉、すなわち本来の原人間は、土星紀のはじめよりさまざまな覆いをまとってきました。アストラル的な魂の覆いは月紀に形成されました。このアストラル的な覆いのなかには、最も低次から最も高次に至るまでの愛を発展させる能力が存在しています。そして神の子であるイエスを抱くことが許されるまでに成長したアストラル的な覆いが、システィーナのマドンナ像に明らかに示されています。人間の覆いを浄化し、それに治癒をもたらす力がこのマリア像から流れ出ています。ルドルフ・シュタイナーはしばしば、落ち着きが無く不安定な子どもと一緒に眠りにつく前にこのシスティーナのマドンナの絵を見て、やさしく頭を撫でてあげるとよいと指示しています。

保護を与えるこの覆いを私たちは B のなかに常に感じとってきました。B ではじまるドイツ語の言葉の多くは、この保護し覆い包む様を示しています。たとえば、Blatt（葉）や Bluete（花びら）では、L において発展し、そしてその後に続く母音がその言葉の特性を示していますが、B はそれらを包み込んでいます。

ルドルフ・シュタイナーは1924年に、『見える言葉としてのオイリュトミー』の連続講義で B のしぐさを行わせたとき、次のように強調しました。「一方

の腕、そしてもう一方の腕で行う**さまざまな**動きを通して B の覆い包む身振りを感じとることができます」。シュタイナーはその動きによって、ある物の**周り**に存在するものを表現したかったのです。彼は B を「護るしぐさ」と特徴づけましたが、そこでは保護を求めるものと覆いを与えるものが同時に表現されています。彼は例として、両腕で護られ覆われている子どもを挙げました。そして、「B を行うときは、どの B のしぐさにおいても両腕で包むことで生まれる内部空間のなかで、何かを護っているように感じるべきです」、と述べました★2：1924/6/26講演。

P では、丸く青いベールで包み込む B のしぐさが大きい尖った形へと変化します。その形は、包み込むしぐさを波打つような動きにおいて示唆しながら、外から内に向けて形づくられます（本書巻末資料 P 参照）。

オ　イリュトミー療法においては、B と P を「内側の消化」に働きかけるために用います。B は、「血管内の消化活動、特に腎臓の消化活動すべてに作用します」★1 と述べられています。

口腔から直腸（後腸）に至るまでの消化管は外界に属しています。消化管はいわば内側に裏返された外界です。外界から摂取された物質と人間から分泌された消化液との対峙は、消化の準備段階にすぎません。腸壁の向こう側、すなわち血液とリンパ液の流れのなかで、本来の消化活動である「内側の消化」がはじまるのです。零点、つまり無の状態を経た食物は新たに活性化されながら、固有のエーテル体へと受け入れられます。このことはすでに L の項で述べました。

再び活性化された食物がアストラル体へと受け入れられるのを仲介するのが、腎臓系です。現代医学の観点では腎臓は排泄器官とのみ見られています。ここで、私たちは体質全体にとって、また有機体全体の機能にとって、意味のある腎臓の機能を認識することができるでしょうか。そのためには、腎疾患の患者に目を向けるとよいでしょう。腎疾患の重篤な障害はしばしば末梢に現れます。皮膚には張りが無く肌の色もグレーであり、目には光が無く意識は鈍くなります。腎臓には、アストラ

ル体のための放射器官があります。アストラル的なものは、まず空気と光のなかに自らの物質的な覆いを構築します。そして次第に物質的基盤としての器官が形づくられていきます。つまり第一義的には、腎臓系はアストラル体が作用するための器官なのです。外部への排泄は、それに続く第二義的な働きです。アストラル体は、腎臓から放射しつつすべての液体有機体に浸透していくのです。このことを通して魂の体験は腎臓機能と関係をもちます。これは物質的には代謝から受けとったものが、腎臓系から皮膚の末端や頭部系に至るまでの有機体全体へと放射することを意味しています。それゆえ腎障害の場合は、末梢における放射が弱まるのです。この腎臓からの放射がどのように頭部からの働きにより丸くされ、そして形態形成されるかについては本書の第8章で述べました。

『オイリュトミー療法講義』においては、これらの下からの放射する諸力と上から形態を形成するように働く諸力に対し、どのように、一方では子音を通して、またもう一方では母音を通して作用を及ぼすかについて述べられています。ルドルフ・シュタイナーは、すべての子音のオイリュトミーにおいて、後頭部、肺、肝臓、腎臓が輝き出し、また、「きらきら輝く様子が、閃光が飛び散る様が」はじまり、そして、「腎臓の分泌プロセスの輝く模像」全体が目に見える形となる、と言及しています。またこのことは、特に子音のＢに当てはまると述べています。これらの現象は、オイリュトミー療法士がそれを見定める力を習得しなければならない事柄です。それは容易なことではなく、ただ絶え間ない修練によってのみ獲得し得ることです。そこでは、練習時の患者の観察における直接的な知覚が、どの知的な考察よりも多くのことを明らかにしてくれるでしょう。

アストラル体の活動が弱すぎる場合、腎臓からの物質の上方への放射は不充分となります。すると頭部からの形態形成の諸力に対し、充分な実質がそれに対峙できず、頭部からの諸力と物質分配の間に充分なつながりがつくられません。そして代謝は自らのなかへ逆戻りします。痔核、月経過多、リウマチ様の沈着などがその結果です。アストラル体の活動が過剰であったり、肉体的・エーテル的な腎臓器官がアストラル体の介入に対して強く抵抗しすぎたりすると、胃腸管に痙攣が生じます。放射が

強いので、上部人間においては停滞、頭痛、偏頭痛様の症状が現れます。

今述べた過少、あるいは過剰な腎放射の結果生じる疾患のすべてに対して、Bを用いることができます。Bを練習するときには、次のことに留意しなければなりません。それは、背面全体も一緒に動かすようにすることです。その際大切なのは、腕の動きを後方から開始して前方へもってきて、そしてしっかりと動きを完成させることです。語音自体が私たちの教師であるため、それぞれの動きを行うときの患者の困難さから多くのことを学び、また読みとることができます。たとえばある患者は、Bのしぐさを覆いとして自分の周りに形成するために腕を広げて、精神的な世界である遠方から内へ向けて凝縮するしぐさを行うことが困難です。また別の患者にとっては、このBのしぐさを、衝突音（本書第2章参照）の意味において正しく最後まで行うことが不可能です。Bの音ではしっかりと防備を固めること、動きをしっかりと閉じることが大切ですが、彼らは最後まで動きを閉じることができません。これは、この練習をリウマチの患者に行わせるときに特に明らかとなります。リウマチの患者には太っているタイプと痩せているタイプがいますが、太る傾向にある患者は、Bを行うとき腕を遠くに広げる身振りの部分はうまくできるのですが、その後、腕の動きは周辺に流れてしまい、最後にしっかりと動きを止めることができません。それとは逆に痩せているタイプの場合は、腕を広げるはじめの動きをしないまま腕をすぐ前方にもっていくので、覆いの少ない硬い動きになってしまいます。

オイリュトミー療法ではBを脚を使っても行います。脚は股関節から柔らかく動かさなければなりません。膝は緩んだままで、足先は軽く、緊張が無い状態で床の上におくことが大切です。これはしばしば非常に難しい身振りです。Bを必要とするほとんどすべての患者は、脚を動かすとき、股関節が硬く、膝は緊張し、床に足をおくときも足先が硬かったり、足の置き場を探したりしています。Bの成果は、患者がBを脚で正しく行ってはじめて現れます。Bのエクササイズは腕と脚の両方、あるいは腕と脚を交互に使って行われます。その際、動きは次第に速められ、約5分間行われます。

＊　＊　＊

偏頭痛の治療のためには、〈魂のための練習〉のなかで、変容された B の練習である〈偏頭痛のための B〉が与えられています。私たちは両腕で B を形づくりながら、膝を深く曲げて下まで降りていきます。すると、体全体が屈められた状態で B の覆いに包まれます。この姿勢から、素早く起き上がりながら全身を伸ばします。同時に B の動きを下で解きます。これをシュタイナーの指示に従って10回続け、少休止の後再び10回行うと、骨の折れる練習ではありますが、とても効果的に作用します。このエクササイズは偏頭痛の発作がないときに行い、発作が出ているときには行うべきではありません。偏頭痛の発作の前に患者はしばしば尿閉を訴えます。偏頭痛の発作が去ると、再び排尿が見られます。このことから、偏頭痛と腎臓の活動に深い関連があることがわかります。

腎臓の液体の排泄に B と P は特別に作用します。この２つの語音はすべての液体の貯留（うっ滞）に際して、優れた効果を発揮することが経験から示されています。外から内へ、そして上から下に向けて力強く形成される P のしぐさは、この排泄機能に対して B よりもさらに有効に作用します。重症の水腫の患者の場合にも、P を行わせることを躊躇する必要はありません。ただし、この場合ジャンプをさせることは控えるべきです。ジャンプはほとんど不可能です。しかし、立って右脚と左脚で交互に P を行わせることは可能であり、これだけでも非常に多くを期待することができます。

他のすべての子音同様、B も吸気のプロセスを強めます。空気を人一倍欲する場合や腎疾患における重症の呼吸困難の際にも、B の治癒的な効果が現れます。

＊　＊　＊

BとPを用いた療法の際には、それがアストラル体に直接働きかけるということが常に見てとれます。腎臓系から展開されるアストラル体の活動は、まだ強く臓器と結びついています。つまり、欲望や熱情の世界につながれているのです。神経質な落ち着きの無さやさまざまな様態の興奮状態はこのことに由来しています。そのようなときBを静けさのなかで行うと、アストラル体は浄化され澄み渡ります。それゆえBやPが、躁病性の患者のための語音の並びであるＭＮＢＰＡＵのなかにおかれていることも理解できます。

多くの患者は日常の仕事の慌ただしさからオイリュトミー療法のセッションにやってきます。そうした患者たちに本来の練習の準備としてBを行わせるとよいでしょう。Bの覆い包むしぐさを通して、オイリュトミー療法が本来の力を発揮し得る望ましい落ち着きが生まれます。また現代文明の害のある影響に強く晒されている大都会の子どもたちにとって、Bは特に重要な練習です。しばしばこうした子どもたちには母親や家族が与えるべき保護も欠けています。Bを行うことで少なくとも覆いのなさからくる障害の一端だけでも補い、調和をもたらす助けとなるでしょう。

ここまできて、私たちは再び最初の原像、つまり腕のなかで子どもを護り、覆い包む乙女マリアの宇宙的な原像にたどり着きました。BとPがこの乙女座の宇宙的な原像から働きかけ、その力を人間にもたらすように、他のすべての語音のしぐさの背後にも、それらが生まれ出る宇宙的な原像が存在しています。

オイリュトミー療法を行う者は、それぞれの語音の背後から力を送っているこの原像の世界を、自らの内で常に新たに生き生きとさせるべきです。なぜなら、その世界から治癒の諸力が流れ出てくるからです。患者は、たとえ今述べたことについて何も知らなかったとしても、その世界のなかへと入っていくことができるのです。

《 M 》

Mは、動きのしぐさにおいてすでにその生理学的な効果を示しています。M
では両腕が互いに向き合うようにして動きます。一方の腕は上方からの形態
形成力の流れにより多く関わり、もう一方の腕は下方から作用する成長力の流れに
関わります。そして両腕は、Mによって中央で調和的に一つになります。Mass（尺
度）、Mesos（中間）、Mitte（中心）といった言葉は、いかにMが中心の調整する力
を表現しているかを示しています。代謝・四肢器官と神経・感覚系の両極はリズム
系において調整されています。代謝の諸経過は血液のリズムにおいて、また頭部の
諸力は呼吸のプロセスにおいて、その働きを継続します。そして血液と呼吸の間で
それらの均衡が計られるのです。その際、吸気は代謝の影響を受け、呼気において
は頭部の諸力が支配的です。そのようにリズム系では、吸気における四肢・代謝の
極の優位と、呼気における神経の極の優位が交互に見られます。

子音は一般的に代謝領域から吸気に影響を及ぼします。M はより呼気に影響を
及ぼすことで、子音のなかでも例外となっています。

M を行うときの姿勢がこのことを具体的に示しています。やや前傾した上半身は身
体の下部に対して少し優勢となっています。下部と上部の関係は、オイリュトミー
フィギュアにおいて表現されるように、仙骨の辺りのキャラクター[14]によって強調さ
れています。このフィギュアの姿勢を見ると、もしくは自分自身でこの姿勢を行う
と、呼気が直接強められるのが感じられるでしょう。そこでは呼気のことを**考える**
のではなく、M の姿勢をとることで***自然に呼気が生じる***のです。

両極の均衡と胸部人間の調和によって、M は「自らの諸力の均衡のなかに在る人間」
を生み出します★2：1924/7/7講演。

人間は自らのエーテル的な原像において、***それ自身として***明らかになります。M は
黄道十二宮の水瓶座から作用を及ぼします。（水瓶座のドイツ語である）

Wassermann、つまり水の精という名前は、水の精がかつて被造物のなかに存在すると考えられていたように、エーテル人間の古い呼称です。下から上へそして上から下への体液の流れを秩序づけ、破壊と再生を調整することは、エーテル体が生き生きと織りなす現象です。これを私たちは M によって促進するのです。しかし、患者とのオイリュトミー療法の際には、M における上と下の腕の動きの出会いが体の外側で生じている、その出会いが体の中心で充分に行われていない、ということをよく目にします。後者については、上腕が入念にMの動きに関わるようになれば、達成することができます。均衡をとることが完全に人間の**内側**で生じることが必要なのです。

自らの存在の調和を図るなかで、M は呼気の流れを通して、周囲の世界の思慮ある理解へと私たちを導きます。対象のなかに入り込み、対象と一つになり、そしてそのことを通して理解へと至るのです。M は「すべてを理解するものであり、そしてすべてに順応しすべてを理解することができるように、呼吸を通して対象のなかへ移行していくもの」なのです★2：1924/6/25講演。

こ のことから M の療法的な側面もまた理解できるでしょう。M は「代謝有機体全体、そして四肢有機体を調整するように」作用します。「特に思春期の子どもたちに練習させるならば、性的な衝動を調節するように働きかけます」★1。

M を性的成熟期の子どもたちに用いるときは、〈キービッツステップ〉とともに行うとよいでしょう。〈キービッツステップ〉は次のように行われます。まず、片方の脚をもう片方の脚の前に据えます。前方へジャンプしながら後方の脚の膝が前方の脚の膝の裏側を打つようにします。それによって前方の脚は軽く上へと投げ上げられます。この〈キービッツステップ〉を一度目は片方の脚を前にして、その後、もう片方の脚を前にして行います。同じ動きを後ろに向かってジャンプしながら行うこともできますが、それはいささか困難です。前に行く動きと後ろに行く動きを交互に行うと、さらに練習は強化されます。この投げ上げるような複雑な脚の動きに、静かな腕の M の動きが伴います。

このエクササイズは、性的成熟期の身体に現れる現象から読みとれるものによって得られました。思春期は人間の有機体内に大きな変化を引き起こします。生殖腺が働きはじめます。子ども時代の腺である胸腺は退化し、すべての内分泌の調整器官は転換期を迎え、新しいホルモンが体液のなかに現れます。代謝系統は優勢になり、声は代謝の激しい突き上げによって、よりこもった低い声になります。四肢の動きはより強く意識に上るようになります。それによって、しばしばこの年齢に見られる動きの不器用さと動きにおける躊躇が生じます。人間は今や**地上における生**の成熟の時期を迎えます。生み出す力、生殖力を得ます。若者たちはこれらのことにははじめは戸惑いを覚え、不安を感じます。それゆえ新しい調和、新しいバランスが見出されなければなりません。この新しく目覚めた能力を世界の理解へと視線を転ずることが、教育における課題です。というのも、人間は本来性的成熟を迎えてはじめて完全に世界のなかに立つのであり、彼自身の内的本質は、今外界に対してより自律的に対峙することができるのです。そして知覚と行動において世界と向き合わなければならないのです。

こ れらすべてのことは臓器の無意識の領域で起こり、混乱をもたらしながら、感情の世界へと突き抜けていきます。代謝と性的なものの経過が衝動的になりすぎると、有機体全体が無秩序な状態に陥ります。M はこの人生の危機ともいえる時期に、教育が努力すべきすべてのことを援助します。M は調和をもたらし、まだ騒然としている新たに目覚めた諸力を、統御されたしぐさによって呼気へと促します。そのようにして、新たに目覚めた力は、環境と他者との関りにおいて適切なやり方を模索することができます。

オイリュトミー療法のエクササイズにおいて、代謝諸力の突き上げは脚のキービッツステップにおいて目に見えるものとなります。それゆえ、静かに呼吸を促す M をキービッツステップと同時に行うためには、動きの衝動をしっかりと支配することが要求されます。この両方の動きが正しく響き合うとき、この下から突き上がる代謝諸力を M によって中心から鎮めることができるのです。

＊　＊　＊

インドの文化では、Ｍの語音は聖なる音節であるＡＵＭにおいてよく知られています。ルドルフ・シュタイナーはこれについて、「このＡＵＭの音節がＭで終わっているのは、人間全体がまさにこの語音を通して代謝・四肢有機体から調節されているからです」★1 と述べています。それは人間を肉体的に鍛錬するために、彼の意志の極を力強くするために、同時に謙虚であること、自制すること、そして自分自身を保つことを学ぶために、練習されていました。

子どもはこのエクササイズをするとき、自らの有能さを意識することを学びます。皆さんは『オイリュトミー療法講義』のなかの次の記述を思い起こすでしょう。「子どもが息を吐くとき誰かに、『そのとき、ぼくは立派な子どもだよ』と言うならば、あたかも自分が立派な子どもだというふうに感じるならば、そして自分の力を感じとり、息を吐くことのなかで自分の力を世界へ伝えたいと思うならば、もし子どもがそのように感じるならば、子どもはその感じ方に相当する下半身や四肢や頭の姿勢の動きを、正しいやり方でまったく自分にふさわしいものとして体験するでしょう」★1。

すでに述べたように、私たちはＭを、エーテル的なものの多様な流れに均衡を生み出す働きとして見ています。植物の存在において、このエーテル的なものの織りなしは最も明らかです。根の領域から発して下から上へと昇っていく樹液に、光と熱のなかで働く形態形成の諸力が出会います。植物の真ん中の部分、葉の領域においてその両方の流れは調和します。空気の領域で作用する光と熱の諸力が優勢になると、植物に花の極が生まれます。このとき成長は抑えられ、エーテル的な植物の構造物のアストラル化がはじまるのです。

人間においてもエーテル的、植物的なプロセスが見られます。しかし人間においては植物自体が生育するということはなく、すべては機能的な、プロセス的なものに

留まります。重要なことは、このプロセスの方向が植物の成長とは対極的であり逆であるということです。植物はその根を地中へと沈めていき、そして開花に向かって上へと成長します。人間においては、植物存在は頭部において根をはり、開花に向けて下方へと成長します。この開花のプロセスを、つまりアストラル化を、私たちは腎臓と生殖器官の領域に見ることができます。このアストラル化の経過は性的成熟期にはじまります。

植物の治療的な応用と栄養にとって、植物のプロセスが人間においては逆であるという理解は重要です。しかしここでは M という語音の理解を深めるために、このことについては簡単に言及するに留めます。

外界の自然においては、一見して別々に分かれて存在しているものが、人間においては互いに分かちがたくつながりあっており、それゆえに複雑になっています。

子ども時代には自我活動は上から下への成長力と結びついています。頭部から発した成長力は有機体を隅々まで暖めながら作用します。歯牙交替期と性的成熟期の間に徐々に転換が現れ、9歳〜10歳ごろに最盛期を迎えます。この頭部からくる全身を暖める働きはその後次第に後退していきます。もし自我が下から上へと向かう流れへと、栄養物の消化へと、血液プロセスへと、そして呼吸に至るまでの血液循環へと組み込まれはじめなかったならば、頭部からの暖める働きはさらに弱まっていくでしょう。この頭部からの全身を隅々まで暖める働きは、今や下から上へと向かう自我プロセスに引き継がれなければなりません。子どもの9歳〜10歳頃の危機は、この転換プロセスに大いに起因しています。下から作用する自我は上からの流れと出会い、そして胸部人間において、呼吸と血液プロセスの間で調整されなければなりません。呼吸と血液の比率は、この年齢で、それから先の人生においてそうあるべきように、1:4に整います。健康な人生のための多くのことは、このプロセスが正しく成し遂げられるかどうかに依っています。自らの中心を充分に把握することができたなら、成長しつつある人間は周囲の環境とも結びつき、周辺諸力は彼に作用するようになります。それにより体形は変化し、胸郭は拡がりま

す。人間の本来の中心が自分自身の周囲の世界とともに生まれるのです。私たちは
オイリュトミー療法の実践において、「頭部と意志の極は非常に発達しているが、
胸部人間の成長が不充分である」場合に、いかに病気の素因が生じるかということ
を日々目にしています。

Mは若者の性的な衝動に対して用いられる語音です。Mは私たちを環境世界の理解
へと導く胸部で、上部人間と下部人間の間の均衡をつくりだします。それゆえMは、
性的成熟を本当に地上生の成熟プロセスへと為すことに適しているのです。

＊　＊　＊

均衡を取り戻すさらなるエクササイズは、〈頭を振る動きとともに行うM〉です。
ここでは頭を左右に振る動きに腕のMの身振りが伴います。頭を速く、さら
に速く左右に振るのですが、腕の静かなMの動きは、容易に頭の動きと一つにま
とまりません。「エーテル体という回り道をして」、この練習は生理痛などの「下腹
部における不規則性」★1を鎮めるように作用します。この動きは、座ってリラック
スした姿勢で行います。特別なケースでは、それらを一定の間隔で行うようにとの
シュタイナーの指示がありました。たとえば3日間続けて練習をし、それから4日
間休む、あるいは6日間休む、などです。どのケースも痛みのないときにのみ行い
ます。しばしばこのエクササイズが必要な患者たちは、すでに生理痛のとき頭をあ
ちこちに動かして緩める必要性を自分たちで感じています。というのは、頭とうな
じの凝りがその動きで軽減されるからです。

上部と下部の諸力のバランスは、この病像においても障害されています。〈キービ
ッツステップとともに行うM〉は性的プロセスにおける衝動性に対して作用します。
〈頭を振る動きとともに行うM〉は、神経・感覚極が下部のプロセスに強く作用し
すぎるとき、ふたたびその調和を取り戻してくれます。分泌プロセスである月経が

起こるためには、生理学的に上部から下部へと作用する流れが優勢にならなければなりません。しかし上から下へ向かうプロセスが強くなりすぎると、本来無意識のうちに有機体内で経過すべき下腹部のプロセスが、**過剰**に意識に上ってきます。その結果、痛みや月経における不規則性が現れます。人間における「逆さまになった植物」のイメージから、頭部から作用する根のプロセスが、開花・結実プロセスを凌駕するということが月経において生じていることがわかります。月経の間は女性は花へまったく良い影響を及ぼさない、ということは生物学的にもよく知られています。花は彼女らの近くで容易に枯れてしまいます。ルドルフ・シュタイナーも、この「民間伝承的な見方は何等かの真実に基づいている」と語っています。

Mと一緒に行われる頭を振る動きによって、私たちは優勢を占める頭部の諸力を緩和し、そしてMによって再びバランスを生み出すことができるのです。

＊　＊　＊

調和させる働きとして、Mは不眠症に対しての良い治療手段です。また、シュタイナーが与えた音配列のエクササイズでもMは多く処方されています（本書第11章・12章参照）。呼吸と喘息のための練習にもMは用いられています。

人間がバランスをとろうとするのを援助するところ、あるいは、人間的にバランスがとれた状態を保とうとするのを助けるすべてのところで、Mは適切です。特にシュタイナーのSM・HMの練習についての叙述は、このことを印象深く私たちに示しています。SMにおいて、Sは「アーリマン的な音として」示され、それがMによって弱められます。「Sのアーリマン的な強さ」はMによって取り去られます。それに対して、Hはルチファー的なものに関係しています。Hは尊大さへと導き得る語音です。Hを「ゆっくりとMに移行」させると、ルチファー的な要素は和らげられます。「この動きはまさに、あたかもルチファーを押し留めているかのよう

な動きです」。M は均衡をとる力として、ルチファー的なものに向かう H とアーリ
マン的なものに向かう S の真ん中にあります。ゲーテアヌムの木製の彫刻群、アー
リマンとルチファーの間に立つ人類の代表像が、私たちの眼差しの前に浮かび上が
ってきます。M においては、私たちは次の力を自由に行使することができます。そ
れは私たちに、2つの方向から作用を及ぼす誘惑者たちの力を、独自の中心を強め
ることによって和らげる可能性を与えてくれる力です。それは今日失われていく危
険に晒されている力であり、しかしそれにより、唯一私たちが人間存在を、人間で
あることを、守ることができる力です。

《 N 》

N はその作用の仕方において、子音のなかである意味例外です。ほとんどすべ
ての子音は便秘傾向の腸の活動に影響を及ぼしますが、N だけは下痢の場合
に用いられます。

急性の下痢には、感染、腐敗した食物、胃の不調などの異なった原因が見られます。
それに対してすぐさまオイリュトミー療法を適用するということにはならないでしょ
う。まずは適切な食餌療法、薬剤、そして温湿布によって対処します。自律神経
が不安定な場合も、興奮、驚き、不安、極度の緊張などにより下痢になり易いこと
が知られています。

魂的な興奮で下痢になり易いときには、しばしば下部人間に体質的な虚弱さがあり
ます。その名が示すように、意志から独立した生命プロセスと関係している自律神
経系は、そのような場合不安定であり、容易に外からの影響に左右されます。強い
興奮、ショック、長期におよぶ心配は、この領域で非常に深刻な障害へとつながるこ
ともあります。魂的な体験があまりに強く腸活動の肉体的な部分にまで影響を及ぼす
ようなときには、N に加えて、U の語音の練習を行います。U のもつ、恐怖に打ち克
ち、四肢を引き締める力を通して、この音もまた腸機構のなかにまで作用します。

下痢の傾向が体質的なものである場合は、頭部と皮膚の末梢において最も集中的に現れる神経・感覚プロセスが、内部の人間へ過度に移行し代謝のなかへ入り込んでしまう、ということと関係しているでしょう。人間の意識の極、思考プロセスにおいて作用すべきものが移動し、代謝プロセスのなかへ押し入ってしまうのです。その結果、チフス様状態までの重症な下痢になることがあります。

　その際、私たちはどのようにＮの作用を考えるべきでしょうか。Ｎの身振りにおいて、私たちはまず手や指先を何かのところに近づけます。それは空気であるかもしれません。それらに軽く触れ、そして動きを再び引き戻します。私たちは何かとほんの一時的に結びつき、すぐにまた自らのところに引き返します。Ｎには全身において、特に頭において、引きとめるような特徴がみられます。その特徴はとくに後頭部で強調されています。指と爪先は、触れたとき繊細に感じとれるように、魂的・霊的なものによって浸透されています。Ｎのしぐさにおいて、私たちは周囲とただ緩く結びつき、周囲を眺めるようにして外界と向き合います。ここで、Ｍのしぐさを思い出してみましょう。Ｍにおいては、私たちは愛情深い共感のなかで事物と結びつき、それと一体であると感じ、そしてそのように事物を認識します。他方、Ｎのしぐさにおける認識はＭとは異なります。私たちは外界の現象に触れますが、距離をおいてそれを理解するためにそこから再び離れます。私たちはこれを、どちらかといえば拒絶的な、反感のなかで生じる意識化と呼ぶことができます。Ｍにおいては胸部システム、つまり心臓の認識力が働きます。

しかしＮでは、頭の認識力が働いています。私たちはこれらの諸力なしには明確な概念形成に至ることができません。発達の遅れている知的障害をもつ子どもたちを観察するとき、そのことがはっきりするでしょう。彼らはしばしば長いことある場所に留まって、周囲の環境に身を委ね、周囲の自然のなかにすっかり広がっていってしまいます。しかし、彼らは自然を本当に感じとってはおらず、それを抽象化しそれについて思考を形成することができません。それゆえ、彼らが世界の知的な把握に至ることはとても困難なのです。そのような一人の子どもに対して、ルドルフ・シュタイナーは、ＲＭＬＮの音の配列を与え、そして次のように述べました。「Ｎ

には知的なものへと導き戻す働きがあります」★9：1924/7/1講演。

子どもたちにより良い概念形成のきっかけを与え、知的な理解を促進するために N を用いることができるのです。それゆえ、感情の部分が強調されるような、いつも陽気で快活な気分であり、人々や物ごとに対して共感的な態度でつながり、他方、思考力の発達は困難な子どもたちに対して、N は好ましい効果を示します。

共感と反感は私たちの魂の生活の両極性の原型です。私たちは M を通して共感の力の強化を、N を通して反感の力の強化を確認しました。反感の力は魂的生活におけるのと同様に肉体においても必要です。魂的に思考形成のために自由に使える頭部の諸力は、器質的には神経や骨形成へ、すなわち硬い物質の形成へと私たちを導きます。後頭部には最も硬い骨化があります。そこはまた、N の作用にとっての重要な起点でもあります。骨化傾向が弱すぎる場合、たとえば、くる病の子どもたちや非常に多くのダウン症の子どもたちにおいては、後頭部の発達が不充分なことがわかっています。後者の場合には、抽象的な思考形成へのあらゆる傾向が不足しています。彼らは純粋な共感をもって人生に身を委ねます。彼らの骨は長いこと柔らかいままに留まっているのです。他の練習に加えて、U と N は彼らに不足している形成力を援助します。さらには後頭部の不充分な形成に対して、N を通して後頭部の造形的な諸力を促進するように働きかけることができます。

前述の、「N には知的なものへと導き戻す働きがある」という言葉から、N の下痢における作用について理解することができます。というのは、ここで重要なのは、すでに記述したように神経・感覚プロセスを代謝から再び引き離し、それを本来作用すべき頭部機構に戻さなければならないということだからです。

＊　＊　＊

Nは歯のプロセスにも働きかけることができます。虫歯と思考過程の関連や、歯と賢さや愚かさの発達がどのように関連しているかについては、ここで詳しく取り上げませんが、皆さんの観察の助けとなるように注意を向けたいと思います。N が過度に柔らかいままの後頭部の骨に対して、形成し硬くするように作用するのと同様に、形成があまりにも柔らかい歯に対しても N は働きかけることができます。また歯の傷みの予防にも用いることができます。私たちは魂が指先まで浸透し、手足が器用に柔軟になることによって、歯の形成過程によい影響を与えることができることを教育から知っています。このことは N の練習を通してさらに強まります。

数年前、有機体の先端部分、鼻尖、顎、指先そして足先が粗くなり肥大する病気である先端巨大症のケースで患者に N を行ったことは、とても印象深いものでした。それらはもはや「先端」ではなく、棍棒のような状態に変形した肥厚でしたが、細部に至るまで繊細に形成された N の指先と足先が、治療的に深く作用し、よい効果をもたらしたのです。

そのような経験により、N の動きのはじめの部分で、魂を末梢にまで本当に浸透させることがどれほど重要であるかに気づきます。それがあってはじめて、伸ばした手の動きを引き戻す後半の段階もまた有効となるのです。N を通してそのように私たちの有機体をはじめにしっかりと掌握することで、有機体を肉体に至るまでの意識の基礎とすることができるのです。

《 F 》

1924年の夏、ルドルフ・シュタイナーによって行われた『見える言葉としてのオイリュトミー』の連続講演に参加したすべての人にとって、F の音について語られた内容は忘れることのできないものとなったでしょう。参加者たちは、この一つの語音が古代の秘儀において非常に包括的な本質として見られていたことを、感嘆しつつ受けとめました。そのなかで特にシュタイナーは、「F を発音するとき、

人はどのようにその言葉のなかの叡智が意識化されるかを感じとることができたのです」と述べています。彼は、エジプトの秘儀に由来するあまり知られていない祭文が告げる言葉を追感できるときにのみ、F を正しく感じとることができるであろう、と言及しました。**「過去、現在、そして未来を知り、その姿が決して明かされることのないイシスが何者であるかを知らしめたいならば、お前はそれを F の語音を通してなさねばならない」**。「呼吸の技法のなかでイシスに満たされることが、すなわち息を吐く呼吸プロセスのなかでイシスを体験することが、F の内に存在している」★2：1924/6/25講演。

当時、人は呼吸プロセスのなかで叡智を体験することを、F を通して鍛錬していました。**「私は知っている、ということを知るがよい」**ということを、F によって語ろうとしていたのです。「言語的な感性が乏しくなってしまった現代では」、F を本当に感じることは困難でしょう。まずはこのような語音の崇高さを苦労しながらも把握することができれば、それはせめてもの慰めになるでしょう。

オイリュトミー療法講義』のなかで、F に関しては、理解することが容易ではないわずかな指示しか与えられていません。「ここに F と V の音があります。ここでは心や精神に関することがテーマとなっています。　… 中略 …　これらは**排尿がうまくいっていない**と思われるときに行われるべき動きです。何らかの理由で尿の排泄を調整する必要がある場合は、この動きをさせるとよいでしょう」★1。

F について長い間研究したならば、シュタイナーのこの言葉の意味が明らかになり、この言葉は F の語音を適用する上で進むべき方向を示すものとなるでしょう。

F は夜尿症の子どもへの適用で多くの成果を収めています。夜尿症は子どものヒステリー的な錯乱状態における重要な症候の一つで、『治療教育講義』のなかで描写されているように、この病像を考察することで F の効果について多くを学ぶことができます。

小児ヒステリー性の錯乱状態の基礎には、体質的に下半身の諸臓器におけるエーテル体と肉体の結びつきの弱さがあります。それぞれの臓器にとって四つの構成要素が、ある一定の割合の下に協働していることが必要です。たとえば、水素と酸素が２：１の割合でのみ水（H_2O）を形成するのと同じようにです。下半身の臓器では、肉体とエーテル体が緊密に結びついていなければなりません。しかし、小児性ヒステリーの場合のように、２つの結びつきが緊密ではない場合、広範囲な障害が生じます。臓器は透過性が過度に高くなり、そのことによって自我とアストラル体は臓器のなかで充分な拠り所を得ることができません。自我とアストラル体は臓器の表面を通って外へと流れ出てしまいます。てんかんの病像では、臓器が抵抗を示しているため臓器の表面で自我とアストラル体の停滞が起きているのですが、ヒステリーでは臓器はふるい（濾し器）のようです。自我とアストラル体は漏れ出して、アストラル的・自我的な活動が臓器のなかに充分に留まりません。この漏れ出る、と言う言葉を文字通りに受けとめなければなりません。分泌、特に汗と尿の分泌がこれに相当します。

ルドルフ・シュタイナーは、子どもの夜尿症はこの観点の下に考察してはじめて正しい展望が得られる、と述べています。「夜尿症に関することであれば、どの状況においても次のことが前提になります。つまり、アストラル体が漏れ出ているということです。すべての種類の排泄と分泌は、アストラル体と自我機構の活動に関係しています。排泄や分泌が正常であるためには、これらの活動が秩序だっていなければなりません」★9：1924/4/28講演。

それでは、この病像に現れる精神的な障害に目を向けてみましょう。自我とアストラル体は臓器の体質的な異常によって、大変強力に、しかし統御されていない状態で、周囲の世界に出ていきます。すると本能的に周囲で生起している出来事に触れたり、半分意識下で物事を把握したりするといったことが起こります。この周囲の世界への過度の没入は、その方向に進むと過敏傾向に通じ、それによって今度は自分自身のなかへ強く入り込みすぎるという状態に陥ります。外に流れ出ることと自分自身に引きこもることの間で揺れ動く、不安定な魂の状態が生じます。

多くの夜尿症患者において、ヒステリーの症候はその兆候が示されているにすぎず、その原因も必ずしも体質的な異常に見出されるとは限りません。夜尿症は私たちもよく知る通り、広く知られた難しい病です。また夜尿症はたとえば諍いの絶えない両親の下など、外的に困難な状況で育った子どもたちによく見受けられます。子どもが護られることなく、ショックを受ける状況に常に晒されていると、エーテル体と肉体の結びつきが弱くなり、相当する症状が起きることになります。

ここで実践からの例をいくつか紹介します。

一人の少年は、背が高く、大きく見開かれた目とかなり大きな耳たぶによって、人目を引いていました。彼の感覚は非常に開かれており、感覚印象に強く晒されていました。彼は好奇心が強く、印象を直接魂で捉え、そしてそれを処理することができず、ただ表層的に感覚印象のなかに生きていました。その少年は重症な夜尿症でした。

別のタイプの子どもたちもいます。彼らは金髪で、繊細で、興奮しやすく、過敏傾向にあります。そして喜びであれ驚きであれ、興奮するたびに膀胱が機能しないという困難を抱えていました。膀胱の弱さは夜尿として現れるよりは、むしろ日中において見られました。アストラル体はここでも周辺において強すぎるのです。この魂の不安定さの根底にもヒステリー的体質があります。

多くの子どもたちにとっては、夜尿症は思春期などの成長過程における危機的な状況に際してのみ現れる症状です。このときは、排尿とともに夢精も見られます。

＊　＊　＊

オイリュトミー療法の適用について理解するために、F の語音のしぐさに目を向けてみましょう。

1912年、ルドルフ・シュタイナーは F のしぐさについて、私たちを促すような外界の影響への反応として、つまり私たちに何かを要求するような、動きに満ちた外界への反応として、F のしぐさを感じるべきだ、と述べました。シュタイナーはこの F の表現するものを一つのイメージのなかで明らかにしました。そしてロリー・マイヤー・スミッツ氏が、彼女の記憶からこのイメージについて次のように描写したとき、人々は深い感銘を受けました。

一人の人が夕暮れ時畑で仕事をしています。鳥たちは静かに動きのない樹の梢に止まり、夕べの歌を歌っています。穏やかに流れる小川はさらさらと静かな音をたてながら、野原を流れています。黄金の夕日は平安の内に深く呼吸している風景の上に輝いています。そのとき、突然激しい風が樹の梢に打ちつけ、激しく梢を揺らします。鳥たちは驚いて空へと飛び立ち、小川はざわざわと音をたてて流れ、疾走する雲は駆り立てられるように太陽の上を流れ去ります。 … 中略 … そして人間は、自分を取り巻くこの動きに満ちた自然に対して、F の身振りで応えるのです。

人間の生命は、外の自然界における動きに満ちた生命によって刺激を受けます。ギリシャ人はこの外の自然界と自らの内側の刺激的な世界を、まだ同じものとして感じとっていました。外界のエーテル的で生命に満ちたものは、彼らの器官のなかのエーテル的で生命溢れるものを呼び覚まし、彼らの内に思考を生み出しました。私たちの個的なエーテル体は普遍的な宇宙エーテルと関わっています。私たちはこの個的なエーテル体を生まれる前の生において普遍的な宇宙エーテルから創造しました。F の身振りによって刺激を受け、そして動きに満ちた自然に対して応えるのは、私たちのなかに存在しているこの隠された宇宙叡智なのです。

1924年に、「F は吐く息における叡智です」★1 と語られた後、同じ出来事が少し別の側面から述べられます。「内側の叡智は外側の叡智に反応します。私たちのなか

で物質的・有機的に活動する叡智は、外界の自然界で作用する叡智に応えます」。そのように、Fを通して人は次のようなイメージに辿り着きます。冥界、つまりそれは私たちの物質的な身体を意味しますが、そこへ降りていくギリシャ神話のペルセフォネは、彼女の母親であるデメターと対話をもちます。デメターは自然の叡智であり、植物界の事象の生成と衰退のすべてのなかで働く存在です。

Fを通して、自我とアストラル体はエーテル体の叡智を捉えます。そして自我とアストラル体は、エーテル体の叡智を吐く息のなかで体験します。しかし自我とアストラル体が臓器のなかで自らを保持することができず、ヒステリーの病像の際に描写したように、流れ出すなかで消耗してしまう場合は、このことは不可能です。

オイリュトミー療法のFのエクササイズの凝縮され統御された動きを通して、2つのことが達成されます。まず、互いの結びつきが緩くなりすぎているエーテル体と肉体がより緊密に引き合います。その際、Fのジャンプが特に重要になってきます。ジャンプした後つま先に着地し、その後かかとに降りてきます。そしてまたジャンプし、つま先立ちで着地し、再びかかとに戻ります。このようなやり方で、リズムが生じるのです。ちょうど私たちの下部有機体がそれを必要としていることの現れです。魂の保護を求める子どもたちで夜尿症の子どもは、ほとんどの場合助けなしにはこのジャンプを行うことができません。私たちは手助けしながら子どもの足首をしっかりと掴み、そして1回のジャンプごとに両足を柔らかく、同時にしっかりと床の上に押しつけます。この強調された足の動きとともに、エーテル体がより強く下部人間の肉体有機体に押しつけられるのです。アストラル体はそのことを通して、堅固になった臓器のなかで拠り所を見出すことができます。周囲の世界への目標の定まらない苦痛を伴う意識下の反応は消え去ります。今や彼は呼吸のなかで世界の要請に応えることができるのです。エーテル的・液体的なものは過剰な分泌のなかに放出されることなく、エーテル体の諸力は周囲で起こっていることの理解という意味において、より良く作用するでしょう。

動きのどの瞬間においても、Fの力を自らの内に感じとらなければなりません。力

強い動きにおいても姿勢を崩してはいけないのです。また、かかとに戻るときもしっかりと姿勢を保っていなければなりません。夜尿症のすべての症状において、私たちはFのしぐさを下に向けて行います。

ヒステリー体質の子どもたちはしばしば覆いがないため、FのエクササイズをBと併せて行うとよいでしょう。夜尿症が思春期に起きるときには、Mと組み合わせて行うのが適切です。

ヒステリーの病像と並んで、明らかに汗と尿の分泌の変化と結びついているさらに別の精神疾患もあります。個々の症例において、それらの症例に沿った練習に加えてどの程度Fが行われるべきかは、医師の指示が必要になるでしょう。

第10章　黄道十二宮と子音の力から
形造られる人間の形態

1920年、『オイリュトミー療法講義』がまだ開催されていなかった当時、ルドルフ・シュタイナーは医師のための講座ですでに次のように述べていました。「オイリュトミーの母音が下部人間と上部人間に対してどのように異なる作用をもつのか、同様に子音のオイリュトミーが下部人間と上部人間に対してどのように作用するのか、について研究をはじめると、オイリュトミー療法を待つまでもなく、すでにオイリュトミーにおいても重要な療法的エレメントを探し出すことができます」★4：1920/4/6講演。

私たちは今まで、どのように子音が下部人間に対して働きかけ、そのほとんどがどのように代謝活動に影響を及ぼし、そして代謝活動のより混沌とした活動がどのように循環と呼吸のリズムに移行され得るのか、ということについて考察してきました。さらには、それらの多くがどのように頭の内部構造にまで作用するのか、ということも見てきました。

しかし子音の作用にはさらに別の側面もあります。それは頭部から発して、人間の形姿/形態を造形する（bilden）という働きです。ここで私たちは、『オイリュトミー療法講義』第6講で述べられている、頭部の周囲で作用している諸力に注意を向けることになります。それは、「私たちの周囲にある種のオーラを呼び起こす」諸力です。それは頭部機構の周りや頭部機構を貫いて作用する、造形力を展開する子音の諸力を意味しています。「つまりそれは、主として頭部機構への造形的な作用であり、私たちはある意味で発達の遅れている頭部機構をこのようなやり方で活性化できるでしょう。ですから、それが知的障害と関係している場合は、つまり頭部機構が正常ではないと身体的に確認できる場合は、子音のオイリュトミーを行うとよいでしょう」★1。

麻痺と形態の変形においては、ルドルフ・シュタイナーはオイリュトミー療法を指示する際に、ほとんどのケースで子音を処方していました。私たちはそのようなケースで、頭部から人間の形態形成へと導く子音の作用をどのように理解したらよいのか、と問わなければなりません。この問いに対する説明は、以下のシュタイナーの講演に基づいています。

『宇宙の作用の結果としての人間の形態形成』★11：1921/10/28講演
『オカルティズム、神智学、哲学の光の下での人間』★12：1912/6/7講演
『見える言葉としてのオイリュトミー』★2：1924/7/7講演

こ れらの講演は、黄道十二宮の12の領域に由来する子音の諸力の宇宙的側面へと私たちを導きます。肉体としての人間の形態はこれらの黄道十二宮の諸力から生まれ、そして次に示すように12に分かれます。

牡羊座 － 頭部
牡牛座 － 喉頭
双子座 －(左右) 対称性
蟹座 　－ 胸郭
獅子座 － 心臓
乙女座 － 太陽神経叢
天秤座 － 腰部
蠍座 　－ 生殖器
射手座 － 大腿
山羊座 － 膝
水瓶座 － 下腿
魚座 　－ 足

黄道十二宮の12星座に対する人間の形態の対応は古来よく知られており、いくつかの中世の書物にも見出すことができます。しかしその内容を深く理解し、オイリュトミー療法のためにそれを使いこなすためには、ルドルフ・シュタイナーの黄道十二宮のオイリュトミーの身振りとそれに対応する規範となる詞の開示が必要です。

牡羊座 - W - 出来事

牡羊座からは、人間の頭部を球形にする働きのある造形力が流れ出ています。ここでは頭の形はまだまったく宇宙の模像です。球状に形造られた頭は、誕生に際して宇宙から球体の模像として切り離されます。それはまさに**出来事**なのです。

古い時代の描写では、牡羊はたいてい後ろを振り返っています。そして「この牡羊が振り返る様は、人間が自分自身を振り返るときに、すなわち人間のなかに生きている宇宙を振り返るときに与えられていました」★11。人は宇宙を振り返るなかで、自分自身の形姿／形態との関係性を見出すのです。

生まれつき頭部に変形が見られる場合、あるいは直立姿勢をとることができないとき、私たちは牡羊座に属する子音である W を通して、頭部の造形諸力を活性化するように試みることができます。つまり形態の変形に関わるときは、子音が用いられるのです。しかし内面における直立の力を自我から捉えるべきときには、母音、たとえば A や U が適切なエクササイズとなります。

牡牛座 - R - 意志、行為

牡羊座では人間は宇宙を振り返ります。牡牛座では人間を行為へと、宇宙に対して
応えるようにと促す諸力が動き出します。喉頭とその付属器官は牡牛座から形造ら
れています。そしてその内的な活動性のなかで、人間の**言葉**が生み出されます。人
間の形態全体は、その形成において、音声の形成へと、すなわち言葉を語ることへ
と方向づけられているのです。喉頭の領域における形体の変形は、牡牛座に属する
子音であるＲのエクササイズによって改善されます。

双子座 - H - 行為への能力

双子座において、人間は左右の対称性を獲得します。双子座は、基本的に左右対称の平面で、つまり矢状面で互いに融合しあう「右と左の人間」です。そのことを通して人間は**行為への能力**をもつことができます。人間は自分自身に触れ、自分自身を捉えることで、行為への能力を授かるのです。もし私たちが両方の脚と両方の腕をもっていなかったら、この地上で何を成し遂げることができるでしょうか。脳の両半球に至るまで、この対称性の平面は延びているのです。

私たちは自分の体の形が認識できず、そのことで行為することができない子どもたちと、左手で右の耳を掴んだり、右手の人差し指で左足の小指を触ったりする練習をします。子どもたちはそのことで次第に自分自身に気づくことができるようになります。

ここでも自我によって自らを内側から把握することが、母音のEと関係します。しかし、双子座の働きかけで左右対称の平面がつくり出されていることで、この可能性は形態のなかにすでに備わっています。

蟹座 - F,V - 行為への衝動

形態の形成はさらに外側から内側へ移行していきます。蟹座のオイリュトミーのし
ぐさは、外界から、私たちが自分自身を感じとる皮膚にまで私たちを導きます。蟹
座において、私たちは自らを宇宙的な外界から解き放ちはじめます。蟹座のオイリ
ュトミーのしぐさは左右から、そして前後から胸郭を包み込む様を示しています。
この身振りは外界から内面を切り離し、内面を包み込みます。そのようにして胸郭
が形造られ、心臓と肺が私たちの内界として保護され、包み込まれます。それによ
って、**行為への衝動**が私たちの内面で目覚めることができるのです。

獅子座 - D , T - 燃えるような情熱

私たちは獅子座において、私たちを内的に満たすものへと、私たちの本質の内側の中心へと至ります。そこにおいて心臓と血液循環が生じます。心臓と血液循環は私たちのなかに全体としての人間を形造り、中心から末梢に至るまで私たちを満たします。体内には至るところに血管が張り巡らされ、至るところに血液が流れています。物質的・身体的に心臓器官および血管として存在するものは、本来、黄道十二宮の12の特性から生じた人間の形態形成に関係しているのです。「たとえば、今まで見てきた四肢に血液循環を対峙させるならば、そこには純粋に内側で経過する何かが、内側で完結している何かがあるのがわかります」★12:1912/6/7講演。　私たちは、「心臓の動物」として捉えることのできる獅子の星座について語っています。オイリュトミーの獅子座のしぐさは、心臓の中心から**燃えるような情熱**の気分のなかで、私たちを遥かなる拡がりへと導きます。その拡がりから私たちは T や D においてその果実を受けとることができるのです。

乙女座 - B , P - 思慮深い冷静さ

獅子座では人間の形態形成において、内側まで、心臓まで入り込んできました。しかしながらまだ外界とのコミュニケーションは肺を通して存在しています。

乙女座の形態形成の領域は、外界に対してもはや開かれていない内部の臓器世界です。それは脾臓、肝臓、胆のう（胆汁）などであり、またそれらに属している、いわば「脳」である太陽神経叢です。「ここには、本来の内界と呼ぶことのできる人間の形態の一部があります。これは身体的な関係における内界であり、重要なのは外界との関係性をもたないということです」。乙女座から形造られるこの身体部分において、人間の魂は静かに閉じられたなかで成熟することができます。乙女座は成熟の象徴である穂とともに描かれます。獅子座のしぐさは**燃えるような情熱**とともに宇宙に向かいますが、その**燃えるような情熱**の身振りに、乙女座のしぐさである**思慮深い冷静さ**が続きます。太陽神経叢が広がるこの領域全体へのBとPの鎮める作用については、本書の第9章ですでに述べられています。

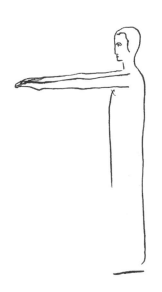

天秤座 - C - 思考の前提条件を考量する

乙女座において内界が捉えられた後には、天秤座のしぐさが私たちを内側と外側の間のバランスの追求へと導きます。この領域においては、姿勢のバランスを生み出す基盤となる腰が形成されます。人間はここで四肢を通して内側から地球の諸力へと自らを組み込みはじめます。天秤座のしぐさである、前方に伸ばした腕と上下に重ね合わせた手のしぐさは、腰で均衡を保つことなしには形造ることが困難です。これは不安定なバランスのなかで、直立する人間のみが行うことのできる身振りです。そしてそのような人間は、独自の力で思考を自由に考量することができるのです。

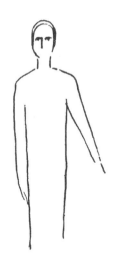

蠍座 – S, Z – 悟性、理性

天秤座においては、私たちは自らを外界へ組み込もうとします。蠍座においては、今度は食物を通して、また感覚知覚を通して外界を自分のなかに取り入れます。しかし外界から私たちのなかに入り込んでくるものはすべて、ある意味毒です。「ある種の毒針」です。私たちはそれと対峙し、自分自身を防御しなければなりません。人間が外界に対して自らを防御することで、内界が形成されます。下部人間においては消化器官、生殖器官が、そして上部人間においては知覚を思考へと形成する前脳（前頭葉）が生まれます。

この星座は毒針をもつ蠍によって、また思考力の象徴としての鷲によって表現されます。

射手座 - G , K - 決意

射手座のしぐさにおいては上腕と大腿が特に強調されます。形態形成はさらに内側から外に向かって、**悟性、理性**の蠍座から**決意**の射手座へと進みます。身体について言えば、ここで地上の法則に適合する四肢が形成されます。

射手座に属する G とともに、射手座のしぐさはオイリュトミー療法においては、体の内側、つまり下腹部の領域に痙攣などが生じた場合に効果的に用いられます。

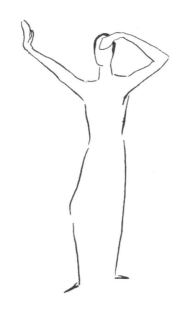

山羊座 - L - 思考が世界と対峙する

この領域からは、形姿において膝が形造られます。解剖学的に膝は非常に興味深いものです。膝はその成り立ちにおいてとてもドラマチックです。十字に交差する靭帯と、どの骨とも接合していない膝蓋骨によって、大きな運動の自由が与えられています。膝において、足と下腿を通って上昇する重力と内側から生じる大腿の造形力との間に、動きの調整が生じるのです。そのように膝は、流れの渦から生じたような様を私たちに示しています。

ある程度までは他のすべての関節にも見られますが、特に膝関節の周囲は、ずっと自由で解放されたエーテルに包まれています。数世紀前の人間には、古の巨匠たちの絵画や彫刻の多くに、膝の周りに、衣服のひだの流れに生き生きとした渦の形成が見られることがわかっていました。ゲーテも、ファウストの第2部においてマリアヌス博士がマター・グロリオーザについて語るときに、そのことに触れています。

軽やかな雲が、

あの方のまわりに漂っている。

あれは贖罪の女たちだ。

あの方のお膝を中に、

瀬気を吸いながら、

御恵みを仰ごうとする

優しい人たちだ。

『ファウスト II 』ゲーテ ; 高橋義孝訳　新潮文庫

山羊座のしぐさには、額に触れている左手と前に突き出している右手の間に強い緊張関係が見られます。L は、そこで存在を獲得するために戦っています。**思考が世界と対峙する**ことによって、この L の語音は生まれます。そこにおいて、L が自身のなかで自らを保ち、そして重力を克服しているのが見てとれます。

水瓶座 - M -
思考・感情・意志の三つの諸力の均衡のなかにある人間

水瓶座の諸力の働きかけから、下腿と前腕が生まれます。水瓶座のオイリュトミーのしぐさは、振り子のように上から下へまた下から上へと動く腕の動きのなかで、そこに流れる動きを調整する様を示しています。

前腕の２つの骨を眺めてみましょう。すると上腕と前腕の間の肘関節が、手根骨に向かって大変細くなりつつ小さな関節面で終わっている尺骨から形成されているのがわかります。橈骨は手根骨の広い関節面からはじまり、上に向かって細くなりつつ肘に向かっています。この２つの骨に、上から下へ、そして下から上への流れがはっきりと見てとれます。同じことは下腿にも言えます。ただし、安定して立つために２つの関節は丈夫な脛骨に移行して、腓骨は副次的な骨になりました。

魚座 - N - 出来事は運命となった

魚座からは足が形造られます。人間の形態はここにおいて完成します。上部と下部の諸力の間で人間の形姿は自由に立っています。その形姿は両足で大地に適応しながらも、魚座のオイリュトミーのしぐさが示すように、自らを上に向かって引き上げています。自らの運命を探し求めながら、人間の形姿は両足で大地の上を歩んでいきます。

足は地球に完全に適合している様を、その大きな運動性において示しています。そこにはしっかりした踵、どこに向かって歩んでいくべきかを探る繊細な足の指、一歩ごとに足を爪先から踵まで滑らかに下ろすことを可能にする指球、そして最後に、しなやかに重力を捉え、ふたたび自らを重力から解放することを可能にする、足のアーチの感嘆すべき構造があります。人間の形態の三層性が足においてもう一度示されています。

形態を造形する黄道十二宮の諸力については、3つの観点から描写されています。1912年に行われた連続講演では、人間の霊的本性、つまり「自我」から話がはじまっています。そこでは自我に対する外的・物質的な知覚可能な表現が探し求められています。その表現とは、人間の形態です。そのように私たちはこの一覧表において、いかに人間の形体が、そこに自我が直立し、言葉を語り、地上の関連のなかに適応していく霊的な本性として発展していくように形造られているか、ということを認識します。ここでその内容についてまとめます。

1. ♈ 牡羊座 ： 直立
2. ♉ 牡牛座 ： 音声の形成へ向けての方向づけ
3. ♊ 双子座 ： 対称性
4. ♋ 蟹座 ： 外界から内界を閉ざすこと
5. ♌ 獅子座 ： 内界が完結すること
6. ♍ 乙女座 ： 外界との関係性をもたない、身体的関連における内界
7. ♎ 天秤座 ： 均衡状態
8. ♏ 蠍座 ： 生殖器官
9. ♐ 射手座 ： 大腿
10. ♑ 山羊座 ： 膝
11. ♒ 水瓶座 ： 下腿
12. ♓ 魚座 ： 足

12分節の形姿は次の3つの七分節に分類することができます。

《上部人間》	《中部人間》	《下部人間》
♈ 直立	♊ 頭と足[22]	♓ 足
♉ 前方への方向づけ	♋ 胸部を包み込むこと	♒ 下腿
♊ 対称性	♌ 内部、心臓	♑ 膝
♐ 上腕	♍ 第2の内部を通しての決定[23]	♐ 大腿
♑ 肘	♎ 均衡状態	♏ 生殖器官
♒ 前腕	♏ 生殖器官	♎ 均衡を保つ姿勢
♓ 手	♐ 大腿	♍ 腎臓、太陽神経叢

この分類は私たちに次のような重要な治療的示唆を与えてくれます。私たちは上腕、肘、前腕そして手に対して、大腿、膝、下腿そして足に用いるのと同じ子音と黄道十二宮のしぐさを用いることができます。

1921年の連続講演では、人間の形体がいかに星座の内的な運動の力動性から生まれたものであるかが示されています。この詳述には、ある特定の三分節がその根底にあります。最初の4つの黄道十二宮の徴は人間の形態に対して外側から、すなわち宇宙から働きかけます。次の4つの徴は人間の内部において形態を形成し、そして最後の4つは内側から外側に向かって造形します。そこでは、人間の4つの職業の原型と関係する四肢が形造られます。

これらをまとめると、次の通りです。

1. 牡羊座　：　宇宙を取り込み、捉える、宇宙を振り返る
2. 牡牛座　：　宇宙へと視線を向ける、宇宙の運動性を取り入れる
3. 双子座　：　自分自身を捉える（触れる）
4. 蟹座　：　自らを包み込む
5. 獅子座　：　（内部を）満たす
6. 乙女座　：　成熟
7. 天秤座　：　無機的世界へ自らを組み込む、均衡を探し求める
8. 蠍座　：　毒針
9. 射手座　：　狩猟家
10. 山羊座　：　牧畜家
11. 水瓶座　：　農耕民
12. 魚座　：　商人

＊　＊　＊

1924年、ルドルフ・シュタイナーは、オイリュトミーのしぐさの各星座への帰属において、思考、感情、意志という３つの魂の活動から話をはじめていますが、そこでは感情が起点となっています。

　　　－ 獅子座との関連における感情
　　　－ 蠍座との関連における思考
　　　－ 牡牛座との関連における意志
　　　－ 水瓶座との関連における思考、感情、意志の調和

＊　＊　＊

私たちはオイリュトミー療法において、黄道十二宮のしぐさを形態の変形と麻痺の治療において用います。そのようなケースにおいて、これらの黄道十二宮のしぐさ、つまり「人間の本質から生まれた形体」★2:1924/7/7講演 を直接用いるか、あるいはこれらのしぐさに由来する子音のみを用いるかは、状況によります。全般的にオイリュトミー療法においては、黄道十二宮のしぐさの使用は大変慎重に行っています。これらの宇宙的な原所作は実際に患者とともに行われなくても、オイリュトミー療法士のなかで生き生きと息づいていれば、それだけで充分でしょう。

ここでしばしば次のような問いが投げかけられます。それは、これらの子音が消化器系に働きかけるか、あるいは頭部から出発する造形的な諸力に働きかけるかにより、それらは異なって行われる必要があるのではないか、という問いです。それに対してはまず、「たとえオイリュトミーの動きが小指のみで行われたとしても、エーテル的有機体全体がその語音を常に一緒に行っている」とシュタイナーは述べています。しかしそうであったとしても、子音の効果の視線を代謝に向けるのか、あるいは形姿に向けるのかにより、練習は変化します。代謝のために行うのであれば、子音を特別なジャンプとともに行います。それらは一つずつの子音であったり、あ

るいは必要な子音の音配列であったりします。他方、形態の変化、変形、姿勢の問題、また麻痺などの場合には、特にそれぞれの体の部位との関係において、黄道十二宮における12の形成力が治療の方向性を与えてくれるでしょう。強い麻痺の場合でさえ、もし相当する身体の部位に対応する子音を行えば、運動能力を再び呼び覚ますことができます。たとえば、M を下腿や前腕に行ったり、L を膝などに行ったりするなどです。しばしば N を自分の手で患者の指や足の指に行うことを通して、患者の手の指や足の指の運動性を活性化することも可能です。

消化に作用を及ぼそうとするならば、固体、液体、気体、熱的なものの要素において子音の諸力に働きかけます。形態形成に作用を及ぼそうとするならば、子音のもつより宇宙的な諸力に働きかけます。

第11章　子音の音配列

ル ドルフ・シュタイナーが特定の疾患に対して処方した「子音の音配列」は、次のようにまとめられています。私たちは、個々の症例で治療の方向性について考察するための資料として、これらを見ていきます。

語音の音配列のエクササイズにおいては、一つの音を直接次の音へと移行させますが、個々の語音を単独でも練習します。

LM

これは最も多く用いられる子音の音配列の一つです。L は吸気を強め、M は呼気へと導きます。これは言葉の音による呼吸の練習ですが、どのようにそれらの言葉の音を動きに現すかということが重要になります。L は肩と肩関節を充分に使って力強く行うことが大切です。L の動きの後は、直接 M の動きのなかに入っていき、呼気を促します。

オイリュトミー療法的な努力は、すべて呼吸プロセスへと向けられています。私たちは他の多くの治療体操のメソッドにおいて用いられる、意識による呼吸練習を行うことはありませんが、すべてのエクササイズにおいて呼吸が深まり整うことに留意しています。なぜなら呼吸の変化は直接感じることができ、知覚することができるからです。エクササイズによって静かで深い呼吸が得られたならば、その状態が気にならない少しの間、意識的にその呼吸のリズムに留まるとよいでしょう★1。

LMSU

これは『治療教育講義』★9：1924/7/6講演 で紹介された、*エーテル体の活動を活性化*

するエクササイズです。この練習は同じ方向性を指し示しています（本書第9章《Ｓ》の項参照）。

LMS

*バセドウ病*において。

この疾患において、アストラル体は頑なになり、思うままに振る舞い、調整し抑制する自我機構の働きから自らを引き離そうとします。手足などの震え、眼球の突出、抑えられない心の動揺、そして増大する破壊作用において、私たちは四つの構成要素のずれが身体的に現れているのを目にします。

自らがオイリュトミー療法士であったバセドウ病患者は、１日に短時間、すべての習慣的な動きを意識的に行う練習を自らに課しました。たとえば、立つこと、ドアに向かって歩くこと、ドアを開けることなど、常に一つひとつの動きに完全に集中するようにしました。これは治癒に向けて非常に効果的に作用しました。

オイリュトミー療法が誕生するずっと以前には、ルドルフ・シュタイナーはあるバセドウ病の患者に、練習として１日に数回、かかとで歩くようにとの助言を与えました。

この同じ語音の配列は、**中耳炎**にも適応があります。中耳炎においては、耳の領域や有機体全体にもエーテル体が過度に働いていることが問題です。それゆえここでは、呼吸活動、特に呼気が活性化されなければなりません。これはＬとＭによって行われ、そこにＳによる形態形成力が加えられます。患者にはＬとＭを全身で練習させ、続いてＳを小さな動きで耳の周辺に行わせます。

LMNR

重症の**魂的なうつ状態**、**不安症状**、そして**不眠**に苦しんでいる女性患者に処方され

ました。それらの症状に加えて、膝の変形と首すじから腕と脚に放散する痛みもありました。

月経の間、心理的な抑圧やうつ症状がある患者には、次の練習が与えられました。「脚にしっかりと力を入れて堅くさせ、あなたの自我がそのなかに入っていくようにしなさい」。

DTL

14年来、顕著な**疲労感**と**睡眠欲求**の増大に苦しむ39歳の男性患者に処方されました。疲労感はすでに朝から現れ、長時間何も食べないと、疲れは増していきました。排便は不規則で、便秘と下痢が交互に現れました。患者は一人でいるのを好み、うつ病にも苦しんでいました。

DTS

11歳の初潮以来**抑うつ状態**で、18歳以降胃の圧迫感、おくび（げっぷ）、無気力、不眠、そして強い易疲労感に悩む33歳の女性患者に対して行われた練習です。

LRT

便秘、胃の圧迫感、吐き気に苦しむ女性患者とともに、アーレスハイム・クリニックでしばらくの期間行われたエクササイズです。この練習がルドルフ・シュタイナーに示されたとき、彼はこの処置を良しとして、この音配列にさらに M を加えました。

RSL

肥満患者に対して与えられた練習で、〈オイリュトミー療法のための O のエクササイズ〉と組み合わせて行うこともできます。

LMSR

極度に**知的偏重の傾向**をもち、**拒食症**を患う17歳の女性患者に与えられました。初潮は12歳でした。その2年後、大変興奮するような出来事があった後に月経が止まりました。食事をとるたびに胃の痛みが現れ、食物の摂取をまったく拒否するようになりました。その本質においてこの患者は大変知的であり、頑固でした。他の多くの治療の傍ら、彼女はルドルフ・シュタイナーからこの子音の配列の練習を受けとりました。同じ体質をもつ彼女の姉妹も、この子音の音配列を練習するように指示されました。

子音

26歳の男性患者に、**躁病性の興奮状態**が落ち着いた後に処方されました。彼には睡眠障害もありました。

子音をイメージのなかで行う

ヒステリー性麻痺の女性患者に勧められたエクササイズです。彼女は特に歩行に困難がありました。

子音を足で行う

ルドルフ・シュタイナーは**更年期初期の、不安症状**をもつ50歳の女性患者にこの練習を処方しました。月経時の出血は不規則で、過多でした。さらに患者には20年来の肝障害がありました。

子音

造形力が不完全である場合、つまり**造形力が異常に増大**してしまう場合。
「これは造形力が遠心的に作用することを意味しています。造形力が遠心的に作用

する場合には、頭が大きくなります。そして頭が大きくなりすぎるので、そこには正しい形でイメージの力が浸透するとができないのです」★1。

子音

12歳9ヶ月の**小人症**の少年で、**知的で精神的に疲れ易く**、ぎょう虫をもっています。少年はやはり充分にイメージする力をもっていません。臓器の造形的な諸力が増大しているからです。

子音

関節の変形と**不充分なイメージ力**が見られる場合。

子音のオイリュトミーを頭を振る動きとともに行う

更年期障害、特に**のぼせ**を訴える女性患者に、「頭部を充分に冷やすために」処方されました。ここでは、〈頭を振る動きとともに行われる M〉の練習を3日間続けて行った後、6日間練習を休止します。

RSLM

この練習は、**転倒後、強い出血**に見舞われた44歳の女性患者に処方されました。「アストラル体が正しく下半身の器官を捉えていなかったため」という理由からでした。

MLR

習慣流産の場合。
このエクササイズは静かに歩きながら、もしくは、座って行われなければなりません。

LSNR

2年来、急な発熱からはじまった朝の下痢に苦しんでいる40歳の女性患者に与えられた練習。「この症状の改善は、血中に鉄分を充分に取り入れられるかどうかに依っています。もし充分に取り入れることができれば、状況は改善するでしょう。そして今まさにそれをはじめるべき時です」。この症状は、寄生生物の温床を形成した腐敗した血液の崩壊と関係していました。このことは魂的有機体における自我の弱さから来ています。「彼女は、あたかも自分が身体の**上に**自我とともに座しているかのように生きています。彼女はアストラル的に生きているのです」。それゆえ、状況が改善するかどうかは、彼女がオイリュトミーを**充分に**行うかどうかに、つまり与えられた子音の配列を脚で、また腕も使いながらしっかりと行うかどうかにかかっていました。このエクササイズはそのようにしてアーレスハイム・クリニックで行われました。

このケースのために、しばしば誤って、たとえばＬＭＳＲといった別の語音が挙げられることもありましたが、下痢を抑えるためには、まさにＮが重要です。

RLMN

9歳で来院した発達の遅れた**小頭症**の少年に処方された練習です。彼は細い頭をもち、顔の下半分は力強く形成されていました。口は常に開かれていました。手と足は体に比べて非常に大きく、不器用でした。彼は、「アッシーちゃん」と呼んでいた、まるで生き物であるかのような彼の右手の人差し指と話をするのが好きでした。ルドルフ・シュタイナーは、それはそこで姿を現していたエレメント存在だと説明しました。オイリュトミー療法がはじまってすぐ、練習を通して彼の手に意識が通るようになると、アッシーちゃんとのおしゃべりはなくなりました。

与えられた子音の音配列を練習するときには、腕よりも脚の方により重きをおくようにとの指示がありました。また、これらの4つの音を通して頭部の造形を促進し、知的な諸力を目覚めさせるために、手足が活性化されることが重要でした。Ｒによ

って内的な運動性を促進することからはじめ、L によって有機体を柔軟にし、同時に吸気を刺激し、M を通して呼気のプロセスへと導き、そして N によってそれまで刺激された諸力を知性へと導きます。

SRLM

てんかん患者に。

大抵のてんかんに処方される母音のエクササイズとは逆に、16歳でてんかん発作を発症し、しばしばコントロールできない痙攣に見舞われた18歳の青年に、この子音の配列が与えられました。それについて、「すべては自我機構を援助するためのものである」と述べられました。

＊　＊　＊

以下に、ルドルフ・シュタイナーが練習を処方した、**運動障害**を伴ういくつかの疾患について詳述します。まずリウマチ疾患について述べます。

RLM

慢性の筋肉リウマチ[19]において。

背が高く、痩身の55歳の女性患者は筋肉全体に多くの痛みを抱えていました。ルドルフ・シュタイナーは、間違った場所に過度の強い結晶化作用が生じて、その結晶の針が筋肉有機体全体に堆積していて、それが動きを困難にし、また強い痛みをもたらしている、と指摘しました。彼は患者に、座って両手で両足の指先に触れるようにして全身で円を形成するように言いました。患者はこの姿勢から立ち上がり、素早くRを3回行い〈オイリュトミー療法のR〉、そして再び座り、円を形成し、素早く立ち上がり、今度はLを3回行います〈X脚のL〉。そして座って3回目にふたたび円を形成し、立ち上がり、そしてM〈キービッツステップとともに行うM〉を

します。

このエクササイズはさまざまなやり方で行われています。たとえばＯＬＯＲＯＭＯ
として行われることもあります。今のところ、この音配列がルドルフ・シュタイナ
ーが直接与えた別の音配列なのか、あるいは、アーレスハイム・クリニックで行わ
れたエクササイズのバリエーションなのかはわかっていません。ただ、この練習は
筋肉リウマチのために与えられたものである、ということは心に留めておく必要が
あります。

関節リウマチの疾患の場合は、少し異なります。ここではさまざまな様態に目を向
けなければなりません。急性の関節リウマチはオイリュトミー療法で治療されるこ
とは稀です。慢性の関節リウマチの場合は別で、オイリュトミー療法が行われます
が、このとき私たちは炎症性か、あるいは変性性の様態かを区別しなければなりま
せん。

多くの場合、潜行性に発症する慢性炎症性の多発性関節炎の場合は、早期に治療を
開始することができます。前段階の症状として、しばしば痛みを伴うこわばりが指
と手のすべての小さな関節に現れます。目覚めたとき、手があたかも綿に包まれて
いるかのような、麻痺した感覚がよく現れます。この症候はたいてい両手に、左右
対称に現れます。このとき、〈集中と拡散〉や、すべての指を使ったＬ、母音、特に
すべての指で行うＩやＯなどの簡単な練習が効果的に作用します。

次第に初期の炎症性の様態は変性性の段階へと移行していき、そして純粋な変性性
のこわばり、つまり関節症と同じ状態になります。以前は、これは変形性関節炎と
呼ばれていました。しかしこの言葉は炎症の経過を示しているため、誤解を招く恐
れがあり、名称が変更されました。関節症では関節頭と関節包の軟骨が緩徐に変形
し、関節は皮膜の萎縮と肥厚を通して変形し、そしてついには骨が侵されます。動
くことは非常に大きな痛みを伴ってのみ可能になります。多くの場合、膝、股関節、
仙骨、肩関節などの大きい関節に起こります。

リウマチは、関節において常に特別な相互作用の状態にあるべき、アストラル体とエーテル体の間に生じる疾患です。アストラル体が深くエーテル体に介入しすぎると、関節疾患が生じます。これが弱いエーテル体に起こると、容易に変形性の疾患の様態へと至ります。

関節症の多くのケースではすでにエーテル体に体質的な弱さが見られます。病気は心理的な負荷によってしばしばずっと以前から準備されているのです。慢性的な心労、心配、そしてショックは、アストラル体の過度の介入を引き起こし、後の関節症の原因となります。教育に関する講演でも、ルドルフ・シュタイナーは、後のリウマチの原因は初等教育の時期にあると言及しています。

炎症性の変形においては、母音、特に軟骨を新たに形成するために O の練習をすることが大切です。骨に病変が見られる場合は、U を行います。しかし母音のエクササイズは、すでに器官の変形が見られる場合は、常にまず子音によって準備されなければなりません。たとえば、ＬＲＳＯやＬＯＲＯＳＯといった練習が行われます。

関節症の場合は部位が大切です。関節症が膝からはじまる場合は、L をたくさん練習します。首の筋肉のこわばりを伴う首筋の症状や、腕や後頭部に放散する痛みがある場合には、すでに言及したＬＭＮＲを選択します。

ルドルフ・シュタイナーは、肩甲帯には次のようなリウマチのエクササイズも与えました。それは、最初は肩のみで L を行い、その後上腕、前腕、手、指と順番に L を行い、最後に腕を激しく振る〈リウマチを振り払う〉L という動きでした。

＊　＊　＊

筋肉の萎縮は重大な運動障害をもたらすさらなる疾患です。これにはシュタイナー

による次のような指示があります。

PTLR

筋肉自体が変性プロセスに見舞われる進行性の**筋ジストロフィー**のケースに処方されました。

この練習が与えられた患者の場合は、18歳で発症した、この疾患の若年性の型でした。彼の息子はすでに2歳で病気がはじまりました。両側の臀部と大腿骨の筋肉に症状が現れました。この男性患者は29歳のときに治療を受けにやってきました。集中的な投薬治療と温浴療法の傍ら、かなり複雑なオイリュトミー療法のエクササイズが処方されました。

　　１．ＰＴＬＲの子音の音配列
　　２．自らの内側に次のような感情を目覚めさせ、５分間歩行を行う。「私の心臓には根が生えていて、その根から２本の幹が両脚に向かって伸び、両脚をしっかりと力強くする」。

この２つの練習を通して、まもなく脚に以前よりはるかに力強い感覚が生まれました。その結果2時間から3時間の散歩ができるようになりました。ルドルフ・シュタイナーは、この進歩に大変満足し、さらに次の練習を与えました。

　　３．1分間半、右脚で立つ。その際左脚は膝を曲げ、そして次のように思う。「私の左脚には全身の力が込められている」。そして、同じことを１分間半、今度はもう一方の脚で行う。「私の右脚には全身の力が込められている」（このとき重要なのは、力が軸脚の方ではなく曲げた脚の方に流れることである）。
　　その後１分間半、膝を軽く曲げて、両脚で立ち、そして次のように思う。「私の両脚には頭の力が込められている」。その後１分間半、同じ姿勢を保ち、そして思う。「私の両脚には、心臓の力が込められている」。

R - 3回
M - 1回
B - 1回

この練習は10年来**筋萎縮症**に苦しんでいる30歳の男性患者に与えられました。彼は幼年期に転倒しました。ルドルフ・シュタイナーは幼年期の転倒というトラウマに、この病気の原因を見出しました。そして、「筋肉が引きちぎられて栄養が与えられていない、という傾向が見られる」と述べました。

このケースでは、ルドルフ・シュタイナーは患者にまず文字を書かせました。すると患者は、R、M、B の文字が充分に書けないことがわかりました。それゆえこの3つのアルファベットがオイリュトミー療法のエクササイズとして処方されました。加えてすべての動きを、その動きの出だしの部分のみ行い、その後すぐ動きを止めるように、という指示が与えられました。つまり、一つひとつの動きを最後まで行わないということです。動きが肉体によって開始され、しかし最後まで行われない場合、その動きにはエーテル体を特別に活性化するという作用があります。まず R を3回行い、内側の運動性を刺激します。M と B は、その筋肉がはじまる部位の痙攣を取り除き、そこに栄養が与えられるように作用します。

同じエクササイズを、てんかん発作をもつ25歳の男子学生も受けとりました。ルドルフ・シュタイナーは、「エーテル体の流れは目から視床を経て後脳へ、そしてその後小脳へ向けて流れるが、彼の場合は、時々後脳を経ずに小脳へ流れてしまうことがある」ということを見出しました。そのことを通して失神状態が生じていたのです。

筋肉萎縮性の多様な病状においては、どこに運動の困難さが生じているのか、ということを常に観察しなければなりません。幼児の場合は、しばしば直立の力が障害を受けています。その場合はこれらの子音に A を加えます。どの動きに問題があるかを見定めた上で、正しい練習を見出さなければなりません。

＊　＊　＊

強い運動障害があり、それゆえオイリュトミー療法を多く必要とする疾患に、**多発性硬化症**があります。

多発性硬化症の患者の足取りは引きずるようであり、足の運びは非常に難儀です。上半身は前に傾き、こわばった脚は上半身の後をゆっくりとついていきます。立つことは障害され、目をつぶった状態ではふらつきやめまいが現れます。オイリュトミーの三分節歩行の練習では、3番目の「足を置く」段階、つまり目標に向かう段階が特に障害を受けています。床の上に足を置くと不確かで、突発性の不随意な動きとなります。私たちはそのような歩行を失調性と呼びます。この歩き方は方向性を与える自我の力の弱さを示しています。姿勢全体はこわばっていて、痙性です。

この疾患を初期の状態で治療する機会が与えられているならば、オイリュトミー療法にとってそれは大変大きな意味があるでしょう。最初の症候は、しばしば初期の人格の制限を暗示する視野狭窄です。これが歩行におけるある種の不安定さやめまいの症状と結びつくとき、あるいは身振りや表情がこわばりはじめるとき、オイリュトミー療法を適切な時期に導入すると多くの改善の可能性があります。

ある多発性硬化症の女性患者が、病気がすでにかなり進行した段階でアーレスハイム・クリニックにやってきたときには50歳でした。彼女はめまいと平衡感覚障害に現れる最初の病気の症候に、6年から8年前に気づきました。あるとき彼女は、「16歳から18歳の間バレー学校に通っていたが、右脚でバランスを取ることがまったくできず、それを試そうとするといつも転倒していた」と語っていました。それは26年経ってはじめて気がついた、病気の最初の症候であったと見ることができるでしょう。

TLRS

この練習をルドルフ・シュタイナーは30歳の**多発性硬化症**の女性患者に与えました。彼女ははじめ自分でこの動きを行うことができませんでした。それゆえ動きを見せ、はじめはイメージと内的な動きを通してこの子音を体験するように彼女を促しました。女性患者はこの練習に没頭し、しばらくすると、実際に体を使って動きのなかに入っていくことができるようになり、それをとても喜んでいました。

この練習は実際とは異なるさまざまな形で伝承され、しばしば他の語音の配列と、たとえばPTLRなどと間違えられることもあります。語音の配列を変えたり、あるいは別の語音を加えたりすることは不可能ではありませんが、TLRSが本来のシュタイナーによる指示です。

この子音の音配列は、この病気において大きな意味をもつIやAの練習と組み合わせてよく行われます。

* * *

もう一つの慢性神経疾患は**パーキンソン病**、あるいは**振戦麻痺**です。目立つ症候は、手の震えとしばしば起こる頭の震えです。次第に独特のこわばりと動きの乏しさがはじまります。その際筋肉の力は保たれています。次のような特徴的な姿勢が現れてきます。手と腕は体の近くで軽く曲がったままの状態となり、頭と胴体は前方に傾き、膝は軽く曲がります。歩行はゆっくりとした小刻みな歩みからはじまり、次第にテンポが早まります。脚はちょこちょことした足取りで胴の重心の後を追いかけていくかのようです。時には前方に転倒することもあります（前方突進）。顔は仮面をかぶったようにこわばることもあります。特徴的なのは安静時の震えで、これは興奮すると強まります。しかし何かを意図する動きにおいては、この震えが制御され得るのです。多くの例をここで引き合いに出すことができますが、ここでは

そのうちの一つを挙げます。

この病気に苦しんでいた眼科の執刀医は、手術の間はすべての動きを正確に目標を定めて静かに行うことができました。この病気はしばしば何十年にもわたって進行し、最後には動きが完全に失われる状態にまで至ります。進行した状態の女性患者は自らを、メルヘンの忠臣ヨハネスのように身動きが取れなくなった状態だと述べていました。

前方に倒れ込むような歩き方、統御できない震えは、自我の影響から離れたアストラル体の過度の活動を示します。動きの像から治療的、オイリュトミー療法的な方向性が明らかになります。それはアストラル体を緩め、自我を強める練習です。後方に向かうすべての練習がここでは重要です。たとえば、〈自我のライン〉、〈畏敬の念のＡＨ〉、後ろ向きにフォルムを歩く、さらには集中と拡散、長調と短調などです。

この病像は流行性脳炎（嗜眠性脳炎）に関連して発症することもあります。32歳の女性患者は3年前に罹患した脳炎の後、重症の不眠、無気力、易疲労性、そして無関心といった症状に悩まされていました。ルドルフ・シュタイナーの指示による投薬治療で素早い改善が見られ、活力と生きる喜びが再び湧き上がってきました。

LAMH

この女性患者が行ったオイリュトミー療法の練習です。
すべての似たようなケースにおいて、この音配列を行うことができます。L、A（特に後ろ向きに歩きながら行う A）、柔軟性を再び得るための M、そして H、これは場合によっては〈オイリュトミーの笑い〉もしくは〈畏敬の念のＡＨ〉として行うこともできます。また、動きにおいて止まる練習、方向を前方、後方へと変える練習なども大変重要です。歩くことと立つことが難しいので、U と I も考慮すべき練習です。他の多くの練習も加えることができます。特にリズム、ＩＡＯ、ハレルヤな

どです。この疾患においては、特にオイリュトミー療法が何年にもわたって首尾一貫して行われることが重要です。

私たちは、集中的で継続的なオイリュトミー療法の練習を通して、病気の症状を初期の段階で抑えることができた数多くの症例を、臨床を振り返って確認することができます。

＊　＊　＊

次に挙げる**小児麻痺**の3つの症例において、ルドルフ・シュタイナーはオイリュトミー療法のエクササイズを与えました。脊髄性小児麻痺（ポリオ）の発症と経過の研究については、1923年10月31日に行われた労働者のための講演 ★17：1923/5/31講演 と、ウィルヘルム・ツァ・リンデン医学博士の論文、『霊学により拡張された医術の効用の解説としてのポリオの病因に関する根本的新見解』★59 を参照するようにと言われています。

SRT

15歳で**ポリオ（脊髄性小児麻痺）**を患った24歳の女性患者が腕で練習した音配列です。麻痺ははじめ両脚、膀胱、直腸に現れました。しかし彼女が９年後に治療を受けに来たときには、麻痺はすでにほとんど改善していました。まだ両脚に弱さが残っていて、立ったときには、強度の脊椎前弯症が見られました。排便は下剤を使ってのみ可能でした。オイリュトミー療法は投薬治療とともに長い間有効に行われ、女性は後にまったく問題なく歩くことができるようになりました。

銅の棒を使っての子音の練習

ある女児は8歳で**ポリオ**に罹患しました。麻痺は右脚からはじまり、翌日には左脚、

膀胱、そして腸に現れました。ルドルフ・シュタイナーが1年後に彼女を診たときには、膀胱と腸の麻痺は改善し、左脚も順調に改善傾向にありましたが、右脚にはあまり改善が見られませんでした。加えて間歇性内斜視も見られました。ルドルフ・シュタイナーは治療において斜視からはじめるよう指示しました。練習は次のようでした。まず通常の視野を確認し、その後対象物を通常の視界から3センチ外側におきました。彼女はこの対象物を見るために大いに努力しなければなりませんでした。すべての力を目に集中させ、そして、「私の目は私である」と言うように促されました。

さらに彼女は脚でIを行い、そして「私の脚は私である」と言うように言われました。その後、杖をついて歩くことができるようになると、自分の脚を見ることなしに、同じく「私の脚は私である」と言うように促されました。すべての子音が銅の棒と一緒に練習され、そこでは、麻痺した脚を意識的に動かすことが重要でした。

LRTP

2年前に激しい頭痛を伴う熱性の病気を患った17歳の男性患者に処方されました。脳膜炎の疑いがあったので、腰椎穿刺が行われました。その後すべての手足と背中に麻痺が現れました。治療開始の際には麻痺は部分的に収まっていました。背中と肩の筋肉、そして左脚はまだ強く萎縮しており、右脚と両腕の上腕はそれ程でもありませんでした。両腕の前腕と両手は良好でした。ルドルフ・シュタイナーはこの疾患を典型的な小児麻痺とは見ていませんでした。彼はまず急性の風邪とそれに続いて行われた腰椎穿刺が麻痺の原因であるとしました。男性患者はオイリュトミー療法の他に、充分な投薬と軟膏の治療を受けました。彼は喜んで練習し、良い成果が得られました。

これらの3つの練習は重要な助言を与えてくれるエクササイズです。そして病状に合わせて適切な練習を行うことができるように、どのケースにおいても繰り返し患者をよく観察しなければならない、ということも示しています。片麻痺の場合であ

れば、手足の協調運動の練習も行う必要があるでしょう（本書第4章Iの項参照）。

今日、人類に大きな驚愕を与え、ルドルフ・シュタイナーも怒りとともに「最悪の疾患」であると特徴づけているこの病気において、「予防のための運動療法は可能か」、また「ポリオにかかりやすい子どもの素因を認識できないか」という問いが浮かび上がってきます。これは周知の通り、過剰な衛生による病、私たちの文化圏における行き過ぎた文明によって生じる病なのです。

ウィルヘルム・ツァ・リンデン医師は、彼の著書のなかで人類学者であるW．シャイト氏の発言に触れています。シャイト氏は、「病気は、特に左利きに、そしてまた両利きにも現れる。その際、身体の生理学的な非対称性の発達の遅れが見られる」と述べています。ここに予防医学的なヒントを見出すことができます。それは、左利きを克服しようとする私たちの努力が、そのようなコメントを通してさらに意味をもつことになります。

ルドルフ・シュタイナーは、「ポリオにおいては、アストラル体後部が無関心、無気力になるということを通して引き起こされる、小脳の麻痺が存在している」と助言しています。このことは私たちに、動きを通して小脳のアストラル体を強めるようにとの治療への衝動を与えてくれるでしょう。私たちは器用さと空間における方向づけ、手足の動きのコーディネーションが小脳と関連しているということを知っています。ですから器用さを促進する多くの練習が行われなければなりません。そのような練習とは、かかとで立つ、つま先立ち、難しい歩行練習、足の指に鉛筆をはさんで書く、〈器用さのE〉などです。以前はたくさん行われていた、飛んだり跳ねたりする遊びはとても適切です。しかし今日では子どもたちを器用にする、遊びながら行う運動の機会が、残念ながらどんどん少なくなっています。それゆえ、そうした遊びが新しく習得される必要があるのです。

第12章　子音と母音の音配列

L - A
L - O

子音と母音の組み合わせで最もシンプルな音配列は、L - A , L - Oです。このエクササイズは**歯牙の萌出を促す**ためのものです。L - A は上顎に、L - O は下顎に働きかけます。「そして、たとえば L の動きを A の動きの形とイメージで結びつけるときには、L を繰り返し行うなかで代謝人間を神経・感覚人間へと組み込むことがなされているのです」★1。これにより代謝人間と神経・感覚人間の間に調和がもたらされます。学童における経験が示すように、顎の奇形や、上顎と下顎の間にはっきりと不調和を示す不正咬合の場合に、この練習は大変有効に用いられています。また矯正が行われる際にもこの練習は重要であり、体質的な不調和を改善するためにもよく行われます。

S M A
L M I
T M U

痙性の片麻痺において。
シュタイナーの著書『霊学的認識による医術拡張の基礎』★3 において、4 歳と 5 歳半のときに治療を受けた痙性の片麻痺の子どものことが、4 番目の症例として記されています。

その子どもは右腕と右脚が麻痺していました。処方された語音の配列は、最も素晴らしい形で子音と母音が組み合わされている例を示しています。子音から母音への移行はそれぞれ M を介して行われ、それによって移行は容易になっています。有機体を呼気へと導く M は、子音の吸気の力と母音の呼気の力の間を仲介する役割

を果たしています。この練習は私たちが多くを学ぶことのできるお手本のようなものです。

S - U
L - A

軟骨異栄養症による小人症。

7歳半の少年は、典型的な小人症に常に見られるような、特に短い上腕と大きい頭をもっていました。彼は細事にこだわる質でした。投薬治療の傍ら、この音配列が与えられました。これは特に脚で練習するように指示されました。

左腕で I - 右腕で I
左腕で S - 右腕で S
左腕で R - 右腕で R

この音配列は体を前後左右に揺らす**常同的な動き**をする子どもに処方されました。この練習は、前述の小人症の少年の6歳の弟に処方されました。彼は4歳の時から睡眠中に上半身を前後や左右に揺らすような動きをしていました。これは広範囲に見られる症状であり、オイリュトミー療法で特に効果的に働きかけることができます。このような前後や左右に体を揺らす動きは障害をもつ多くの子どもたちに見られます。もし、彼らをそっとしておくならば、子どもたちは昼間も何か自分を覆うものを探し、自分の栖を整え、そして深く満ち足りた気分で一人歌を口ずさみながら、何時間でも体を揺らせていることでしょう。それはあたかも胎児の状態に戻りたいと願っているかのようです。

普通の子どもでもこのような体を揺らす動きは珍しくありません。不安定で神経質な、人並みすぐれた才能をもつ子どもたちに、このような状態がしばしば見受けられます。

このエクササイズは、特にこれらの語音をだんだんと速めながら左右交互に行うと、

それ自体が揺らす動きのイメージを生み出します。ルドルフ・シュタイナーは、「汗をかくまでしっかりと体を揺らせなければならない」と述べています。

GKAI

*吃音症*についてはすでに述べられていますが（本書第5章参照）、もう一つ別の、吃音症で発達の遅れがみられる5歳の少年の症例に、この音配列は処方されました。この少年は頭を振る動きと夜尿症も患っていました。彼にはたくさんのオイリュトミーとオイリュトミー療法、そして特に亜鈴を用いたエクササイズが処方されました。亜鈴を用いるエクササイズは、平衡感覚を養うためにてんかんの子どもに与えられたのと同じ意味で与えられています（本書第4章Eの項参照）。

LUOKM

*多動とそわそわした傾向*をもつ少年に与えられたエクササイズです。これらの子どもたちにとって、L ですべての力を活性化した後、U の収縮する力に向かうことは容易ではありません。そこで彼らは自分の力を有機体から解放する O を内側から形成し、そしてその解放された力を K とともに手足を統御するように用いるのです。そして最後に M で調和的に締めくくります。この練習は落ち着きのなさを押さえる〈イアンボスのA〉とともに処方されることもあります。

RLSI

*知的発達遅滞*の子どもに与えられた練習★9：1924/6/30講演。
『治療教育講義』では、知的発達遅滞の子どもたちの様子が動きの側から描写されています。彼らは思っていることを動きへと移行させることに最も大きな困難を抱えています。彼らに「扉のところに行きなさい」と促すと、彼らはそれを非常によく理解するのですが、それを動きへと移すことができません。そこで、Rでアストラル体を、L でエーテル体を活性化することからはじめ、S で熱を肉体へもたらし

ます。そして最後に母音のＩを通して人間全体を内側から捉えるのです。

MNBPAU

躁的な状態の子どもたちにおいて★9:1924/6/30。

前述の症例とは対照的に、この子どもたちにおいては大きな運動性が目立ちます。腕と脚は促しを待つまでもなく、常に動きの中にいます。子どもたちは内的に対象物と結びつくことなく、すべてを手で掴もうとします。彼らはしばしば特定の器用さや能力を発達させますが、一度それらの能力を習得すると、今度はそれらがステレオタイプ的に継続されます。絵を描かせると、たとえばいつも同じ模様を繰り返し描きます。粘土においては、新しく何かをつくってもいつも同じ形になってしまいます。彼らには創造力が欠けているのです。ここでは、能力は身につけるのですが、常に同じことしか繰り返せない、硬化したエーテル体が問題なのです。

多動傾向は、躁狂状態にまで至ることもあります。このエクササイズにはＢとＰの語音が含まれていますが、これらの音は沈静化させ、覆いをつくるように子どもたちに作用します。ＭとＮは硬いエーテル体を緩めるように作用します。そしてＡとＵの対極のなかで、エーテル体は内側から捉えられます。

この躁的な状態の病像を躁病の興奮状態と取り違えてはなりません。躁的な状態の病状では硬いエーテル体が前面に現れます。躁病においては、エーテル体は緩み、そして緩んだエーテル体は増大するファンタジー、観念奔逸、思考の首尾一貫性のなさを生む基盤を与えてしまいます。

ここでもう一度、躁病の興奮状態においてはすべての子音の練習が、特にＦの練習が適している、ということに注意を向けたいと思います（本書第11章参照）。

知的発達障害と躁的な状態は、子どもたちの動き方を通してその病像が明らかになります。まだ病気とは呼べない初期状態においても、オイリュトミーの練習を通し

て動きを修正し、症状に働きかけることができます。

ILM

広場恐怖症において。

広場恐怖症を患う男性患者のケースで、ルドルフ・シュタイナーは次のように述べました。「彼は炭酸を多く生成し過ぎています。それゆえＬＭの練習で呼吸を深め、炭酸を吐き出すように呼気に働きかけます。静かで規則正しい呼吸は不安を取り除くように作用します。広場恐怖症におけるＩの効果については、本書の第４章ですでに述べました。加えてルドルフ・シュタイナーはこの患者に、毎朝毎晩、「月が地球に落ちることがまずないように、自分も不安の心配をする必要はほとんどないのだ」という言葉を胸に刻むように、との助言を与えました。

IOA-LMS

不安症状をもつ28歳の女性に処方されました。重大な人生の転機、そして他国への移住の後、彼女は頭部に不快な雑音を感じるめまい発作、発作的な泣きじゃくり、汗の噴出、不安症状に見舞われました。これらは特に彼女がたくさんの人たちと一緒にいるときに起こりました。彼女はすでに子どもの頃、毎晩不安を抱えていました。加えて、彼女は脚の重さと痛みについても訴えていました。彼女は強度の偏平足で、動悸と頭痛の訴えもありました。投薬治療と並んで脚と下腹部にサポーターが巻かれ、その間この語音の配列を脚で練習していました。腕の練習はその他の時間に行っていました。

サポーターを当てることで該当する身体部位の意識が高められ、それによってオイリュトミー療法の作用が強められました。

この女性患者はＩの練習をとても喜んで行っていました。そして、「いつもＩの練習をしているときのような気分でいられますように」と願っていました。彼女は、朝

まったくネガティブな気分で目覚めたときも、Iの練習をすると、まるで別人になったかのようにポジティブな気分になれたのです。

I A U - 脚で
L M R - 腕で

26歳の**てんかん**患者のための練習。

彼女は**消化の不調**にも悩んでいました。てんかん発作は不規則な月経時に起こりました。背中に交差するように巻かれた肩のサポーターと足裏の銅軟膏の治療により、月経は調整されていきました。不調な消化に対しては、上部と下部とで異なるオイリュトミー療法の練習が与えられました。脚ではIAUの母音を、そして腕ではLMRの子音を交互に練習していました。

L M O

鼓腸を伴う腸の仙痛。

長年続く胃腸と便秘の問題を抱える43歳の女性患者は、手術の後激しい急性の疝痛に見舞われました。処方された語音の配列についてルドルフ・シュタイナーは、「この練習を繰り返し続けてください。するとエーテル体は統一された形へと圧縮されます」と述べました。

LI
MA
RU

肝臓・腸の障害。

48歳の女性患者は、頑固な中途覚醒の睡眠障害と、鼓腸を伴う便秘、のぼせ、冷たい足、そして易疲労性の症状を訴えていました。このような代謝系に起因する睡眠障害において、疲れすぎた患者たちは夜早く眠りにつきますが、少し眠った後再び目覚めてしまいます。

それとは反対に、入眠障害は神経・感覚系が興奮しすぎることによって生じます。これらの患者は考え事やイメージなどから自分を解放することができません。このような素因をもつケースにおいては、たとえば〈畏敬の念のＡＨ〉といった別の練習が適切でしょう。

また、心臓疾患の患者たちにも中途覚醒の睡眠障害がよく起こります。頻繁に目覚めてしまうことは、自我とアストラル体が身体から長く解放されすぎてしまうと、臓器としての心臓に不安が生じることによって起こります。そのようなケースにおいては、〈愛のＥ〉のエクササイズが適切でしょう。

SMIA

甲状腺機能亢進症と機能低下症。
この女性患者は背が低く、青白く、少し腫れぼったい様子でした。また粘液水腫傾向があり、疲れ易く、そして脚のこわばりと鼓腸を訴えていました。ルドルフ・シュタイナーはこの状況を甲状腺の低緊張状態と過緊張状態、つまり発現していないバセドウ病であると特徴づけました。

TSRMA

花粉症（アレルギー）において。
この男性患者はこの他に神経と筋肉の痛みにも苦しんでいました。彼は頭痛と時折生じる尿失禁も訴えていました。

NORM

生命力を活性化するために。
繊細で早く年を取ってしまう女性患者は、軽い代謝障害に苦しんでいました。

LSAMI

肥満症 （本書第5章参照）。

＊　＊　＊

がん患者のためのオイリュトミー療法に対しては、次のようなことが述べられています。

がん患者たちとの経験から、彼らの内的な動きの少なさや頑固さはよく知られています。彼らの感覚知覚はしばしば大変鈍磨しており、精彩を欠いています。
この疾患のさまざまな病徴やステージに対して、それぞれに異なる治療が必要とされます。そこにおいては医師とオイリュトミー療法士との特別な、そして慎重で注意深い協働が欠かせません。

がんに関するルドルフ・シュタイナーの指示は少ししかありませんが、確かなのは、前がん状態であれ、進行した腫瘍であれ、また術前・術後の場合であれ、すべてのがん疾患にとってオイリュトミー療法が非常に重要であるということです。なぜなら、がん形成の傾向をもつ人は、地の要素に強く偏りすぎる傾向をもっているからです。「彼は地の力を自らの内側に強く形成しすぎています」★34：1924/7/17講演。
オイリュトミーとオイリュトミー療法を通して、私たちはこの「強く地の要素になろうとしすぎる」傾向に対抗して働きかけることができます。

がん患者には、たとえば便秘や頑固な睡眠障害のような代謝領域に由来する障害の症候がしばしば見られます。これらの症候は初期の治療に方向性を与えてくれます。

LTDR

*前がん状態*のケースにおいて処方された。

49歳の男性患者においては長年続く*便秘*が問題でした。彼は以前さまざまな治療を長期間行っていましたが、ほとんど効果は見られませんでした。消化全般は過敏で、頑固な鼓腸や、また風邪をひきやすいという傾向もありました。オイリュトミー療法によって症状は非常に早く改善しました。患者自身そのことに驚いており、老齢になるまでこの練習を続けていました。

この患者の場合にはがんの素因が存在していましたが、上腹部の領域の大きな消化腺に特に弱さが見られる場合は、がん以外の便秘においてもこの練習を用いることができます。

* * *

腫瘍がすでに存在する場合には、すべてのがん治療においてそうであるように、熱のプロセスを腫瘍にもたらすことが何にもまして重要です。熱の生成は母音によって生じます。子音はその作用を正しい部位へともたらします。子音の選択については、腫瘍の位置する部位が治療の基本を示す考えとなります。本書の第10章で述べられている人間の形態形成の観点は、そのための方向性を与えてくれるものとなるでしょう。

OEMLEiBD

これは術後照射を受けた32歳の*乳がん*患者に与えられたものです。

私たちはこの音配列を通してがん治療のための重要な示唆を受けとることができます。この配列には母音と子音が交互に現れます。しかも母音も子音も対になって対極的におかれています。ＯとＥ、ＭとＬ、ＢとＤ。ＬとＭは呼吸の練習として知

られています。ここでは M と L の順序に転換されていますが、それには意味があります。がんにおいては呼気に比べ吸う息が優勢です。それゆえ私たちは特に呼気を活性化しなければならないのです。そこでここでは M が最初にくるのです。

この語音の配列を処方された女性患者はイギリス人でした。他のドイツ語を話す患者は、Ei の代わりにしばしば I を練習していました。

リンパのうっ滞がある術後のがん患者がよく治療にやってきますが、うっ滞は特に乳がんの手術後、腕に現れます。これらのたいていは冷たいうっ滞した腕においては、暖めて流れが全身にいきわたるような練習がなされなければなりません。たとえば、手と指で行う L M、A と I は特に適しています。素晴らしい練習として挙げられるのが、〈愛の E〉です。可能であれば、〈私は言葉を考える〉も行うとよいでしょう。私たちの経験から、よりすばやい運動性やより良い瘢痕形成は、オイリュトミー療法によって常に獲得することができるものと言えるでしょう。

解説

石川 公子

本書は「導入」にもある通り、オイリュトミー療法士が仕事をする上での指針となることを伝える意図で書かれたものです。また実際に治療に関わる医師や医療従事者にこの療法についての理解を提供することも目的としています。しかし同時に、訳者はオイリュトミーやオイリュトミー療法に関心を抱いてくださっている多くの方々にもぜひ手に取って読んでいただきたい書だと思っています。そこで、オイリュトミー療法やアントロポゾフィー医学に関心をおもちの方たちを念頭に、本書に頻出するアントロポゾフィー医学の基本用語について、ボックホルト氏自身の言葉も交えながら、以下に簡単に説明いたします。

アントロポゾフィー医学は、現代医学の診断と治療の領域を拡張し、人間を統合的に捉える医学です。「科学的な通常の観点に加え、アントロポゾフィーの思想に基づく世界観、人間観から人間や疾患の成り立ちを洞察し、それを診断と治療に生かしています[*1]」。そしてその診断と治療の根底にある見方が、人間の四つの構成要素と、機能的な三分節構造の見方です。

まずは、四つの構成要素について述べます。
シュタイナーは人間を、肉体、エーテル体、アストラル体、自我の四つの構成要素からなる存在として捉えています。

「**肉体**とは、五感で知覚可能な物質体ですが、他の構成要素の働きなしには、その形態と機能を保つことはできません[*1]」。たとえば、生命の働きが物質体としての肉体に関わらなければ、生命を維持し、その形態を保ち、成長することはできません。それゆえ、肉体に働きかけ、生命をもつ存在として成り立たせているのが、**エーテル体**あるいは**生命体**です。エーテル体には、生命力、成長力、生殖、傷の治癒をもたらす働きなどがありますが、成長に従い、それは体への関与から解放され、記憶力や思考力

249

といった、人間の高次の働きを担う力ともなります。そして、その生命ある体に意識をもたらすのが、魂の力であり、**アストラル体**です。アストラル体は、主に意識、感覚、また共感や反感といった感情などを人間がもつことを可能にするものです。アストラル体は、体の上部と下部において異なる働きを示し、先に述べた上部の働きに対し、下部においては、物質の受け入れ、処理、排泄等の臓器の活動に作用します。アストラル体は、その活動を通して、有機体が自我を受け入れることを援助します。**自我**は、人間の個性の担い手であり、一人ひとりを他者から区別します。自我により、人間は自己意識をもち、認識の力と自由意志を獲得することができます。そして身体と魂の存在として体験するすべてを、自我の中で統括します。自我はまた、生命現象にも働きかけ、環境や体内の変化に対し、常に均衡を保とうとするホメオスタシスを司る存在でもあります。

ボックホルト氏は次のように述べています。「これらの四つの構成要素を、臓器を動かしている機動力としてみる必要があります。四つの構成要素は、人間の有機体がいかに複雑であるかを示しています。構成要素については、それを全身的に知っているだけでは充分ではありません。構成要素は個々の器官において、異なる形で関連しあい、異なる相互関係のもとで作用しています。器官が健康なのは各器官において、四つの構成要素の活動が正しい関係において作用している時です[*2]」。

また、人間や自然界に存在する物質と働きを、固体、液体、気体、熱の四つの要素に大きく分けて考えた場合（四大元素）、肉体は固体を、エーテル体は液体を、アストラル体は気体を、自我は熱を、それぞれ活動の基盤にしていると言うことができます。

三分節構造についても述べます。
「人間有機体をその機能の面から見ると、全体としても、また各個別のどんな細かい場所についても、ある対極的な働きが常に動的なバランスをとりながら営まれていることが分かります。つまり、人間は、機能の面からは、２つの対極的な働きと、それらの間にあってこれを仲介する働きの３つの異なった系統に分けて考えることができます。対極的な働きをしているものは、神経・感覚系、代謝・四肢系、それらの中間にあってバランスをとっているものはリズム系(呼吸・循環系)と呼びます[*1]」。

神経・感覚系は、主に頭部領域にその働きが見られ、感覚器や神経系を含み、**意識、分解、構造化の極**ともいえます。その働きの特徴は、意識、思考、静けさをもたらす、といったものですが、下方に向けては、分解、消化、(筋肉や血圧などの)圧、燃焼の熱として作用しています。他方、代謝・四肢系は、主に腹部と四肢にその働きが認められ、肝臓や腸などの消化器官や泌尿生殖器などを含み、**無意識、構築、物質の極**で、代謝の熱、運動、構築作用、私たちの行為、そして心的な働きとしては、意志力として働いています。[*3] これら2つの系は対極的な作用として働いていますが、この2つの働きの仲介をしているのが、リズム系です。リズム系は、神経・感覚系と代謝・四肢系の中間にあって、肺や心臓を介して呼吸や血液循環を司り、リズムを伴う働きから、リズム系と呼ばれています。これらの3つの系の働きは、全身において、また各臓器や各組織においてその働きが均衡を取りながら営まれています。また、三分節構造の観点の下には、身体と3つの魂のプロセス、すなわち思考、感情、意志との相関性も見られます。神経・感覚系は思考と関わり、リズム系は感情と、そして、代謝・四肢系は意志と関わっています。

最後に、上部人間／上部機構、そして下部人間／下部機構について説明します。「エーテル体における対極のプロセスの秩序を**上部人間と下部人間**と呼びます。この働きは体における空間的な分け方ではなく質的な作用の違いを意味しています」[*4]。
上部人間は神経・感覚系を主体とした働き、下部人間は代謝・四肢系を主体とした働きを示しています。

以上、本書を読む上で必要最小限と思われる基礎用語についてごく簡単に解説しました。興味をもたれた方は、関連文献などでさらに理解を深めていただきたいと思います。

引用文献
　＊1.『アントロポゾフィー医学入門─地球人第5号』小林國力
　＊2.『オイリュトミー療法の基本要素』Margarete Kirchner Bockhold (本書 第9章)
　＊3.「2022年国際アントロポゾフィー医学ゼミナール」Harald Matthesの講義から
　＊4.『オイリュトミー療法の生理学に向けて』H & E von Laue

訳 注

1　有機体とは、「生体、生物」などと訳され、「内部の諸部分同士が有機的なつながり
　　をもって作用し合い、全体として一つの統一体をなしているもの」と理解できる。「人
　　間有機体」は「有機的統一体としての人間」を指す。

2　体内の液体には、血液、リンパ液をはじめとして、身体の各部分の組織の中に存在
　　する体液である組織液などがある。液体人間とは、それらの体内の液体をはじめと
　　して、体内に存在する液体的な性質をもつものすべてと、それらに関連して体内で
　　起こるすべての働きを担う部分の総称。これを基盤としてエーテル体（「解説」参照）
　　はその作用を展開する。

3　主に呼吸をはじめとして体内に存在する気体、および体液や組織の中に別の形で存
　　在する気体的な性質をもったもの（例えば血液中に存在する酸素や窒素などの気体
　　と関係の深い元素など）、およびそれらに関連する働きの総称であり、アストラル
　　体は、この気体人間を基盤として体内で作用する。

4　胸部人間とは、単に解剖学的な胸部を指すのではなく、人間有機体のなかの胸部領
　　域に中心のあるリズム系の働きを担う部分を指している。同様に、四肢人間とは、
　　四肢の働きを担う部分を指している。

5　機構とは、「組織、機関」などと訳されることもあるが、「内部の諸部分同士が互い
　　に関連して働く仕組み、組織、構造」と理解できる。その意味で、「有機体」に比べて、
　　四つの構成要素の仕組みや構造としてのあり方を指す。

6　「4つのエーテル」については、本書第4章《E》の項を参照。さらに日本で訳出さ
　　れている参考文献として、『耕文舎叢書8　四つのエーテル』E. マルティ；石井秀治
　　訳 イザラ書房 などが挙げられる。

7　太陽神経叢の辺りを指すことが多い。

8　アントロポゾフィーの考えに基づく治療教育施設であるゾネンホーフ

9　一方の足のかかとをもう片方の脚の膝頭の下の窪みに押し当てるやり方もある。

10　二人が横に並び、右と左から斜め前に歩いて交差し、その後、斜め後ろに歩いて
　　　再び交差するやり方もある。

11　長音節のあとに短音節を2つ重ねた韻律。

12 脳性まひの一種

13 希釈と振盪を意味する。希釈とは、溶液に水や溶媒を加えて薄めること、振盪とは、激しく振ること。

14 「キャラクター」とは、個々の母音や子音のあり様を「特徴づける」ものである。オイリュトミーの一つひとつの語音は、巻末資料（**オイリュトミーフィギュア**）に見られるように、3色の色の衣をまとっている。ドレスの色は「動き」を示し、ベールの色は「感情」を示し、そして腕をはじめとした身体の各部位に彩色が施されている部分は「キャラクター」と呼ばれ、その色は筋肉の緊張の度合いを示している。キャラクターは、身体の各部位の色／筋肉の緊張の度合いによってそれぞれの語音に形態を与えることで、その語音を特徴づけ、いわばその語音たらしめている。またこれらの3つは人間の魂の働きと関わっており、「動き」は思考を、「感情」は文字通り感情を、そして「キャラクター」は意志を表現している。そのように、オイリュトミーで表現される語音は単なる聞こえる音として存在するだけではなく、そのなかに人間自身を表現する精神的な存在を担っており、このことはオイリュトミー療法とその治療効果を理解する上で重要である。

15 建築用語。ギリシア，ローマ時代，およびルネサンスなどの古典様式を受継ぐ建築において，柱とフリーズの間に水平に架した梁材のこと。エピステュリオンともいう。

16 双子葉植物に属する科で、多年草と低木を含み、主に北半球に分布する約15属570種（大部分がメギ属）からなる。

17 Qの作用はKの作用に相応している。

18 左右相称な動物の体の正中に対し平行に、体を左右に分ける面である。

19 筋肉リウマチ Muscular rheumatism については、fibrositis と同意とされ、fibrositis は、多くの圧痛点を伴う全身の筋肉痛、圧痛、硬直を表現する用語。原因は不明。現在線維筋痛症として知られている症候群の昔の呼称（ステッドマン医学大辞典より）。

20 内側から外側に向かう力が優勢となるため、円周の形が丸くなる。

21 外側から内側に向かう力が優勢となるため、円周の形が尖る。

22 GA 137 Der Mensch im Lichte von Okkultismus, Theosophie und Philosophie（『神秘学、神智学、哲学の光の中の人間』の第5講演（1912年6月7日）―人間の体の12の部分と黄道十二宮の関係― と、第6講演（1912年6月8日）―上部人間、中部人間、下部人間について― を参照のこと。

23 22と同様。

訳者あとがき

オイリュトミーは、ギリシャ語で「調和のとれた美しいリズム」を意味する運動芸術で、1912年にルドルフ・シュタイナーにより創始されました。主に芸術、教育の分野において活動が広がっていき、特に現在世界で1200校を超えるシュタイナー学校では12年間を通しての必修科目にもなっています。

オイリュトミー療法はこのオイリュトミーから派生した運動療法です。1921年にアントロポゾフィー医学の治療法としてはじめられ、昨年100周年を迎えました。1921年以降は、病院やクリニック、また教育施設、治療教育施設などで実践され、世界各地に広まっていきました。1962年に本書が刊行され、オイリュトミー療法が体系だった形で文書化されたことは、世界各地への普及に大きく貢献しました。現在では、治療施設では、腫瘍学を始めとし、内科のすべての分野や、小児科、神経科、整形外科、皮膚科などで実践され、精神身体医学や精神科においても確固たる地位を築いています(『内科学』第5章/Girke)。日本でも1999年以降、医師との協働の下、クリニックや療法士個人の療法スペース、またシュタイナー学校や幼稚園、特別支援教育施設、社会福祉施設などで実践されています。

本書にはオイリュトミーの起源が精神界に由来する、ということが述べられていますが、そうした背景も、オイリュトミー療法の治癒的側面の理解を長らく困難にしてきました。しかし徐々に、精神的な力の働きがどのように治癒の力として患者に作用するのか、どのようにその治癒の実質が生成されるのか、といった科学的研究がなされはじめ、近年は数多くの研究でオイリュトミー療法の有効性が実証されています。フライブルク大学病院のENTAiER調査では、ドイツ政府の資金援助を受けて、慢性疾患の高齢者を対象としたオイリュトミー療法の大規模な臨床試験が行われています。これはオイリュトミー療法が、転倒の危険性に対してどれほど有効であるかの比較研究で、オイリュトミー療法は学会や公共機関などでも非常に高い評

価と支持を得ています。(https://bmcgeriatr.biomedcentral.com/articles/10.1186/s12877-020-1503-6)。

著者のマルガレーテ・キルヒナー・ボックホルト氏は、医師でありながら、オイリュトミー療法士として実践を重ね、多くの患者を診てきた視点から本書をまとめています。本書では、生理学的な基礎のもとにアントロポゾフィー医学的視点から疾患や患者の病状について、またアントロポゾフィー的な人間観やさらには宇宙論にまで展開する、包括的な視点から、オイリュトミー療法の本質について、具体的な実践例も含めて述べられています。訳者は7〜8年ほど前から本書の翻訳に取り掛かってきましたが、繰り返し読むなかでその内容の深さと豊かさに心を打たれることもしばしばで、オイリュトミーやオイリュトミー療法の神髄に、そして人間の神秘とでもいうようなものに触れたように感じています。

さてここで、運動療法としてのオイリュトミー療法が他の運動療法とどこが違うのかについて考えてみたいと思います。

本書序文にも言及されている『オイリュトミー療法講義』に寄稿してくださったゲーテアヌム医学セクション・元代表のミヒャエラ・グレックラー氏は、オイリュトミー療法について、「胎児がどのように発達していくかの形成過程を研究するとき、胎児の形態の形成過程、形成運動がオイリュトミーの動きの形に寸分違わず相当しているということを、驚きをもって発見するでしょう」と述べています。つまり、母親の胎内で発生学的に、胚や胎児が自分自身の形を形成していくときの、たとえば螺旋状の動きや方向転換、回転によって心臓の原基が発生したりするときの造形原理が、そしてまた、誕生後も体を成長させたり、創傷を治癒する際の組織の形成過程が、オイリュトミーの動きそのものなのです。

それはまた、生命の法則性ともいえるものです。ルドルフ・シュタイナーはその造形原理、そして生命の法則性を、人間の「言葉」のうちに見出しました。彼はヨハネの福音書の冒頭の言葉、「はじめに言葉ありき」にあるような意味で、言葉、ロ

ゴスを、万物をつくった創造の源として捉えていました。そして、言葉の母音と子音の一つひとつの響きを、身体、特に四肢を使った動きに表しました。そうしてオイリュトミーが生まれました。つまりオイリュトミー療法の動きは、恣意的なものではなく、人間の生命の法則、身体の形成原理に則った動きなのです。

ボックホルト氏とともにオイリュトミー療法の初期の発展を支えた、ユリア・ボルト医師は、「オイリュトミー療法は人間と宇宙についてのより深い知識の表現であり、その理解の道を開くものである」ということも述べています。この言葉は、オイリュトミー療法の治癒の働きの源泉が、宇宙 ―惑星と黄道十二宮― にあることを示唆しています。

もう一つ私がオイリュトミー療法の特徴として述べたいのは、一人ひとりの個性、自我と深く関わっていることです。それは、オイリュトミー療法が言葉という人間のみに備わる本質と関わっているからであり、さらには患者本人が能動的に行うということにも依っています。オイリュトミー療法は、能動的な運動療法です。患者さんは療法士とともに行った練習を自宅で日々練習します。言葉の子音や母音の動きを内的に感じ、それを自らの動きとして内面化させます。そのことで精神と心が体と結びついていきます。何週間、何か月にもわたってオイリュトミー療法を続けると、動きが変わっていきます。動きに静けさが宿り、光が通ります。その人のなかの何かが、精神の本質ともいえるような姿が輝き出る瞬間を目にすることがあります。ある高機能自閉症の男の子がしばらく練習を続けた後、母音の〈I〉の動きを行ったとき、それまでとは全く異なる表情のなかで、その子の隠れた自我が垣間見えた気がしました。そのとき、その子がこれから「成っていこうとする姿」と出会えた気がしました。

多くの患者さんを拝見していると、練習を続けることで、自らの生きる姿勢に気づいたとおっしゃる方もいます。そうしたとき、オイリュトミー療法は私たちが変化していく可能性を学ぶ機会を与えてくれるものだと感じます。

オイリュトミーやオイリュトミー療法は社会的なレベルで、さまざまな働きをします。私たちは今、地球温暖化による環境破壊、コロナ禍、ウクライナ戦争、再浮上した原発問題、経済危機など、緊張や生活/生命の不安をかきたてる多くの問題に囲まれて生活しています。

オイリュトミーのなかで、健康オイリュトミーという分野は、人々の生命力や健康を維持、促進するためのグループワークです。こうした健康オイリュトミーやオイリュトミー療法は、文明に起因する状況に対して、生命力を活性化することで、また自我の力を強めることで、さまざまな心身の不調や不安、ストレスに対して働きかけることができます。

デジタルメディアの問題も、子どもの健全な成長を考えるとき大きな問題となっています。昨年、『デジタル時代の子育て』（イザラ書房）が出版され、それに合わせて「デジタルメディアの世界で健康に育つには」という動画も制作されました。（https://waldorf.jp/resoirce/growing001/)。そこでは、「デジタルメディアは感覚に過剰な負担をかける。デジタル化がこのまま加速すれば、脳の発達は正常には進まないだろう。思考力が減少し、依存性も増していくだろう」ということが述べられています。また世界的ベストセラーとなった、精神科医のアンデシュ・ハンセン氏による『スマホ脳』でも、スマホを多く使う現代の生活が、不安や孤独、睡眠障害、そしてウツの傾向の高まりと関わっていることが指摘されています。

デジタル機器の多用により、五感を使ってのリアルな体験、身体感覚が徐々に弱められています。身体あるいは四肢の領域には、本人でさえ気づかない、その人の一部分が存在しています。語り口からはわからなくても、動きや行動を通してその人のあり様の深い部分に気づかされることもあります。シュタイナーは、四肢の部分には個人の今世の「使命や課題」が宿っている、と述べています。人は行為を通して、自分の生き方のあり様を再確認し、生まれてきたことの意味を少しずつ理解していくのではないでしょうか。私は身体感覚や身体性が少しずつ損なわれ、人生の課題や意味の喪失につながっていくことを危惧します。

最後に、日本でのオイリュトミー療法の状況について述べます。日本では現在17名のオイリュトミー療法士が、北海道、東北、関東、東海、関西、九州で活動を続けています。昨年のオイリュトミー療法生誕100周年記念を契機に、今年は「日本オイリュトミー療法士協会」（https://eu-therapy.jp/renewal/）を軸として、オイリュトミー療法や健康オイリュトミーを広く社会に普及していくプロジェクトも発足させました。アントロポゾフィー医療を実践している医師や医療従事者のみなさんと緊密な関係をもちながら、今後もさらなる活動を展開していきたいと思っています。

本書の刊行にあたっては多くの方々にお世話になりました。まえがきと序文を書いてくださった、安達晴己氏、アンゲリカ・ヤシュケ氏、また訳語についてアドバイスをいただいた浅田豊氏、ヴィルブルグ・ケラー・ロート氏、また校正を引き受けてくださった、竹荒郁美氏、松本多恵子氏、小橋正和氏、小橋弥恵氏には、心からお礼を申し上げます。また、勉強会のテキストとして使用し、本書の出版を終始応援してくれたオイリュトミー療法士の同僚と医師の皆さんにも感謝いたします。そして快く本書の出版を引き受け、暖かい協働作業を通して出版への道のりを伴奏してくださったイザラ書房の村上京子氏、そして3年以上かけて訳文を一文ずつ丁寧に検討してくださり、医学的訳注と本書の監修も務めてくださった小林國力氏には心からの感謝を述べたいと思います。

手足の力は未来を創造します。そのような、未来を創り、そして生命の力に貫かれたオイリュトミー療法や健康オイリュトミーが、困難な現代の社会に少しでも寄与できることを願って、本書のあとがきを終えたいと思います。

2022年10月

石川 公子

引用文献 （本文中★印の付いた番号です）

I. ルドルフ・シュタイナーの著作および講演録

1 Heileurythmie. Vorträge 12. bis 18.4.1921 Dornach und 28.10. 1922 Stuttgart. GA 315, 3. Auflage, Dornach 1966.『オイリュトミー療法講義』石川公子・中谷三恵子・金子由美子訳 涼風書林

2 Eurythmie als sichtbare Sprache. Vorträge 24.6. bis 12.7.1924 Dornach. GA 279. 4. Auflage, Dornach 1979.

3 Rudolf Steiner/Ita Wegman, Grundlegendes für eine Erweiterung der Heilkunst nach geisteswissenschaftlichen Erkenntnissen, 1925. GA 27, 5. Auflage, Dornach 1977.『アントロポゾフィー医学の本質』イタ・ヴェーグマン/ルドルフ・シュタイナー著　浅田豊・中谷三恵子訳　水声社

4 Geisteswissenschaft und Medizin. Vorträge 21.3. bis 9.4. 1920 Dornach. GA 312, 5. Auflage, Dornach 1976.

5 Geisteswissenschaftliche Gesichtspunkte zur Therapie. Vorträge 11. bis 18.4. 1921, Dornach. GA 313, 3. Auflage, Dornach 1963.

6 Anthroposophische Grundlagen für die Arzneikunst. Vorträge 26. bis 28. 10. 1922 Stuttgart, in: Physiologisch-Therapeutisches auf Grundlage der Geisteswissenschaft. GA 314, 2. Auflage, Dornach 1975.

7 Zur Therapie. Vorträge 21.12.1923 bis 2.1.1924 Dornach, in: Physiologisch-Therapeutisches (siehe Nr. 6).

8 Kursus für Mediziner. Vorträge 2. bis 9. 1. 1924 Dornach, in: Meditative Betrachtungen und Anleitungen zur Vertiefung der Heilkunst. GA 316, 2. Auflage, Dornach 1980.

9 Heilpädagogischer Kursus. Vorträge 25.6. bis 7.7.1924 Dornach. GA 317, 5. Auflage, Dornach 1979 『治療教育講義』 高橋巌訳　ちくま学芸文庫

10 Eine okkulte Physiologie. Vorträge 20. bis 28. 3. 1911 Prag. GA 128, 4. Auflage, Dornach 1978. 『オカルト生理学』高橋巌訳　ちくま学芸文庫『秘されたる人体生理』森章吾訳　イザラ書房

11 Die Gestaltung des Menschen als Ergebnis kosmischer Wirkungen: Anthroposophie als Kosmosophie, Teil II. Vorträge 28. 10. bis 6.11.1921 Dornach. GA 208, Dornach 1972.

12 Der Mensch im Lichte von Okkultismus, Theosophie und Philosophie. Vorträge 2. bis 12.6.1912 Kristiania (Oslo). GA 137, 4. Auflage, Dornach 1979.

13 Weltenwunder, Seelenprüfungen und Geistesoffenbarungen. Vorträge 18. bis 28.8. 1911 München. GA 129, 5. Auflage, Dornach 1977.

14 Initiations-Erkenntnis. Vorträge 19. bis 31.8.1923 Penmaenmawr. GA 227, 2. Auf lage, Dornach 1960.

15 Geisteswissenschaftliche Menschenkunde. Vortrag 21. 12. 1908 und Vorträge 23.10.1908 bis 17.6.1909 Berlin. GA 107, 4. Auflage, Dornach 1979.

16 Lachen und Weinen. Vortrag 27.4. 1909 Berlin, in: Geisteswissenschaftliche Menschenkunde (siehe Nr. 15).

17 Der Mensch als Zusammenklang des schaffenden, bildenden und gestaltenden Weltenwortes. Vorträge 19. 10. bis 11.11.1923 Dornach. GA 230, 5. Auflage, Dornach 1978.

18 Allgemeine Menschenkunde als Grundlage der Pädagogik. Vorträge 21.8. bis 5.9. 1919 Stuttgart. GA 293, 8. Auflage, Dornach 1980.『教育の基礎となる一般人間学』新田義之訳 イザラ書房 『教育の基礎としての一般人間学－ルドルフ・シュタイナー教育講座I』筑摩書房

19 Initiatenbewußtsein. Vorträge 11. bis 22.8.1924 Torquai. GA 243, 3. Auflage, Dornach 1969.

20 Sprachgestaltung und Dramatische Kunst. Vorträge 5. bis 23.9.1924 Dornach. GA 282, 3. Auflage, Dornach 1969.

21 Entsprechungen zwischen Mikrokosmos und Makrokosmos. Der Mensch - eine Hieroglyphe des Weltenalls. Vorträge 9.4. bis 16.5.1920 Dornach. GA 201, 2. Auflage,Dornach 1970.

22 Das Osterfest als ein Stück Mysteriengeschichte der Menschheit. Vorträge 19. bis 22.4.1924 Dornach. Dornach 1974.

23 Mysterienstätten des Mittelalters. Rosenkreuzertum und modernes Einweihungsprinzip. Vorträge 4. bis 12.1.1924 Dornach. GA 233a, Dornach 1980.

24 Über den Rhythmus der menschlichen Leiber. Vorträge 21.12.1908 und 12.1.1909 Berlin, in: Geisteswissenschaftliche Menschenkunde (siehe Nr. 15).

25 Anthroposophie, Psychosophie, Pneumatosophie. Vorträge 1909/1910/1911 Berlin. GA 115, 3. Auflage, Dornach 1980.『人智学・心智学・霊智学』高橋巌訳　ちくま学芸文庫

26 Anthroposophie als Kosmosophie, I. und II. Teil. Vorträge 7. bis 23. 10. 1921 Dornach. GA 207 und 208 Dornach 1972.

27 Der übersinnliche Mensch anthroposophisch erfaßt. Vorträge 13. bis 18. 11. 1923 Den Haag. GA 231, 2. Auflage, Dornach 1962.

28 Das Verhältnis der verschiedenen naturwissenschaftlichen Gebiete zur Astronomie. Vorträge 1. bis 18.1.1921 Stuttgart. Dornach 1926 (vorgesehen in GA 323).

29 Die Welt als Ergebnis von Gleichgewichtswirkungen. Vorträge 20. bis 22.11.1914 Dornach, in: Der Zusammenhang des Menschen mit der elementarischen Welt. GA 158, 2. Auflage, Dornach 1980.

30 Vortrag 3.3.1916 Bremen, in: «Das Goetheanum 19. Jg. 1940, Nrn. 37-44

31 Welche Bedeutung hat die okkulte Entwickelung des Menschen für seine Hüllen -physischen Leib, Ätherleib, Astralleib - und sein Selbst? Vorträge 20. bis 29.3.1913 Den Haag. GA 145, 4. Auflage, Dornach 1976.

32 Menschenerkenntnis und Unterrichtsgestaltung. Vorträge 12. bis 19.6. 1921 Stuttgart. GA 302, 4. Auflage, Dornach 1978.

33 Anthroposophische Menschenerkenntnis und Medizin. Vorträge von 1923/1924 (siehe Vortrag 28.8.1923 Penmaenmawr). GA 319, Dornach 1971.

34 Was kann die Heilkunst durch eine geisteswissenschaftliche Betrachtung gewinnen? Vorträge 17. bis 24.7. 1924 Arnheim, in: Anthroposophische Menschenerkenntnis und Medizin (siehe Nr. 33).

35 Anthroposophische Leitsätze: «Von der Natur zur Unternatur», März 1925. GA 26, 7. Auflage, Dornach 1976. 『人智学指導原則』西川隆範訳　ロサ・ミスティカ叢書

36 Konferenzbericht Stuttgart, in: Konferenzen mit den Lehrern der Freien Waldorfschule 1919 bis 1924. GA 300a-c., Dornach 1975

37 Konferenzbericht

38 Konferenzbericht

39 Konferenzbericht

40 Konferenzbericht

41 Konferenzbericht

42 Konferenzbericht

43 Fragenbeantwortung vom 15.4.1924 Bern, in: Anthroposophische Pädagogik und ihre Voraussetzungen. GA 309, 4. Auflage, Dornach 1972.

44 Vor dem Tore der Theosophie, Vortrag 23.8. 1906 Stuttgart. GA 95. 3. Auflage,Dornach 1978. 『神智学の門前にて』西川隆範訳　イザラ書房

II. ルドルフ・シュタイナー以外の著者の著作

45 Asperger, Hans, Heilpädagogik. Wien 1952.

46 Baumann, Elisabeth, Aus der Praxis der Heileurythmie. 2. Auflage, Domach 1971.

47 Bort, Julia, Heileurythmie mit seelenpflegebedürftigen Kindern, Seite 88. Arlesheim 1958.

48 Dubach-Donath, Annemarie, Grundelemente der Eurythmie. 5. Auflage, Dornach 1981.

49 Levi, Eliphas, Dogma und Ritual der hohen Magie, L. Band.

50 Thomson, W., «Therapiewoche Dezember 1960.

51 Wachsmuth, Guenther, Die ätherischen Bildekräfte in Kosmos, Erde und Mensch. 2. Auflage, Dornach 1926.

52 Wachsmuth, Guenther, Die ätherische Welt in Wissenschaft, Kunst und Religion. Dornach 1927

53 Wachsmuth, Guenther, Erde und Mensch. 4. Auflage, Dornach 1980.

54 Walter, Hilma, Grippe, Encephalitis, Poliomyelitis. Arlesheim 1950.

55 Walter, Hilma, Der Krebs und seine Behandlung. Arlesheim 1953

56 Walter, Hilma, Abnormitäten der geistig-seelischen Entwicklung. Arlesheim 1955

57 Wegman, Ita, Eine kurze Einführung in die Heileurythmie. Natura, II. Band, Dornach 1927/28.

58 Wegman, Ita, Kratylos. Natura, V. Band, Domach 1930/31.

59 Zur Linden, Wilhelm, Grundsätzlich neue Anschauungen über die Pathogenese der Poliomyelitis. Stuttgart 1949.

著者/訳者/監修者 プロフィール

マルガレーテ・キルヒナー・ボックホルト　Margarete Kirchner Bockholt

1894年~1973年没。ドイツのウェストファーレンで生まれ、スイスのアーレスハイムにて死去。ドイツで医学を学び、27歳の時アントロポゾフィー医学と出会い、その後オイリュトミーを学ぶ。ルドルフ・シュタイナーから、医師としての活動とともにオイリュトミー療法の実践と普及を託される。アントロポゾフィー医学の創始者であるイタ・ヴェーグマン医師を支え、また後年はゲーテアヌム医学部門の理事に任命され、アントロポゾフィー医学とオイリュトミー療法の発展に寄与する。

石川公子　Kimiko Ishikawa

1987年~1999年渡独。治療教育、オイリュトミー療法を学ぶ。現在「すみれが丘ひだまりクリニック」を中心にオイリュトミー療法を実践。その他、健康オイリュトミー講座やバイオグラフィーワーク養成講座を開催。共訳書に、『オイリュトミー療法講義』『私たちの中の目に見えない人間』(共にR.シュタイナー　涼風書林)、『医療と教育を結ぶシュタイナー教育』(M・グレックラー　群青社)などがある。日本オイリュトミー療法士協会副代表。

小林國力　Kokuriki Kobayashi

医師。日本アントロポゾフィー医学の医師会理事。約20年間消化器外科医として勤務ののち、2005年~2006年 ドイツのアントロポゾフィー医師ゼミナール(現オイゲン・コリスコアカデミー)で学ぶ。現在は佐野川クリニック(神奈川県相模原市)院長。共訳書に『私たちの中の目に見えない人間』(R.シュタイナー　涼風書林)。

索引

シュタイナーの精神科学に基づく

オイリュトミー療法の基本要素

発行日　　2022年12月15日　初版第1刷発行

著　者　　マルガレーテ・キルヒナー・ボックホルト
　　　　　Margarete Kirchner-Bockholt

翻　訳　　石川公子

監　修　　小林國力

装　丁　　赤羽なつみ

発行者　　村上京子

発行所　　株式会社イザラ書房

　　　　　369-0305埼玉県児玉郡上里町神保原町569
　　　　　tel 0495-33-9216　fax 047-751-9226
　　　　　mail@izara.co.jp　http://www.izara.co.jp/

印　刷　　株式会社シナノパブリッシングプレス

Printed in Japan, 2022 © Izara Shobo

ISBN978-4-7565-0154-7　C0047

巻末資料

オイリュトミーフィギュア

オイリュトミーフィギュアとは

AからWまでの各語音のオイリュトミーのしぐさを、ルドルフ・シュタイナーが素描に表したもの。本書巻末資料として以下の頁に提示するものは、アンネマリー・ベシュリンが、シュタイナーの色の指示に従ってそれに彩色を施したもの。訳注の14番を参照。

Rudolf Steiner出版（スイス・バーゼル）の厚意により転載。
出　典：Eurythmiefiguren nach Entwürfen von Rudolf Steiner, malerisch ausgeführt von Annemarie Bäschlin. Rudolf Steiner Archive, Dornach

A

E

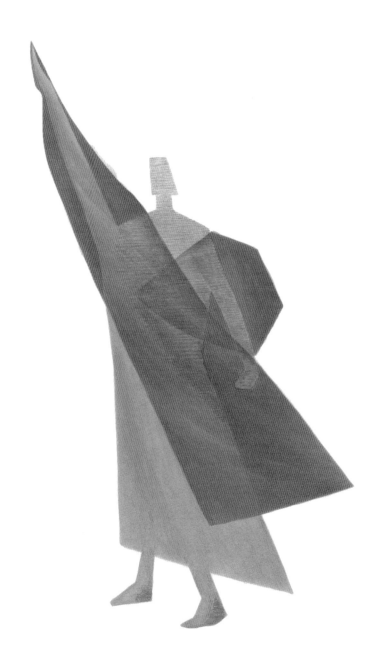

I

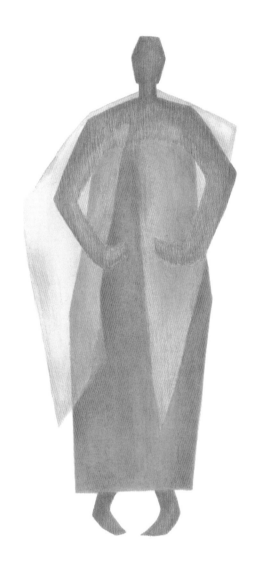

O

U

B

CH

D

F

G

H

K

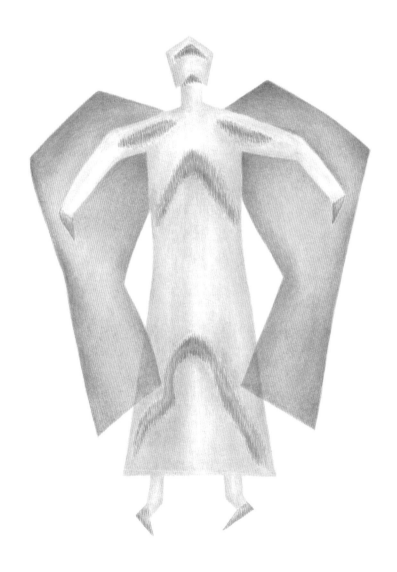

L

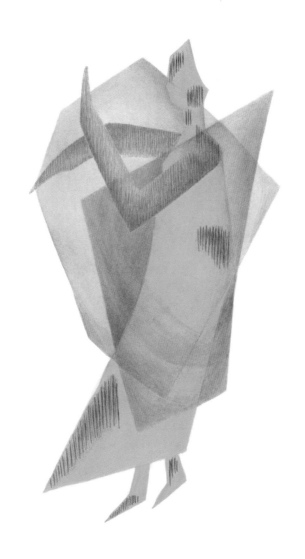

M

N

P

R

S

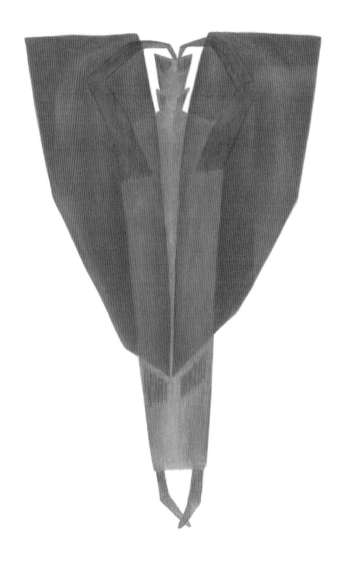

T

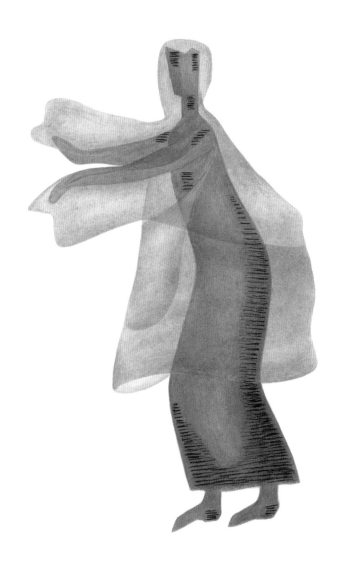

W